JN258887

傳田伊史 著

古代信濃の地域社会構造

同成社 古代史選書 24

目 次

序章　地域における古代史研究の視点と課題

現代社会は、これまでの人間社会が経験したことのないさまざまな構造的変化のただなかにある。日本の社会でいえば、人、モノ、資本、情報、文化などが国家の枠を超えて地球規模で移動、展開する「グローバル化」や、高齢化と生産年齢人口の減少が急速に進む「少子高齢化」などの大きな変化が、国家のあり方そのものを変容させようとしている。そしてこうした国家あるいは社会の変容は、例えば地域産業の衰退、地域共同体の変貌・消失などといった深刻な課題となって地域社会の変容という形でより先鋭的に立ちあらわれてくる。

このような地域社会における変容の圧力は、ある程度の普遍性をもつものであるが、しかし、人びとの生活の場である地域社会はそれぞれの特性をもち、したがって地域社会における人びとの再生産の営為も多様であるため、その変容のあり方もまた一様ではない。この点からすれば、むしろ逆に、地域社会の特性とそこで展開される人びとの多様な再生産の営為が、その場である地域社会の変容を規定し、そうした地域社会の多様な変容の総体が、国家間の相互関係とともに、社会全体の変容の方向性を規定していくものであると考えることができる。したがって、国家あるいは社会全体の構造的変化の分析・把握を進めるためには、まずは地域社会の構造的変化の分析・把握が行われなければならないということは明らかであるといえよう。また、社会の変化、変容とは、歴史の連続性の所産として捉えられるものであるので、このような問題意識における地域社会の捉え方、位置づけ方は、現代社会の分析・把握に限定されるものではなく、歴史研究においても有効であると考えられる。

本書は、以上のような視点に立脚して、日本古代の地域社会の構造について分析・把握することを課題とする。そしてその作業を通して、地域共同体の再生産の場である地域社会の実像とその特性について明らかにしようとするものである。

一　地域社会研究としての古代史研究

最初に、本書の前提となる日本古代の地域社会研究の方法について整理しておく。古代の地域をめぐっての論考では、まず、石母田正が提起した「在地首長制」の概念による古代国家論があげられる(1)。石母田は在地の首長層と人民の間に人格的な支配＝隷属として存在する生産関係が基本的な第一次的生産関係であり、この第一次的生産関係を国家が総括することで国家が公民を支配＝収取するという第二次的生産関係が派生的に実現するという構造を提示した。この石母田の在地首長制論以降、古代社会の基層としての「共同体」や「村落」の構造や実態と、それらが国家によってどのように編成されたかを解明しようとする研究が進められてきた(2)。

こうした研究にはさまざまなアプローチがあり、またその方法も多様である(3)。それらのなかで、「共同体」や「村落」の政治的・経済的・社会的・自然的諸関係が展開される場である地域を、景観を含む個別的な地域社会の検討を通じて、総体としての全体構造のなかに位置づけていくことは重要な課題の一つであるといえる(4)。

この場合、地域社会の検討とは、人びとの生活の営み（再生産の営為）にとって意味のある空間的広がりをもつものとして地域を捉え、その一定の特性によって区分される地域を限定し、実証的な手続きによって当該地域の歴史性、すなわちその歴史的な特性と主体性を明らかにすることであると考える。そこで具体的に実施されるべきなのは、すでに地域史研究、村落史研究の方法論として強調されている次の二点である。まず第一は当該地域の自然的立地条件に規定され、居住域、生産域、墓域などで構成される景観を明らかにすること。第二に当該地域における政治的・経済的諸関係を含む人間生活の諸相を明らかにすることである。(5)

こうした地域の景観や生活諸相の復原的研究の実践は、近世の地域社会研究を中心に行われ、その方法論が確立されてきたが、それはさらに中世の地域社会研究へと広がりをみせている。また、考古学においても、年々膨大な数の遺跡や遺物の調査研究がなされている現状のなかで、それらをいかに復原し地域のなかに位置づけるかが主要な課題の一つであるということはすでに指摘があるところである。(6)こうしたなかで古代の地域社会研究において大きな障害となるのは史資料の制約の問題である。そもそも地域史研究では、研究に必要な視点として、文書などの文献史料以外に、考古学的な遺物や遺構を含む広義の遺物、地形、地名、景観など、過去からひき続いて存在しているものや残存しているものを史資料として対象とするべきであることが指摘されている。(7)地域の過去の時空間と、そこで展開される人間生活の諸相を明らかにしようとする以上、地域に伝世し、残されているすべてのものを史資料として扱うことは、当然の研究姿勢であるといえる。しかし、地域における時間軸の長さと、地形や景観の変動、史資料の廃棄や消失などの度数の高さとが、一般的には相関関係にあると考えられるため、過去にさかのぼればさかのぼるほど史資料の制約は大きくなる。また、文献史料に限ってみても、社会における識字層の数・割合や、その識字層の関心の所在を考えれば、古代の地域社会を考えるための史料が少ないことや、それに偏りがあることはその意味で当然であるといえる。さらに、後述するように地域社会にはさまざまなレベルがあり、それらが相互に関係性を有しながら重層的に存在している。対象とする地域がより狭い範囲、領域になればなるほど史資料の制約は強くならざるをえない。

このため、古代の地域社会研究が当該地域において実のある歴史像を獲得するためには、必然的に考古学をはじめ、地理学、社会学、人類学、あるいは自然科学の諸分野など関連諸学の方法や成果を取り入れることが重要となる。それはまた、地域社会についての理論と実態とを統合する作業を進めていくことでもあるといえる(8)。近年の研究動向として、こうした地域社会研究のあり方は、もはや常識となっているといってよい(9)。日本古代社会の構造とその変化、変容を明らかにするためには、このような地域社会研究のさらなる蓄積が求められる。

二　本書の研究視点

本書の論考は、これまで述べてきた地域史研究あるいは地域社会研究において提起されてきた方法論をふまえた上で、以下に述べるような問題意識のもとに考察を行ったものである。

まず本書では、古代信濃の地域社会を論考の対象地域としている。信濃の表記とその変遷については第Ⅱ部第五章で詳述するが、本書で表記する信濃とは律令国家の行政区画として成立した信濃国、その成立以前の時期にあっては後の信濃国に相当する地域という意味で用いる。なお、このような表記の用い方は、他国、他地域の場合においても同様とする。信濃国は、律令国家によって政治的に設定された行政区画である。律令国家においては、その下部にさらに郡や郷などが存在する。これまでの地域史研究では、その検討の前提として限定される地域の範囲を郡域のレベルを中心に考える場合が多かった(10)。古代史では、律令制度で位置づけられていた郡や郡司の機能や性格、上述した第一次的生産関係を制度化したものが郡司制であるとする在地首長制論の理解などから、郡域が研究対象の中心とされてきたことは研究史からみても当然であるといえよう。本書でもその意義は認めるところである。しかし、そもそも地域のまとまりにはさまざまなレベルがあり、国、郡、郷などの「制度的地域」(「形式的地域」)のほかに「歴史的地域」ともよぶべき地域のまとまりが存在し、それらは相互に関係性を有しながら重層的に存在していたと考えられる。(11)信濃という地域においても、信濃国の成立以前以後にかかわらず、人びとの生活の営みや関係性にとって意味のある空間的広がりをもつ、大小さまざまな「歴史的地域」が内包されていたと考えられる。そこには、地縁、血縁、政治、経済、宗教、文化、習俗などの諸要素にもとづく関係性によって人びとがさまざまに結びつく地域社会の存在が想定されるであろう。また、信濃という枠組みを超えた「歴史的地域」の存在も想定される。

次節で述べるように、とくに信濃の場合は、「歴史的地域」のような地域のまとまりが、いわゆる分散的あるいは分権的なあり方で存在してきたと考えられる。本書では、「制度的地域」として設定された信濃が一つの地域的なまとまりであったことを前提にしがちな現在の地域認識からは少し距離を置き、このように重層的な古代の信濃の地域社会を対象に据え、地域の景観や地域社会の諸関係の復原を行うことで、そこに存在した「歴史的地域」を析出することを試みる。そして、その「歴史的地域」の重層性や相互関係について、とくに交流や交通の面に留意しながら考察する。したがって、各論考では、その論点に応じて郡や郷、あるいは「歴史的地域」としての小地域に対象を限定して考察する場合もあるし、また信濃を含む東国の地域、ヤマト王権や律令国家といった中央との関係、さらには朝鮮半島の地域との関係について論じる場合もある。このような作業を通じて、「制度的地域」が「歴史的地域」の存在を前提として編成され成立するものであることを、その歴史的過程のなかで具体的に明らかにすることが本書の目的の一つである。

次に、地域の景観や地域社会の諸関係の復原を進める上では、地域社会の環境を分析することが重要となる。関連諸学とともに人間社会をとりまく環境の歴史を明らかにしていく環境史の意義についてはすでに多くの提言があり、(12)

そうした研究も蓄積されてきている。本書でも、地域社会の分析を進めていく上で、地域社会の環境、とくにその空間的広がりを規定していたであろう地形、水系などの自然環境的条件を重視する。その理由は、地域社会のさまざまな諸関係が、居住域や生産域などからなる人びとの再生産の場において展開されるものである以上、中世以降の社会に比べて一般的に生産性が低かったと考えられる古代社会においては、とくにそうした自然環境的条件が地域社会における諸関係にとって大きな意味をもっていたと考えるからである。本書ではそのような視点から、自然地形上の組みあわせによって他とは区画されるような一つの地域範囲としての小地域に焦点をあてる。古代信濃の地域社会構造を解明するためには、これらの小地域の環境を含めた歴史的分析を行うことが必要であると考え、その分析にもとづいて小地域内の景観や諸関係、あるいは小地域間相互の諸関係の様相について明らかにする。

また、地域社会の環境を短期間で、なおかつ大幅に変化、変容させる要因として災害がある。災害が地域社会の存続に致命的な打撃を与えるとともに、社会全体の方向性を大きく変える契機になることは、現代社会においても実体験として認識されるところである。そうしたこともあって、近年、災害に関する分野では、巨大地震や津波の発生メカニズムなどに直接関係する自然科学系諸学だけではなく、社会学、経済学など社会科学系諸学を含む総合的な調査研究が進められている。歴史学としての地域社会研究もまたその総合的な調査研究のなかに加わるようになってきている。上述したように、このような調査研究のあり方は、地域社会研究や環境史において本来求められている方法論の実践であるということができる。そうした意味で地域の災害の歴史を明らかにすることは、地域社会研究の一面にほかならない。過去の災害が地域とその社会にもたらした変動を明らかにすることは、現代社会の人びとに今ある脅威についての貴重な情報をもたらすということでもある。そしてその情報を社会に積極的に発信していくことは地域社会研究の大きな意義であると考える。こうした視点から本書では第Ⅲ部で古代の信濃の災害についてとりあげる。

次に、地域社会が変化、変容する契機の一つとして、地域間の交流や交通の結果としての新しい文化、とくに大陸文化の流入と受容の問題に注目する。古代の日本列島における大陸文化の受容については、これまでに政治、文化、思想など諸方面で多くの研究の積み重ねがあり、歴史的事実として、日本古代の社会形成が大陸文化を受容する過程の上になされてきたということはいうまでもない。一方で、多方面にわたったと推測される地域社会におよんだ大陸文化の諸相の解明は、地域における史料上の制約もあって、主として考古学からのアプローチを中心になされ、個別実証的な成果が蓄積されてきている。また、近年では宮都以外の各地で出土した木簡などの出土文字資料によって、七世紀の中央集権体制成立期において、地方の首長層が大陸文化を受容していた実態が明らかにされつつある。これも発掘調査で出土した文字資料という遺物によるという点で、考古学を主体とする成果の一つであるといえよう。本書では、地域社会における大陸文化の実相について多くの成果を残してきた考古学上の知見を含め、従来の研究の成果をふまえた上で、文献史料を中心に据えつつ、さまざまな側面から考察を進めていく。そしてそれらを通して、地域社会における大陸文化の受容の問題、さらには古代日本における地域社会の特性と主体性の問題について言及していくこととする。

最後に、本書でとりあげる史資料のうち、とくに古代史料に対する本書での考え方について述べておきたい。上述したように地域社会研究では、地域に伝世し、残されているすべてのものを史資料として用い、多面的な分析を行う必要があるが、やはり歴史学としての地域社会研究の基本が文献実証主義であることは否めない。そうした点で、古代の地域社会研究の状況を大きく変えたのは、木簡・漆紙文書・墨書土器などの出土文字資料の増加である。出土文字資料は地域に新たな歴史情報を提供し、史資料の制約に縛られてきた地域社会研究に大きな可能性をもたらしていることはいうまでもない。本書が対象とする地域である信濃に関しても、千曲市の屋代遺跡群から出土した屋代木簡によって当地の地域社会についての分析は大きく進み、本書の論考においてもその成果に負うところは多大である。ただ、出土文字資料について留意しておきたいのは、それらが単なる文字資料ではなく、発掘調査によって出土した考古学的遺物であることである。古代史研究において注目を集めがちな文字の情報だけを分析するのではなく、考古学的遺物としての情報分析が重要であることは、従来より指摘されてきたところであるが[13]、とくにモノとしての木簡を対象とする木簡学の研究成果は、古代の文書などの文献史料の分析にも反映され、古代史料学を深化させてきたといえる[14]。

このように文字情報とモノとしての情報という豊かな歴史情報をもち、何よりも対象とする同時代の第一次史料である出土文字資料は、いまや地域社会の実態を解明するために欠くことのできないものであるといえよう。これに対して、古代史の基本史料として、従来の地域史研究に用いられてきた六国史や律令などの法制史料は、国家の編纂による第二次史料であり、そこには国家の編纂方針にもとづく論理が内在する。古代の地域社会研究ではそうした中央の論理、あるいはそれにもとづく地域観を相対化する必要がある。地域社会の特性や主体性を明らかにするという視点をもちながら、出土文字資料などの新しい歴史情報をつきあわせることで、より高い蓋然性のもとにそれを行うことが可能である。したがって、本書では、出土文字資料をはじめとする古代史料学の成果を十分に取り入れつつ、古代の地域社会にかかわる史資料や歴史的事象の分析、再評価を行っていくこととする。

三　古代の信濃

本書の各論考の前提となる古代の信濃について概観しておきたい。日本列島の本州中部に位置する現在の長野県は南北約二〇〇キロ、東西約一〇〇キロ以上におよび、その広い領域のなかに八つの盆地を含む。律令体制の信濃国にはじまる信濃という地域呼称は、中世、近世、そして明治九年（一八七六）の合県による現在の長野県の成立以降も、とりわけこの地域にくらす人びとにとって一つの地域的まとまりをあらわすものとして使用されてきている[15]。また県域を北信、東信、中信、南信という大きく四つの区域に分けて表現することも多い。

信濃の地域範囲内には、南北に糸魚川—静岡構造線、東西に中央構造線という大断層系が存在する。糸魚川—静岡構造線は東北日本と西南日本を分けるフォッサマグナとよばれる大地溝帯の西縁にあたるため、伊那郡や諏訪郡、筑摩郡の一部を除き、信濃の大部分はそのフォッサマグナに含まれている。大規模な地殻変動により隆起した山岳地帯に位置している当地域は、自然地理上では、現在の長野県塩尻市と岡谷市の市境に位置する塩嶺峠などの分水嶺を境として、天竜川水系の南信地域と中信・東信・北信の千曲川水系という南北の地域に大きく分けられる。さらにそれぞれの水系も、山地や河川によって形成されたいくつもの盆地や谷などの集まりによって構成されている。この南北の地域では気候、植生など自然地理的な特色も大きく相違するが、歴史的にみても、例えば弥生時代後期には、天竜川水系に座光寺原式土器・中島式土器を特色とする文化圏、千曲川水系に箱清水式土器を特色とする文化圏が存在していた。また、律令国家の地方行政単位としての信濃国が成立した後も、養老五年（七二一）から天平三年（七三一）までの約一〇年間、おそらくは天竜川水系の地域を中心としたであろう諏訪国が信濃国から分立していた。このような自然地理的、歴史的な特色からみれば、古代から現在に至るまで信濃が文化、政治、経済などの面で一つの確固とした結びつきをもつ地域社会の単位であったとはむしろ言いがたいとさえいえる。

さらに、両水系の各地域を細かくみれば、山地と、大小河川によって形成された自然堤防、後背湿地、扇状地形、河岸段丘などの自然地形上の組みあわせによって他とは区画されるような一つの地域範囲を設定することができる。

千曲川水系では千曲川の両岸のところどころに崎または鼻とよばれる山地が突出した箇所が存在する。これらは山地の硬い岩石が川の浸食から残ったもので、生活圏を分断するような交通の難所となっているところも多い。これらの突出部によって区切られ、自然堤防と後背湿地、背景の山地と中小河川が山麓に形成する小規模な扇状地形などからなる一つの地域範囲が形成されている。天竜川水系では、天竜川が南北に貫流し東西両岸に河岸段丘地形を形成する。また、天竜川の東西の山地を源とする多くの中小河川が天竜川に流れ込んでおり、これらの主要な支流河川がおおよそ東西方向に河岸段丘を削って谷を作り出すいわゆる田切地形がみられる。このため天竜川に流入する河川とその谷によって南北を画され、東西を天竜川と山地によって画される地域範囲が天竜川両岸に南北にわたって展開している。本書ではこのような自然地形、灌漑水系および歴史的背景によって区分される小世界を小地域とよぶことにする。信濃には、それぞれに特性と主体性をもつ「歴史的地域」としてのこうした小地域が数多く存在する。したがって、古代の信濃の地域社会構造を解明するためには、こうした小地域に立脚した視点での歴史的分析が重要となるわけである。

次に、古代の信濃の地域範囲についてであるが、『日本書紀』によれば、天武天皇十二年から翌十三年にかけて諸国の国境を定めたとある。[16]また、この間にあたる同十三年二月には、三野王らが信濃に遣わされ地形調査を行い、閏四月に「信濃国之図」を提出している。[17]これにより、ユリウス暦の六八四年にあたるこの時期に、[18]国境が定められるとともに、とくに信濃の場合はその領域内の調査の時点で、おそらく後の信濃国の一〇郡にあたる行政区画である評の範囲もほぼ定まっていたものと考えられる。[19]この時の「信濃国」の国境は必ずしも明確ではないが、現在の長野県の県境の大部分が、峻険な山岳によって画されていることからすれば、地域社会を内包する古代の信濃の空間的広がりとしての領域が、現在の長野県のそれとほぼ同じと考えても大過ないと考えられる。しかし、古代国家の行政区画である信濃国の地域範囲と、近代国家の行政区画として誕生した長野県のそれとを同一視することはもちろんできない。例えば、信濃国と甲斐国の間の国境については諸説があるし、大きく異なるのは、『日本三代実録』元慶三年（八七九）九月四日辛卯条によって、現在の長野県木曽地方の大部分が美濃国に属する地域であったと考えられることである。この記事は、八世紀初頭に開削されたいわゆる「吉蘇路」（以下、本書では木曽路と表す）に関係するものでもあるので、該当部分を次にあげる。

令㆘美濃信濃国㆒、以㆓県坂上岑㆒、為㆗国堺㆖。県坂山岑、在㆘美濃国恵那郡与㆓信濃国筑摩郡㆒之間㆖。両国古来相㆓争境堺㆒、未㆑有㆑所㆑決。貞観中勅遣㆘左馬権少允従六位上藤原朝臣正範、刑部少録従七位上靭負直継雄等㆒、与㆓両国司㆒、臨㆑地相定㆖。正範等検㆓旧記㆒云。吉蘇小吉蘇両村、是恵那郡絵上郷之地也。和銅六年七月、以㆓美濃信濃両国之堺、経路険隘、往還甚難㆒。仍通㆓吉蘇路㆒。七年閏二月、賜㆓美濃守従四位下笠朝臣麿封邑七十戸、田六町㆒。少掾正七位下門部連御立、大目従八位上山口忌寸兄人、各進㆓位階㆒。以㆑通㆓吉蘇路㆒也。今此地、去㆓美濃国府㆒、行程十余日、於㆓信濃国㆒、最為㆓逼近㆒。若為㆓信濃地㆒者、何令㆘美濃国司㆒遠入㆑開通㆗彼路㆖哉。由㆑是、従㆓正範所㆑定。

この記事により、従来より争いのあった信濃美濃両国の国境が「県坂山岑」に定められたことがわかる。「県坂山岑」は現在の長野県塩尻市と木祖村の境界であり、また千曲川水系と木曽川水系の分水嶺でもある標高一一九七メートルの鳥居峠とするのが通説である。これにしたがえば、現在、長野県西筑摩郡とされる木曽地方のうち、鳥居峠より南は美濃国の領域であり、そこに存在した「吉蘇村」と「小吉蘇村」は恵那郡絵上郷に含まれていた。

『延喜式』巻二十二の民部上によれば、信濃国は東山道の上国で、伊那、諏方、筑摩、安曇、更級、水内、高井、埴科、小県、佐久の一〇郡が管下に置かれていた。信濃国府の所在地については、それを示すような明確な遺構や遺物などは確認されていない。十世紀前半の承平年間ごろに編纂されたとされる『和名類聚抄』の記載などから、九世紀後半には筑摩郡に信濃国府があったとされる。所在地に関するそれ以前の記録はないが、信濃国では国分僧寺・尼寺が小県郡に存在したことが確定している。信濃国分寺の造営・完成は、出土瓦などの研究から七六〇年代後半であった可能性が高いといわれており、このことから、両寺が造立された奈良時代には小県郡に国府があり、その後、筑摩郡に移転したという見解がほぼ定説とされている。郡家については、諏訪大社下社に近い岡谷市長地の榎垣外遺跡で二〇棟ほどの掘立柱建物が確認されており、長大な建物跡や整然とした倉庫跡などの様相から、諏方郡家あるいは諏方国府に比定しうる官衙遺跡と考えられている。また、飯田市座光寺地区の恒川遺跡群では、多数の大型掘立柱建物跡、竪穴建物・住居跡のほか、鍛冶工房跡と推定される遺構も確認されている。遺物では、円面硯や蹄脚硯などの多数の陶硯、東日本では出土例のきわめて少ない「和同開珎」銀銭、「美濃」と刻印された須恵器などが出土しており、これらの様相から、伊那郡家に比定される官衙遺跡であると考えられている。このほか、信濃国には幹線駅路として東山道が通じ、これと筑摩郡で分岐して長野盆地を経て上越地域の越後国府や北陸道とを結ぶ駅路があった。また、先にふれた木曽路は、和銅六年（七一三）に開通したとみられるが、これも東山道を補完する官道であったと考えられる。以上述べた信濃国の郡や官衙、官道の推定経路のおおよその位置を示したのが図1である。なお、これらの官衙や官道については第Ⅱ部第六章で詳しく扱う。

『和名類聚抄』の高山寺本には、信濃国内に六二郷があげられており、大日本東急文庫本では六七郷があげられている。また、『延喜式』巻二十八の兵部省と『和名類聚抄』高山寺本には一五の駅があげられている。これらをまとめたのが表1である。信濃の各郡を上述した北信、東信、中信、南信の四地域にまとめ、その郷・駅の数をみると、圧倒的に北信四郡が多く、全体の四割を占め、ついで東信、南信、中信の順となる。北信四郡の郷の多くは、長野盆地およびその周辺地域に比定されている。令の規定では、一郷は「五十戸」を原則として編成されることになっているの

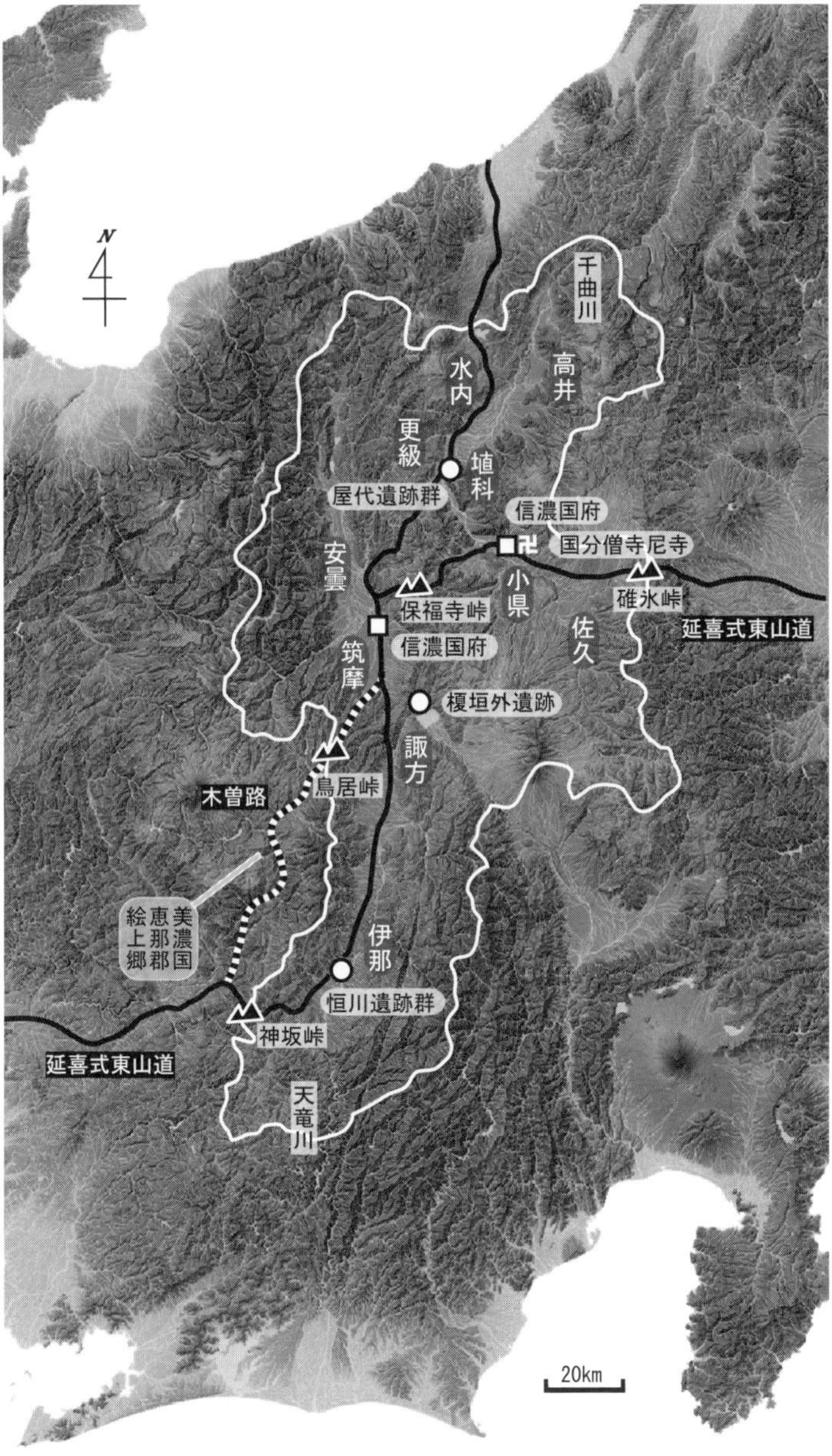
N
千曲川
高井
水内
更級
埴科
屋代遺跡群
信濃国府
国分僧寺尼寺
安曇
小県
保福寺峠
碓氷峠
延喜式東山道
信濃国府
筑摩
佐久
榎垣外遺跡
諏方
鳥居峠
木曽路
美濃国
恵那郡
絵上郷
伊那
恒川遺跡群
神坂峠
延喜式東山道
天竜川
20km

図1　古代の信濃国

表1　『和名類聚抄』にみる信濃国の郡郷駅

地域	郡名	郷 駅 名		郷数 駅数	郷割合 駅割合	郷＋駅 の 郡別数	郷＋駅 の郡別 割合	郷＋駅 の地域 別割合
南信	伊那郡	郷	伴野、小村、麻続、福智、※輔衆	5	7%	9	11%	21%
		駅	阿知、育良、堅錐、宮田	4	29%			
	諏訪郡	郷	土武、佐補、美和、桑原、山鹿、返良、※神戸	7	10%	8	10%	
		駅	深澤	1	7%			
中信	筑摩郡	郷	良田、崇賀、辛犬、錦服、山家、大井	6	9%	8	10%	15%
		駅	覚志、錦織	2	14%			
	安曇郡	郷	高家、八原、前科、村上	4	6%	4	5%	
北信	更級郡	郷	麻続、村上、當信、小谷、更級、清水、斗女、池郷、氷鉇	9	13%	10	12%	40%
		駅	麻続	1	7%			
	水内郡	郷	芋井、大田、芹田、尾張、大島、古野、赤生、中島	8	12%	11	13%	
		駅	日理、多古、沼辺	3	21%			
	高井郡	郷	穂科、小内、稲向、日野、※神戸	5	7%	5	6%	
	埴科郡	郷	倉科、礒部、船山、大穴、屋代、英多、坂城	7	10%	7	9%	
東信	小縣郡	郷	童女、山家、須波、跡部、安宗、福田、海部、※余戸	8	12%	10	12%	24%
		駅	浦野、日理	2	14%			
	佐久郡	郷	美理、大村、大井、刑部、青治、茂理、小治、※余戸	8	12%	10	12%	
		駅	清水、長倉	2	14%			
計		郷		67		82		
		駅		14				

※は高山寺本になく大日本東急文庫本にある郷、それ以外の郷名・駅名の表記は高山寺本による。

で、地域の郷数は、ほぼその地域の人口と正の相関関係にあると考えられる。また『和名類聚抄』所載の郡郷は、民部省関係の資料としてまとめられていたものを用いたと考えられており、時期的には九世紀ごろのものである可能性が高いといわれている[21]。以上からすれば、九世紀ごろの信濃国において最多の人口を擁するのは北信地域であり、それは長野盆地周辺地域の信濃国内における相対的な生産力の高さを示しているといえる。このことは信濃で農業生産がはじまった弥生時代から現代に至るまで、その歴史を通じておおよそ首肯できる地域的特色であり、それは長野盆地の自然環境、とくに千曲川沿いの後背湿地を中心とした土地生産性の高さを背景としたものであるといえるであろう。

表2は『延喜式』巻十の神名下にあげられている信濃の神社名と郡別の座数をまとめたものである。信濃国には四六社に大七座と小四一座の計四八座があげられているが、これらを郷・駅と同様に北信、東信、中信、南信の四地域にまとめると、北信が六割五分を占め圧倒的に多く、ついで東信、中信、南信の順となる。南信の座数が少ないのは、諏訪郡の南方刀美神社の神威およびこれをまつる氏族の力が強かった

表2　『延喜式』巻十神名下にみる信濃国の神社と郡別座数

<table>
<tr><th>地域</th><th>郡名</th><th colspan="3">座数</th><th>神名</th><th>座数地域別割合</th></tr>
<tr><td rowspan="4">南信</td><td rowspan="2">伊那郡</td><td rowspan="2">2</td><td>大</td><td>0</td><td></td><td rowspan="4">8%</td></tr>
<tr><td>小</td><td>2</td><td>大山田、阿智</td></tr>
<tr><td rowspan="2">諏訪郡</td><td rowspan="2">2</td><td>大</td><td>2</td><td>南方刀美二座</td></tr>
<tr><td>小</td><td>0</td><td></td></tr>
<tr><td rowspan="4">中信</td><td rowspan="2">筑摩郡</td><td rowspan="2">3</td><td>大</td><td>0</td><td></td><td rowspan="4">10%</td></tr>
<tr><td>小</td><td>3</td><td>岡田、沙田、阿礼</td></tr>
<tr><td rowspan="2">安曇郡</td><td rowspan="2">2</td><td>大</td><td>1</td><td>穂高</td></tr>
<tr><td>小</td><td>1</td><td>川会</td></tr>
<tr><td rowspan="8">北信</td><td rowspan="2">更級郡</td><td rowspan="2">11</td><td>大</td><td>1</td><td>武水別</td><td rowspan="8">65%</td></tr>
<tr><td>小</td><td>10</td><td>布制、波閉科、佐良志奈、当信、長谷、日置、清水、氷鉇斗売、頤気、治田</td></tr>
<tr><td rowspan="2">水内郡</td><td rowspan="2">9</td><td>大</td><td>1</td><td>健御名方富命彦神別</td></tr>
<tr><td>小</td><td>8</td><td>美和、伊豆毛、妻科、小川、守田、粟野、風間、白玉足穂命</td></tr>
<tr><td rowspan="2">高井郡</td><td rowspan="2">6</td><td>大</td><td>0</td><td></td></tr>
<tr><td>小</td><td>6</td><td>墨坂、越智、小内、笠原、小坂、高社</td></tr>
<tr><td rowspan="2">埴科郡</td><td rowspan="2">5</td><td>大</td><td>0</td><td></td></tr>
<tr><td>小</td><td>5</td><td>粟狭、坂城、中村、玉依比売命、祝</td></tr>
<tr><td rowspan="4">東信</td><td rowspan="2">小縣郡</td><td rowspan="2">5</td><td>大</td><td>2</td><td>生嶋足嶋二座</td><td rowspan="4">17%</td></tr>
<tr><td>小</td><td>3</td><td>山家、塩野、子檀嶺</td></tr>
<tr><td rowspan="2">佐久郡</td><td rowspan="2">3</td><td>大</td><td>0</td><td></td></tr>
<tr><td>小</td><td>3</td><td>英多、長倉、大伴</td></tr>
<tr><td colspan="2" rowspan="2">計</td><td rowspan="2">48</td><td>大</td><td>7</td><td rowspan="2"></td><td rowspan="2"></td></tr>
<tr><td>小</td><td>41</td></tr>
</table>

ためであるとの見解もあるが、[22] そうした事情を除けば、各地域の座数の多寡も、やはり郷・駅数と同じように、おおよそ各地域の土地生産性とそれと相関関係にある人口の多寡を反映していると考えてよいのではないだろうか。

このような地域間の相違を生み出しているのは、広域であり、なおかつ山岳地帯である信濃のさまざまな自然環境である。自然環境によって規定される地域間あるいは地域社会相互の相違は、盆地、あるいは行政区画である郡といったある程度広域な地域単位での比較においてのみあらわれてくるものではなく、より狭小な、例えば隣接する小地域間においても想定しうるものである。一方で、信濃には、海や海から遡上できる大河川はなく、したがって外に開かれた水上交通がないという点は各地域に共通する。表3にみるように、『延喜式』巻四十八の左右馬寮には山鹿牧から望月牧まで一六の御牧が記載され、『政事要略』巻二十三の年中行事八月下、『吾妻鏡』文治二年（一一八六）三月十二日条が載せる同年二月の注文からも信濃の各地域に牧があり、馬の生産が行われていたことが知られる。[23] このような信濃における馬の生産は五世紀にはじまり、信濃という地域の特性の一つとして発展したものであるが、それは一部地域を除いて水上交通に恵まれず、他地域との交流が峠や谷を越えて行われなければならないという信濃の各地域に共通する自然環境的条件を背景としたものでもある。

信濃の地域社会それぞれにみられる特性と主体性は、以上のようなさまざまな相違や共通性のもとに歴史的に形成されたものである。したがって古代信濃の地域社会を対象に、その景観やそこで展開される諸関係の復原を通して地域社会の構造を明らかにしていく上では、こうした認識が重要となることはいうまでもなく、それが本書の各論考の前提でもあることをあらためてここで述べておきたい。

なお、以下、本書で頻繁に引用する刊行書等については、煩瑣な記述を避けるため、次のように略記する。

長野県史通史一　長野県編『長野県史』通史編第一巻　原始・古代、一九八九年。

表 3　古代の信濃国の牧

	『延喜式』巻48御牧の記載順と名称		『政治要略』巻23年中行事八月下の記載順	『吾妻鏡』文治2年2月注文（左馬寮領）の記載順と名称		所在推定地 旧郡	所在推定地 現在	備考
信濃の『延喜式』御牧と関係牧	1	山鹿	1	7	大塩牧	諏訪	茅野市豊平南大塩、湖東	
	2	塩原	2	8	塩原	①諏訪 ②小県	茅野市米沢 小県郡青木村、上田市	
	3	岡屋	3	4	岡屋	諏訪	岡谷市岡谷	
	4	平井手	5	3	平井弖	伊那	上伊那郡辰野町平出	
	5	笠原	11	1 17 18	笠原御牧 笠原牧南条 同　北条	①伊那 ②高井	伊那市美篶笠原 中野市笠原	
	6	高位	12	15	高井野牧	高井	上高井郡高山村駒場・牧・高井	
	7	宮処	4	2 5 6	宮所 平(立)野 小野牧	伊那	上伊那郡辰野町伊那富・宮処	
	8	埴原	6	9 10	南内 北内	筑摩	松本市中山埴原	
	9	大野	9	11	大野牧	筑摩	東筑摩郡山形村、松本市波田・安曇	
	10	大室	7	12	大室牧	高井	長野市松代町大室	
	11	猪鹿	8	26	緒(猪)鹿牧	安曇	安曇野市西穂高牧	
	12	萩倉	10				未詳	
	13	新治		20	新張牧	小県	東御市新張	
	14	長倉		23	長倉	佐久	北佐久郡軽井沢町長倉・発地	
	15	塩野		24	塩野	佐久	北佐久郡御代田町塩野・馬瀬口	
	16	望月		19	望月牧	佐久	佐久市望月・東御市等	
その他の牧		蕗原			落(蕗)原荘	伊那	上伊那郡箕輪町・南箕輪村、伊那市西箕輪	後院牧 天暦8. 西宮記
		桐原		16	桐原荘 吉田牧	①筑摩 ②水内	松本市入山辺桐原 長野市古野桐原、吉田	後院牧 応和1. 北山抄
		洗馬			洗馬荘	筑摩	東筑摩郡朝日村西洗馬	小野宮 長和3. 小右記
		柏前				甲斐国巨麻	①山梨県北巨摩郡高根町清里念場原 ②諏訪郡富士見町葛窪	甲斐御牧

※長野県史通史1の表42に一部加筆修正

屋代木簡編　㈶長野県埋蔵文化財センター『長野県屋代遺跡群出土木簡』一九九六年。
屋代総論編　㈶長野県文化振興事業団長野県埋蔵文化財センター『更埴条里遺跡・屋代遺跡群（含む大境遺跡・窪河原遺跡）―総論編―』二〇〇〇年。
長野市誌二　長野市誌編さん委員会編『長野市誌』第二巻　歴史編　原始・古代・中世、二〇〇〇年。
長野市誌十二　同『長野市誌』第十二巻　資料編　原始・古代・中世、二〇〇三年。

本書で用いる信濃関係の正倉院宝物の銘文は、長野市誌十二によることとし、長野市誌十二―308（四二）のように略記する。アラビア数字は掲載頁数を表し、括弧内は同書の資料番号を表す。長野市誌十二に掲載のないものは、松嶋順正編『正倉院宝物銘文集成』（吉川弘文館、一九七八年）により、頁数をアラビア数字で表し集成323のように略記する。また、『大日本古文書』掲載の史料については、掲載巻数を漢数字、頁数をアラビア数字で表し大日古一―162のように略記する。

本書が引用する各木簡の釈文の下には、寸法（単位ミリ、長さ×幅×厚さ）と型式番号、それに出土遺跡と出典となる報告書名をあげる。なお、出典については原則として㈱国立文化財機構奈良文化財研究所の「木簡データベース」の略記にしたがうが、詳細については第Ⅱ部第五章の注（1）を参照されたい。

注

（1）　石母田正『日本の古代国家』（岩波書店、一九七一年）。
（2）　研究史をまとめたものとしては、以下にあげる論考などがある。吉田晶『日本古代村落史序説』（塙書房、一九八〇年）。吉岡真之「郡と里と村」（『日本村落史講座』四、雄山閣出版、一九九一年）。小林昌二「村落史研究のあゆみ　二古代」（『日

本村落史講座』一、雄山閣出版、一九九二年）。同『日本古代の村落と農民支配』（塙書房、二〇〇〇年）。山尾幸久『日本古代国家と土地所有』（吉川弘文館、二〇〇三年）。関口裕子『日本古代家族史の研究』上（塙書房、二〇〇四年）。田中禎昭「古代村落史研究の方法的課題―七〇年代より今日に至る研究動向の整理から―」（『歴史評論』五三八、一九九五年）。同「序章　古代地域社会研究の方法的課題」（『日本古代の年齢集団と地域社会』吉川弘文館、二〇一五年）。鐘江宏之「郡司と古代村落」（『岩波講座　日本歴史』三　古代三、岩波書店、二〇一四年）。

（3）最近の研究としては、主に以下のものがあげられる。「地域モデル」という分析法を提唱し具体的な地域の検討を行った亀谷弘明『古代木簡と地域社会の研究』（校倉書房、二〇一一年）。ＧＩＳ空間分析や人口統計学などの手法を用いて「村落」や「共同体」の分析検討を行った今津勝紀「古代史研究におけるＧＩＳ・シミレーションの可能性―家族・村落・地域社会、日本古代社会の基本構造」（『シミレーションによる人口変動と集落形成過程の研究』岡山大学文学部、二〇〇五年）。同『日本古代の税制と社会』（塙書房、二〇一二年）。新進化主義人類学で重視されてきた「社会統合」という概念から地域社会を分析した溝口優樹『日本古代の地域と社会統合』（吉川弘文館、二〇一五年）。年齢原理という視点から地域社会の分析を試みた田中前掲注（2）書。

（4）吉田前掲注（2）書。関和彦『風土記と古代社会』（塙書房、一九八四年）。同『日本古代社会生活史の研究』（校倉書房、一九九四年）。田中前掲注（2）一九九五年論文。今津勝紀「日本古代地域史研究の新視点」（『歴史評論』七八六、二〇一五年）。

（5）木村礎「日本村落史を考える」（『日本村落史講座』一、雄山閣出版、一九九二年）。同「村落史研究の方法―景観と生活―」（『木村礎著作集』Ⅵ、名著出版、一九九六年、初出は一九九四年）。同「郷土史・地方史・地域史研究の歴史と課題」（『木村礎著作集』Ⅳ、名著出版、一九九七年、初出は一九九四年）。また、この点が地域における古代史研究の課題であることを述べたものとしては、以下の論考などがある。拙稿「地域における古代史研究をめぐって」（『歴史学研究』七〇三、一九九七年）。西別府元日『日本古代地域史研究序説』（思文閣出版、二〇〇三年）。川尻秋生『古代東国史の基礎的研究』（塙書房、二〇〇三年）。今津前掲注（4）論文。

（6）能登健「農耕集落論研究の現段階」（『歴史評論』四六六、一九八九年）。高橋一夫・広瀬和雄「集落の形態」（『古墳時代の研究』二、雄山閣出版、一九九〇年）。坂井秀弥『古代地域社会の考古学』（同成社、二〇〇八年）。

（7）木村前掲注（5）論文。

（8）西別府前掲注（5）書。

（9）前掲注（3）。

（10）木村前掲注（5）「郷土史・地方史・地域史研究の歴史と課題」。

（11）亀谷前掲注（3）書。

（12）飯沼賢司「環境歴史学の登場」（『ヒトと環境と文化遺産―二十一世紀に何を伝えるか』山川出版社、二〇〇〇年）。同「環境歴史学序説」（『民衆史研究』六一、二〇〇一年）。同『環境歴史学とは何か』（山川出版社、二〇〇四年）。橋本政良「環境歴史学の可能性」（『環境歴史学の視座』二〇〇二年、岩田書院）。井上勲「日本史の環境」（『日本の時代史二九　日本史の環境』吉川弘文館、二〇〇四年）。平川南「人と自然のかかわりの歴史―『環境の日本史』の視座―」（『環境の日本史一　日本史と環境―人と自然―』吉川弘文館、二〇一二年）。

（13）山中章「考古資料としての古代木簡」（『木簡研究』一四、一九九二年）。平川南「地下から発見された文字」（『新版　古代の日本』一〇　古代資料研究の方法、角川書店、一九九三年）。

（14）佐藤信「木簡史料論」（『岩波講座　日本歴史』二一　史料論、岩波書店、二〇一五年）。

（15）地方史研究協議会常任委員会・第五一回（松本）大会実行委員会「第五一回大会を迎えるにあたって　信濃―生活環境の歴史的変遷―」（『地方史研究』二八六、二〇〇〇年）。

（16）『日本書紀』天武天皇十二年十二月丙寅条に「遣二諸王五位伊勢王・大錦下羽田公八国・小錦下多臣品治・小錦下中臣連大嶋、并判官・録史・工匠者等一、巡二行天下一、而限二分諸国之境堺一。然是年、不レ堪二限分一。」とあり、翌十三年十月辛巳条に「遣二伊勢王等一、定二諸国堺一。」とある。

（17）『日本書紀』天武天皇十三年二月庚辰条に「是日、遣二三野王・小錦下采女臣筑羅等於信濃一、令レ看二地形一。将レ都二是地一歟。」

とあり、同年閏四月壬辰条に「三野王等、進㆓信濃国之図㆒。」とある。

(18)　天武天皇十二年十二月丙寅(十三日)、同十三年閏四月壬辰(二十一日)、同十三年十月辛巳(十三日)は、それぞれユリウス暦の六八四年一月五日、六八四年五月三十日、六八四年十一月十五日にあたる。

(19)　荒井秀規「領域区画としての国・評（郡）・里（郷）の成立」(『古代地方行政単位の成立と在地社会』㈱国立文化財機構奈良文化財研究所、二〇〇九年)。なお、第Ⅰ部第二章で述べるように、その前提となったヤマト王権の人びとの当地域に対するおおよその位置や範囲、地域構成などについての認識は、おそらく六世紀中ごろまではさかのぼりうるものと思われる。

(20)　山崎信二「平城京内出土軒瓦と信濃国分寺出土軒瓦」(『古代信濃と東山道諸国の国分寺』上田市立信濃国分寺資料館、二〇〇六年)。

(21)　池邊彌『和名類聚抄郡郷里驛名考證』(吉川弘文館、一九八一年)。

(22)　牛山佳幸「寺社政策の転換」(長野県史通史一)。

(23)　山口英男「信濃の牧」(長野県史通史一)。

第Ⅰ部　信濃の首長

第一章　古墳築造期の信濃の諸相

一　古墳の築造にみる信濃の首長

古代の信濃の地域社会構造を明らかにしていく試みのはじめとして、まず信濃の古墳の築造のあり方について、とくに前方後円墳をはじめとする古墳造営が顕著にみられる千曲川水系の長野盆地地域と天竜川水系の下伊那地域の様相を中心に概観する。

古墳時代前期中ごろ以降には、千曲川水系の長野盆地南部地域に森将軍塚古墳、川柳将軍塚古墳と続く長野県下では傑出した前方後円墳が築造されるようになる。これらは内部の埋葬施設や副葬品から墳丘表面の埴輪や葺石などに至るまで、近畿地方から日本各地に広がる大型古墳と同様なあり方であり、ヤマト王権が広域な規模でおし広げていた前方後円墳に象徴される政治的体制に長野盆地南部地域の勢力が加わったことを示すものであると考えられている(1)。

この森将軍塚古墳や川柳将軍塚古墳の主石室に埋葬された首長およびその後裔が、該当する時期の信濃を代表するような存在であったと考えることもできよう。しかし古墳からみる限り、長野盆地南部地域の勢力は、このかなり狭

い地域のなかで完結し、中小首長を傘下に組みこみ、自らの基盤を拡大・強化していくようなことはなかったとされる。(2)

続く五世紀後半から六世紀ごろには、千曲川水系の長野盆地南部地域では前方後円墳が小規模化していく。古墳の規模が、ヤマト王権下の政治的位置を反映するとの立場からすれば、長野盆地南部地域の首長権力は、相対的に下降の途をたどり、五世紀末には、中小首長のそれと同格となってしまったといわざるをえないような状況となる。(3)

これにたいして天竜川水系の下伊那地域では五世紀後半からある意味で唐突に多くの古墳築造がはじまり、六世紀前半には横穴式石室を内蔵する前方後円墳に引き継がれていく。また、前方後円墳のみならず、古墳時代中期の特徴的な副葬品である小型仿製鏡や短甲なども、五世紀中ごろを境として下伊那地域に集中している。(4) さらに下伊那地域の古墳では五世紀中ごろから後半において古墳から馬骨等が出土するようになる。(5) また、馬具が出土する古墳も信濃にとくに数多く存在し、六世紀末から七世紀にかけて信濃全域に拡散するまでは、下伊那地方が分布の核を形成している。このことは、五世紀中ごろ以降、下伊那地域で馬産が行われ、騎馬集団が存在していたことを示していると考えられている。(6)

このように古墳築造や、武具、馬具など顕著な分布の特徴を示す遺物の変化がみられるのは、この時期の何らかの地域社会の変動を反映したものだと考えるべきであろう。こうした五世紀後半の首長権力の変動は、濃尾平野、関東平野南部など日本列島の各地域においてもみられ、これらの動向はそれぞれの地域とヤマト王権との間に生じた新たな関係にもとづくものと理解されている。(7)

信濃の場合、従来の説ではこうした変動を千曲川水系にあった首長勢力の分立、移動あるいは交替などと説明してきた。しかし、信濃の地域を全体として考えた場合でも、古墳時代に先立つ弥生時代には、千曲川水系にいわゆる箱清水式土器文化圏、天竜川水系に座光寺原・中島式土器文化圏といった様相が異なる文化圏が存在していた。また信濃の地域は、四世紀以前の土器の分布状況や、あるいは各地にみられる初源期の古墳が前方後方墳であることなどから、古くから濃尾平野地域の勢力の影響をうけており(8)、古墳時代にあっても、長野盆地南部地域の首長よりも相対的に大きな勢力であったと考えられる美濃地域の首長権力の勢力圏がヤマト王権の中枢である畿内と信濃の間にあって、しかも神坂のような険しい地形に隔てられているとはいえ信濃に隣接した地域に存在していた。

これらの諸点をふまえると、少なくとも、天竜川水系にあり、なおかつ美濃に隣接する下伊那地域に対して、これとは異なる水系である千曲川水系にある長野盆地南部地域の首長権力が強い影響力をおよぼしていたとは考えにくい。したがって、本章においても信濃の地域をややもすれば包括的に捉えがちではあるが、五世紀前半までの段階において信濃の地域が政治や文化の面で一体的な地域であったと考える必然性もないといえるのではないだろうか。このような考えを前提とすれば、五世紀後半からあらわれる下伊那地域の様相を、長野盆地南部地域の首長権力が衰退していった状況に直接的に連動させて説明する必要はないと思われる。従来よりいわれてきたような、いわゆる信濃の地域内の論理で解釈するのではなく、まずは、長野盆地南部地域および下伊那地域のそれぞれについて、首長たちの権力の変動をもたらした要因を分析することが重要である。

二　四世紀後半から五世紀にかけての長野盆地南部の小地域

長野盆地南部は、その南縁近くを千曲川が西から東に流れ、南側の山地の尾根がいくつか千曲川流路に向かって突き出るようにのびている。またそうした尾根と尾根の間を中小河川が山地から流れ出て千曲川に合流している。この

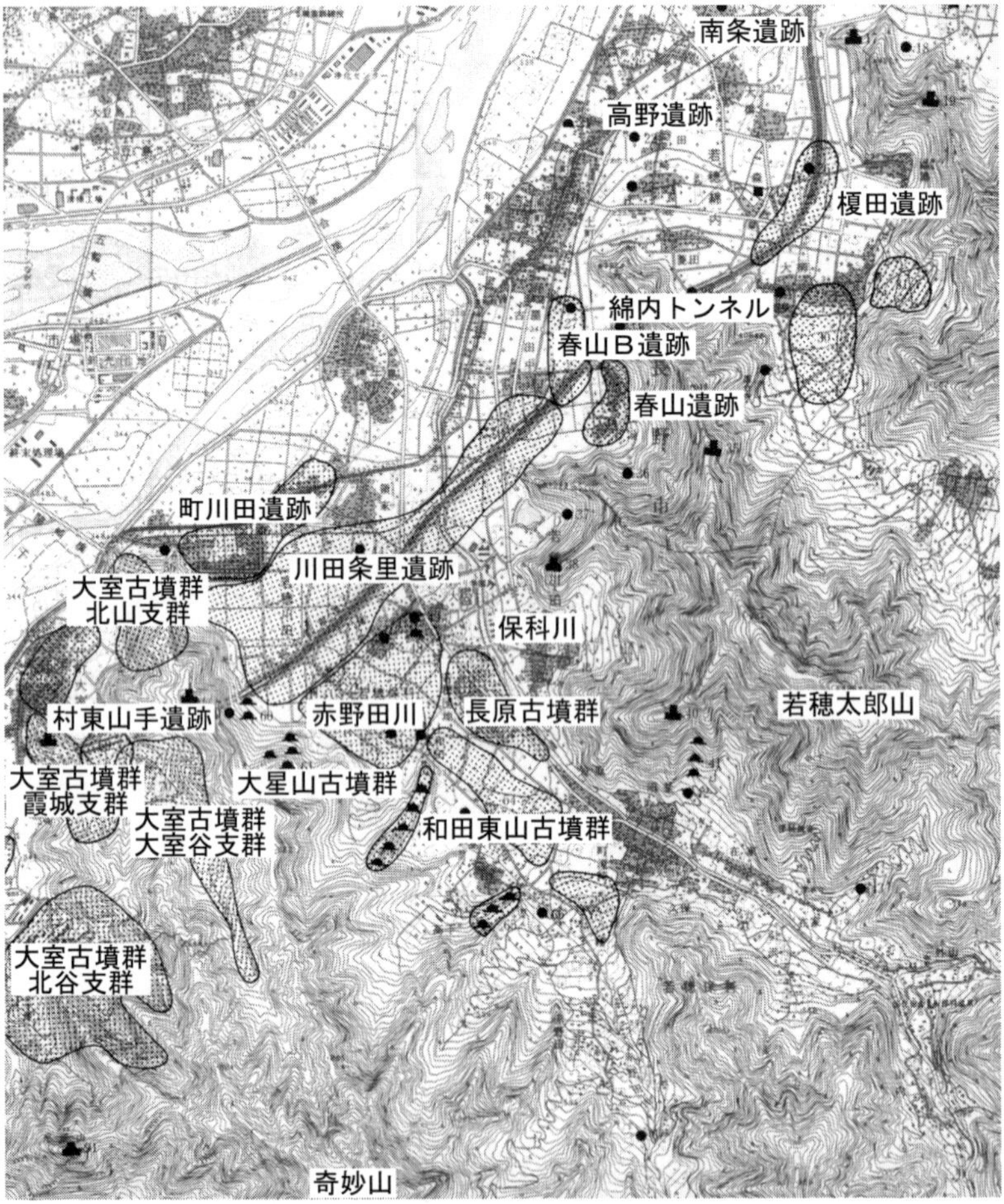

図2　長野市若穂保科・川田地区周辺の遺跡分布

ためこの地域には千曲川と山地の尾根に画された小地域が複数存在し、それらはいずれも千曲川の自然堤防、後背湿地、中小河川が形成した扇状地などで構成された空間となっている。

ここでとりあげる長野市若穂保科・川田地区もそうした小地域の一つである。[9] この小地域の西側は、奇妙山から北北西に千曲川河畔まで尾根がのび、東側は標高九九六・九メートルの若穂太郎山から上信越自動車道綿内トンネルに続く尾根によって画されている。両尾根の間の西側を赤野田川、東側を保科川が流れ複合扇状地を形成している。

扇状地形の扇端から千曲川沿いの自然堤防、微高地の間に位置する後背湿地には川田条里遺跡が存在する。川田条里遺跡では上信越自動車道の建設に伴う発掘調査により弥生中期・後期以降近世に至るまでの各時代の水田跡が広範囲に検出されており、当小地域の中心的な生産域であったと考えられる。九世紀前半には正方位の条里形地割が形成されたことが確認できる。

自然堤防上には町川田遺跡、春山B遺跡など弥生時代中・後期の集落遺跡があるが、古墳時代の集落遺跡は当小地域では確認されていない。しかし、東側の尾根を隔てた隣接地域である若穂綿内地区に立地する榎田遺跡では、古墳時代中期から後期にかけての住居跡が約五〇〇軒ほど確認されている。奈良時代には同遺跡では中期の住居跡が数件程度しか確認されていないが、より千曲川近くに立地する高野遺跡では住居跡が一六軒確認されている。平安時代の同地区では榎田遺跡で九世紀中ごろから後半にかけての住居跡三〇軒、高野遺跡および南条遺跡では一〇〇軒を越える住居跡が確認されている。

『和名類聚抄』によれば信濃国高井郡の郷は、穂科、小内、稲向、日野、神部の五郷であり、当地域は穂科郷に比定されている。他の四郷についてはその比低地に関して定まった説はない。平城宮東面外濠かつ東一坊大路西側溝より出土した木簡には次のように記されている(10)。

・×井郡穂科郷衛士神人」　（一一五）×二五×三　〇一九
・×養□〔布カ〕六□〔段カ〕宝亀五年　」　平城宮　木研六―105―（一四）

この木簡にみえるのが今のところ穂科郷の最も古い表記であり、宝亀五年（七七四）に当小地域またはその周辺地域から平城京に出仕していた衛士の存在が知られる。また、平安時代の末になると、当地域には、寛治三年（一〇八九）に立てられ、永久三年（一一一五）の宣旨によって伊勢神宮の外宮領となった長田御厨（保科御厨）があった(11)。

以上、当小地域について、その地理的環境および弥生時代より平安時代までの歴史的環境について概観したが、当地域で注目したいのは、丘陵部と扇状地上に存在する古墳群のあり方である。なかでも当小地域を画する西側の尾根から、川田条里遺跡のある後背湿地と扇状地に向けて突き出た支脈の尾根上にある和田東山古墳群と大星山古墳群の関係が注目される。両者は別々の尾根にあり両尾根間は直線距離で一キロに満たないが、間に小さな尾根一つをはさんでいるため相互に見渡すことはできない位置関係にある。和田東山古墳群は前方後円墳三基と円墳二基からなり、このうち、円墳二基は一〇メートル規模で六世紀代のものと推測されている。[12]三基の前方後円墳は丘陵部の低い方から1号古墳、3号古墳、4号古墳と並んでおり、発掘調査が行われた3号古墳は全長四六メートルで四世紀後半の築造と考えられ、発掘調査が行われていない1号古墳は3号古墳より古く、同じく発掘調査が行われていない4号古墳は3号古墳より新しいものと推測されている。[13]したがって1号古墳→3号古墳→4号古墳の順に築造された前方後円墳は、当小地域をその基盤として含む集団の三代の系譜を示す首長墓であると考えられる。

大星山古墳群は墳丘の径あるいは一辺が一六～二〇メートルほどの四基の古墳からなり、和田東山古墳群に近接したやや北、つまり千曲川に近い位置にある尾根上に位置している。[14]円墳の3号古墳が四世紀第3四半期、方墳の1号古墳が四世紀第4四半期、方形の積石塚である4号古墳が五世紀初頭、方墳の2号古墳が五世紀第2四半期と考えられている。こちらも当小地域を基盤とする集団の四代の系譜を示す首長墓であると考えられる。当小地域では和田東山古墳群の形成が先行するが、その後の形成期間のなかに大星山古墳群の形成期間が含まれる。また両古墳群の墳形や墳丘規模の相違から、和田東山古墳群は当小地域を越えたより広範囲の地域を基盤としたとみることもできるが、[15]両古墳群の立地からすれば、和田東山古墳群の首長を上位としつつ、当小地域を中心的な基盤とする二つの首長系譜が数世代にわたって併存したと考えることができる。このような様相は今のところ周辺の他の小地域にみることはできない。しかし、限定的な地域範囲のなかに複数の首長が存在した当小地域のあり方から敷衍して考えれば、四世紀後半から五世紀前半の長野盆地には、各小地域それぞれに、少なくとも一つの、場合によっては複数の首長系譜が存在していた可能性を考えることができよう。

前述したように長野盆地南部の当小地域より千曲川上流にあたる地域には、四世紀後半以降、森将軍塚古墳、川柳将軍塚古墳と続く信濃では傑出した前方後円墳が築造されるようになる。これに対して、和田東山3号古墳は、森将軍塚古墳や川柳将軍塚古墳と墳丘規格が共通しながら、その規模、副葬品の構成には歴然とした差がみられる(16)。このような古墳のあり方を考える時、この時期の長野盆地の小地域の首長たちは、森将軍塚古墳や川柳将軍塚古墳の首長系譜を頂点とする階層のなかでの上下関係を有しつつ、地域相互の関係を結んでいたと考えられる。そしてこの時期のそうした階層性を規定する主要な要因であったのは、基本的にはその基盤となる小地域の生産性であったと考えられる。具体的に当小地域と森将軍塚古墳の基盤である地域について比較すれば、川田条里遺跡と更埴条里遺跡の規模の相違であり、そこでの経済力が反映されたであろう人口の相違である。時代は下るが、前述したように当小地域は『和名類聚抄』の穂科郷のみに比定されるのに対して、更埴条里遺跡にかかわる地域には、埴科郡七郷のうち少なくとも倉科、大穴、屋代の三郷、小地域の範囲を広くとれば礒部、船山を加えた五郷が比定される(17)。すなわち両地域の首長の政治的関係上における相違は、弥生時代以来の食料生産のあり方を中心とする経済的要因によって生じたそれぞれの直接の基盤である共同体の規模の相違によるものといえよう。

しかし、以上のような五世紀前半までの長野盆地の小地域における諸関係のあり方は、五世紀中ごろに大きな変化をみせる。前述したように、長野盆地南部地域では、五世紀後半以降、森将軍塚古墳以後に連なると考えられている四世紀以来の在来の首長系譜の前方後円墳は次第に小規模化をたどり、地域内で傑出するような前方後円墳は築造されなくなる。古墳の規模、規格だけでは各小地域の首長の間の明確な階層性は見出せなくなる一方で、長野盆地南部地域を含む千曲川水系全域において、盆地周縁の標高の低い山腹、段丘上、山頂などに数十メートルの古墳が築造されるようになる。(18)これらの古墳は、千曲川などの大河川の自然堤防と後背湿地、背景の山地と中小河川が形成する小規模な扇状地形などからなる小地域の共同体の首長墓であると考えられる。例えば長野市松代町の舞鶴山古墳群は、在来の首長系譜の中心地域である現在の千曲市東部地区に隣接した小地域に築かれた別系譜の首長墓群であると考えられ、1号古墳は直径三二・七メートルの円墳で五世紀後半、2号古墳は全長三六・五メートルの前方後円墳で六世紀前後の築造年代と比定されている。こうした状況は、五世紀後半以降、長野盆地南部地域の在来の首長系譜の支配下にあった地域共同体の結合がくずれ、中小首長たちが在来の首長系譜に対して自立的な立場を獲得していったことを示している。そして、その結果として、五世紀末ごろの千曲川水系には、もはやぬきんでた首長系譜は存在せず、小地域ごとに中小首長たちがそれぞれの共同体を支配するような様相であったと考えられる。

当地域より千曲川下流域にあたる中野市周辺には、畿内で成立した墓制である粘土槨と割竹型木棺をいちはやく取り入れた首長墓が五世紀中ごろ以降築造されるが、千曲川水系の中小首長たちが自立的な立場を獲得していく過程においては、このようにヤマト王権と直接的な関係を結ぶことによってそれを確立した場合もあったと考えられる。ただこの時期の千曲川水系の古墳のあり方全体からみて、それはこの地域全体に普遍的なものではなく、五世紀末までの段階では、千曲川水系の中小首長たちの多くがヤマト王権によって組織的、制度的に編成されたと考えることはできない。しかし、五世紀後半の長野盆地地域が、後に検討する下伊那地域とともに馬具の出土が認められる地域であり、それらが中小首長層の古墳から出土していることなどをふまえると、(19)このような新しい技術や文化をこの地域の中小首長たちに直接的にもたらしたような状況が、彼らが自立的な立場を獲得していったことの大きな要因であったと思われる。

現在の長野市若穂保科・川田地区にあたる当小地域ではその変化の要因を比較的明瞭にみることができる。当小地域の首長墓である和田東山古墳群の前方後円墳と大星山古墳群の古墳造営は五世紀前半で終了する。一方で、両古墳群が位置する尾根の反対側（西側）、つまり当小地域の西に隣接する地域には五〇〇基を越える群集墳である大室古墳群が存在するが、その約八〇％を占める積石塚は五世紀中ごろに出現し、同時に合掌形石室があらわれる。大星山古墳群でも4号古墳が積石塚であり、2号古墳は合掌形天井をもつ石棺が確認されている。これらは当小地域の集団が埋葬施設の新しい要素を先駆的に取り入れたものと理解されるが、大室古墳群での変化はそれとは異なり、五世紀中ごろの当小地域周辺に新しい文化が本格的に導入されるような状況があったことを示している。大室古墳群の合掌形石室を有する初期積石塚古墳は百済の系譜につながるものであり、百済からの渡来人を埋葬した可能性が高いとされるように[20]、このような急激な変化は渡来人あるいは渡来系の人びとの集団によって朝鮮半島の文化が当地にもたらされたことによるものと考えられる。当小地域においても六世紀に入ると扇状地上に積石塚古墳からなる長原古墳群が形成される。

従来より大室古墳群については、『延喜式』にみえる信濃国の一六の御牧の一つである「大室牧」との関係が注目されてきたが、渡来人あるいは渡来系の人びとの集団居住はやはり馬の生産と密接な関係があったとみられる[21]。前述した榎田遺跡では、五世紀中ごろから住居跡数が増加するが、集落内を流れていた河川から多くの木製品とともに木製の鞍と壺鐙が出土している。鞍は五世紀第2四半期に比定される層から出土した後輪の部分で、粗い加工の痕がみられることから未完成のものと考えられる。また、同じ層から馬の骨もみつかっている。壺鐙は五世紀後半に比定される層から出土し黒漆が塗られている。さらに、五世紀第2四半期以降の鍬や鋤などの農具には鉄製のU字状刃先を装着する加工がみられ、このような様相は、渡来人の馬飼集団の集落があったとされる大阪府蔀屋北遺跡などと同様であるとされる[22]。

また、当小地域周辺以外の他の地域でも同じような様相をみることができる。飯綱社古墳（長野市）では明治八年（一八七五）に鉄製の輪鐙・鞍金具と蛇行状鉄器が発見されたといわれる。蛇行状鉄器は鞍に取り付ける旗竿あるいは天蓋（傘）の柄とみられるが、このうち輪鐙は五世紀前半のものとされる。(23)林畔1号古墳（中野市）と長野市上池ノ平5号古墳（長野市）は、ともに屋根の形に石を組みあわせた合掌形石室をもつ円墳であるが、いずれも五世紀後半の鑣轡《ひょうぐつわ》が出土しており、東北アジア系の実用的な馬具とされる。(24)このように古墳築造のあり方や遺跡からの出土品からみて、当小地域のみならず長野盆地の各小地域において、遅くとも五世紀中ごろには朝鮮半島からの渡来人または渡来系の人びとの集団居住が行われるようになり、馬飼などの新しい文化がもたらされたと考えられる。五世紀前半までの食料生産を中心とする経済的要因に加えて、大陸系の新たな集団と彼らがもたらした馬の生産などの新しい文化が長野盆地一帯に導入されたことが、各小地域内の諸関係、あるいは小地域間相互の諸関係の構造を大きく変化させたと考えられる。そこで次に、長野盆地と同様に朝鮮半島からの渡来人または渡来系の人びとの集団居住が行われたと考えられる下伊那地域を中心に、五世紀中ごろ以降の地域社会構造のあり方についてみていくことにしたい。

三　五世紀中ごろ以降の下伊那地域の小地域

下伊那地域は、天竜川が南北に貫流し東西両岸に河岸段丘地形を形成している。また、東西の山地を源とする多くの中小河川が天竜川に流れ込んでおり、これらの主要な支流河川がおおよそ東西方向に河岸段丘を削って谷を作り出すいわゆる田切地形がみられる。このため下伊那地域の小地域は、天竜川に流入する河川とその谷によって南北を画され、東西を天竜川と山地によって画され、さらにその地域範囲内に数十メートルの段丘崖によって画される中位段

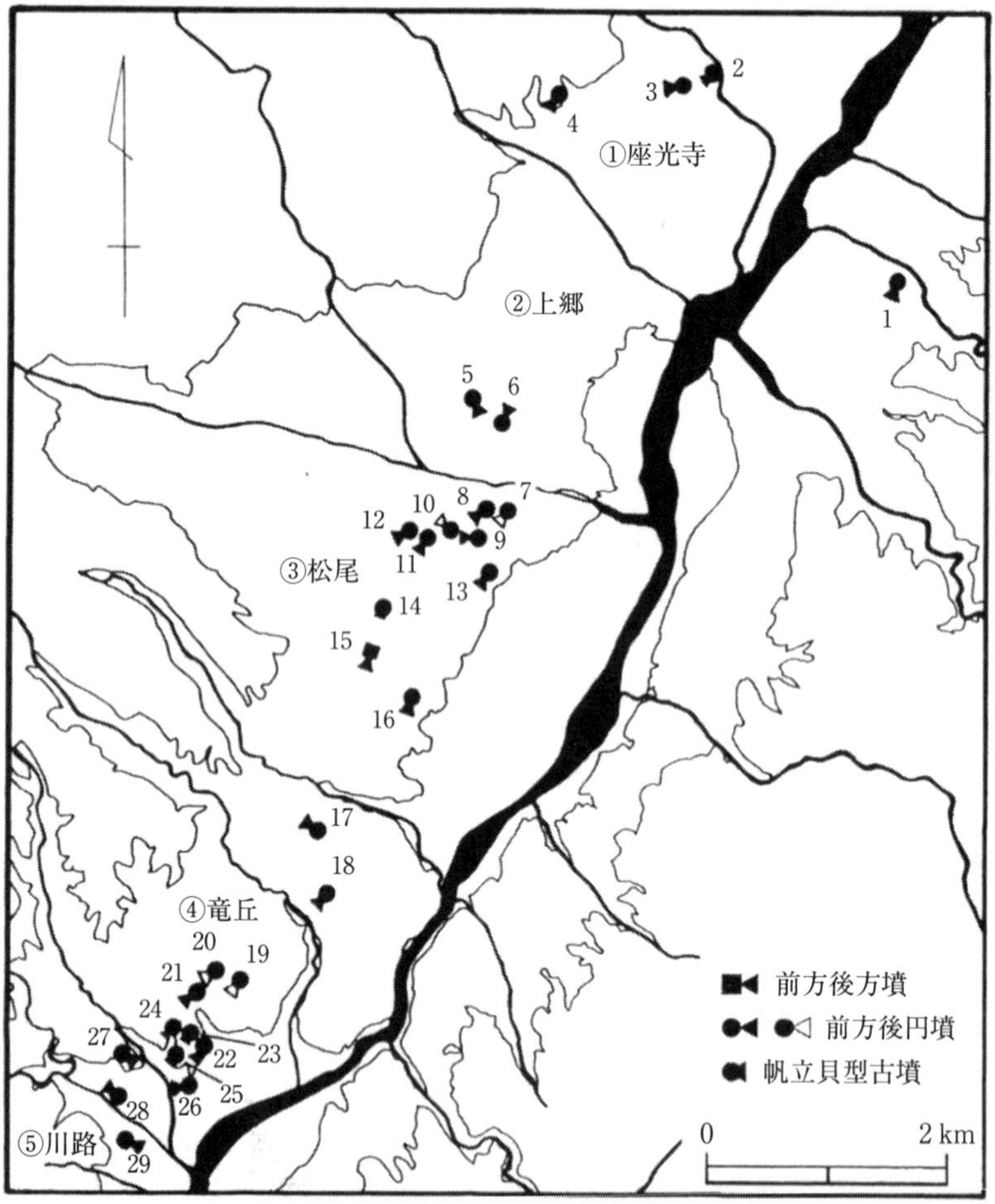

図 3　下伊那地域の主要な古墳分布（飯田市美術博物館図録『伊那谷の馬　科野の馬』1997 年の参考 22 図に加筆）

丘と低位段丘の上下の段丘面が存在しているのが地理的特色である。こうしたいくつかの小地域が天竜川両岸に南北にわたって展開している。(25)下伊那地域では五世紀後半から多くの古墳築造がはじまるが、その分布の中心となるのは天竜川右岸地域である。とくに前方後円墳は信濃全域で確認されているもの約半数にあたる二四基が下伊那地域にあるが、郭1号古墳（下伊那郡喬木村）を除く二三基が天竜川右岸の南北約一〇キロの範囲内にある。そこで以下、天竜川右岸の現在の飯田市内にあたる小地域ごとの古墳のあり方について北から南への順で確認していく。

①座光寺地区

北を南大島川、南を土曽川で画される。地区内には前方後円墳が二基あり、北本城古墳は全長三〇メートルで六世紀初頭、高岡1号古墳は全長七二メートルで六世紀前半の築造と考えられている。そのほか帆立貝形古墳である全長三六メートルの新井原12号古墳がある。五世紀中ごろより新井原・高岡古墳群が形成されていくが、その契機となったとみられるのが新井原2号古墳と高岡4号古墳である。前者の周溝内から三頭、後者の周溝内から一頭の馬の埋葬が確認されており、輪鐙、鞍覆輪、鑣轡などの馬具が出土している。そのほかに古墳群内の土坑三基から各一頭の馬の埋葬が確認されており、その一つでは轡、杏葉、辻金具などの馬具を装着した形で馬が埋められていたとみられている。なお、当地区には低位段丘上に伊那郡家に比定される恒川遺跡群が存在する。

②上郷地区

北を土曽川、南を飯田松川で画される。当地区の主要な古墳は南の飯田松川に面した低位段丘上にある。宮外垣《みやがいと》遺跡・高屋遺跡では、五世紀後半に築造された墳丘長四七メートルの前方後円墳である溝口の塚古墳をとりまくように方形・円形の墳丘墓群が形成されている。溝口の塚古墳からは馬の埋葬および馬具の出土は認められないが、周囲の墳丘墓二基の周溝から各一頭、単独の土坑四基から各一頭、計六頭の馬の埋葬や、轡、杏葉、辻金具、鞍金具、雲珠、輪鐙などの馬具が確認されていることから、溝口の塚古墳は馬飼集団の首長墓であると考えられている。溝口の塚古墳の西北側に番神塚古墳があったとされるが、現在は痕跡を確認できず詳細は不明である。そのさらに西北に飯沼天神塚古墳がある。同古墳は六世紀前半の築造とみられており、横穴式石室が導入された墳丘長約七四メートルの下伊那地域最大級の前方後円墳である。

③松尾地区

北を飯田松川、南を毛賀沢川で画される。前方後円墳は地区内に点在するが、主要な古墳は②上郷地区の古墳と対峙するように飯田松川沿いに集中する。中位段丘面にある物見塚古墳は五世紀中ごろの円墳で、周溝内に馬一頭の埋葬が確認され、鑣轡が出土している。同一段丘上にある茶柄山古墳群は物見塚古墳と前後するように築造が開始された古墳群で、墳丘長五〇メートルと推定される茶柄山3号古墳と円墳八基で構成されているが、その西側に墳丘長五八メートルの前方後円墳である御射山獅子塚古墳があり、これも茶柄山古墳群と関連する古墳であるとみられている。茶柄山古墳群では、9号古墳の周溝内と墳裾から七頭、単独の土坑三基から各一頭、計一〇頭の馬の埋葬が確認され、その一つの土坑からは三環鈴が出土している。低位段丘面に墳丘長約四四メートルの前方後円墳とされる羽場獅子塚古墳があり、さらにその一段下に一五基の円墳を主体とする妙前古墳群がある。その中心は墳丘径三〇メートルを越える円墳である妙前大塚古墳で、眉庇付冑が出土している。妙前古墳群は五世紀後半には古墳群として成立していたとみられている。その南にある寺所遺跡には妙前古墳群とほぼ同じ時期に築造されたとみられる方形・円形の低墳丘墓があり、それらの周溝から馬歯、単独土坑の馬の埋葬が確認されている。しかし、墓制の変遷では弥生時代からの連続性が認められることから、新来の集団ではなく弥生時代以来の在地集団が馬の文化を受容したものと考えられる。茶柄山古墳群の西側の飯田松川に沿った低位段丘上には上溝古墳群がある。この古墳群では、六世紀前半に墳丘長四

○メートルの姫塚古墳が築造され、次に墳丘長四一メートルの上溝天神塚古墳、六世紀後半に墳丘長推定五〇メートルのおかん塚古墳が近接して築造されている。古墳群の立地や築造時期などから、茶柄山古墳群から上溝古墳群への築造の連続性が想定されている。

④竜丘地区

北を毛賀沢川、南を久米川で画される。地区内はさらに新川、臼井川といった小河川によって北から駄科、桐林、上川路の三つの小地域に分けることができ、それぞれの小地域に首長墓と考えられる前方後円墳が存在する。当地区で最初に築造されたと考えられる前方後円墳があるのは桐林区で、築造時期は明確でないが、墳丘長約六三メートルの兼清塚古墳、同約五三メートルの大塚古墳、同六〇メートルの丸山古墳がそれにあたる。桐林区では上記三古墳に続く五世紀後半から末にかけて、墳丘長七〇メートル代とされる塚原二子塚古墳や帆立貝形古墳三基、円墳一二基からなる塚原古墳群が築造される。塚原古墳群の南側には墳丘長約六〇メートルの金山二子塚古墳と円墳八基からなる金山古墳群があり、金山二子塚古墳が六世紀の早い時期の築造と考えられるほか、六世紀代の古墳群であると考えられている。駄科区には墳丘長六〇メートルの権現堂1号古墳が五世紀代に築造され、その南側に五世紀後半の築造と考えられる神送塚古墳などの円墳があり、前方後円墳と円墳からなる古墳群を形成している。これらの古墳群の北に六世紀後半の築造と考えられる前方後円墳の塚越1号古墳があり、畿内式の横穴式石室がみられる。上川路区には五世紀代と考えられる前方後円墳は確認されていない。六世紀前半に横穴式石室を導入した墳丘長六五メートルの御猿堂古墳が築造され、馬具などが出土している。墳丘長約四六メートルの馬背塚古墳は六世紀末から七世紀にかけての前方後円墳とみられており、下伊那地域の最終段階の築造と考えられている。このほか竜丘地区には他地区と同様に低墳丘墓などが存在するが、今のところ馬の埋葬例は確認されていない。

⑤川路地区

北を久米川で画され、南は天竜峡へ続く峡谷となる。峡谷に接する大地上にある月の木古墳群は五世紀後半の円墳七基からなり、月の木1号古墳では短甲、胡簶金具などの武器が出土し、周溝内から鉄製楕円形鏡板付轡が出土している。久米川に面した段丘上には六世紀初頭の築造とされる墳丘長推定六一メートルの久保田1号古墳がある。天竜川の氾濫原に面した低位段丘上にある殿村遺跡では家形埴輪、船形埴輪が出土しており、家形埴輪は五世紀後半から六世紀前半ごろに位置づけられている。

以上のように下伊那地域の古墳の様相を五つの小地域ごとに概観したが、前述したように、下伊那地域で五世紀後半に古墳の築造がはじまるのは、長野盆地南部地域の在来の首長系譜の勢力の後退の影響によるものとは考えられない。あえて考えるならば、五世紀中ごろ以降、隣接する美濃地域で急速に古墳の築造が衰退し首長勢力の変動がみられるが[26]、こうした隣接地域の状況の影響があるのかもしれない。しかし五世紀前半までの美濃地域と下伊那地域との関係が明らかでないので、ここではその可能性について指摘するだけにとどめておきたい。

古墳の築造は、五世紀中ごろより、前方後円墳や帆立貝形古墳が、各小地域でほぼ時を同じくして同規模のものが集中する形ではじまる[27]。また、前方後円墳のみならず、古墳時代中期の特徴的な副葬品である小型仿製鏡や短甲なども、五世紀中ごろを境として下伊那地域に集中している[28]。これらの古墳の造営主体は各小地域の中小首長であり、彼らのもとに古墳築造の契機となるような要因がほぼ同時にもたらされたと考えられる。そしてその要因とは馬飼集団の出現と彼らによる馬の生産に象徴される新しい文化の受容であった可能性が高い[29]。それは五世紀中ごろから後半の古墳およびその周辺から馬具や馬骨等が出土するようになることからも明らかである。

馬の埋葬例は①地区の北に隣接する高森町も含めて三〇例が知られているが、当地域の北部にあたる①地区、②地区、③地区にある四つの古墳（墳丘墓）群で確認されている。これらの古墳（墳丘墓）群の時期は五世紀中ごろから後半を中心とするものとされている。下伊那地域の五世紀代の馬具は、下伊那地域の古墳の主たる埋葬施設から埋葬者の副葬品として出土した例はなく、埋葬された馬に伴う形での出土が多い。また、馬も墳丘内に埋葬された例はなく、いずれも周溝内、墳裾、古墳（墓）周辺の土坑で検出されている。さらに、馬の埋葬にかかわると思われる古墳（墓）自体も、円墳もしくは低墳丘墓であり、地域の首長墓に比定される前方後円墳や帆立貝形古墳に伴う馬の埋葬例は確認されていない。このことは、当該時期の下伊那地域において、馬や馬具が首長などの特定個人の威信材であったのではないことを示している。人や馬の死、あるいは儀礼に際して、それらを一体のものとして埋葬する文化を保持していたのは、馬や馬具を実用に供した人びと、すなわち馬飼集団であったと考えられる。馬や馬とともに馬具を埋葬した古墳（墳丘墓）群は、こうした馬飼集団の集落に近い墓域であったということができよう[30]。したがって、馬飼集団が集落を形成して馬の生産をはじめたのは上記①②③の三地区であり、その時期は物見塚古墳と高岡4号古墳の鑣轡や、新井原2号古墳の木芯鉄板張輪鐙などから遅くとも五世紀中ごろとみられる[31]。五世紀の日本列島における馬の文化の受容が、それらを保持した朝鮮半島からの人びとの移住によってはじまったと考えられることからすれば、下伊那地域に馬の生産などの新しい文化をもたらしたのも渡来人あるいは渡来系の人びとであった可能性は高い。しかし、③地区の寺所遺跡にみるように、古墳のあり方に弥生時代以来の墓制からの連続性が認められる状況もあることから、馬の生産は、以前からの在地集団が、朝鮮半島からの人びととともにその新しい文化を受容したことによってはじまったと考えることができる[32]。

このように大陸からの新しい文化を受容したことを契機に、古墳の築造に象徴される地域社会構造の変化がはじまったと考えられる。各小地域の古墳の様相は一様ではなく、④地区は、前方後円墳の数やその変遷から他地区のそれに優越する状況もみてとれるが、各小地域の首長の間に明確な階層性をうかがうことはできない。このことは、六世紀はじめに当地域において埋葬施設として導入されるようになった横穴式石室のあり方からもみてとれる。当地域の初期の横穴式石室には、少なくとも五系統以上の多様な類型があり、また小地域ごとに異なる形態の石室が採用されていることが指摘されている。このような多様性と小地域の独自性は、六世紀はじめの段階において、この地域に新たな技術や文化が流入しつつも、これらを受容する首長を統合するような状況が存在していなかったことを示しており、その状況はそれ以前の五世紀代のあり方をも反映するものであると考えられる(33)。

しかしこのような当地域における横穴式石室の様相は、六世紀前半以降に変化がみられるようになる。横穴式石室をもつ古墳が円墳にも広がり、その多くがａ類(34)の石室を採用するようになる。また六世紀後半には③地区のおかん塚古墳、④地区の塚越１号古墳と馬背塚古墳に畿内型石室の系譜につながるｂ類の石室が採用される(35)。石室系統の多様性は、それをもちこんだ集団の個々の出自・本貫なりを象徴しているとする考えにしたがえば(36)、各小地域の首長の独自性が薄れていくとともに、他地域からの新たな技術や文化の流入先が限定されるような状況になったということになろう。そしてそうした変化をもたらしたのは、ｂ類の石室に象徴される各小地域の首長とヤマト王権との新たな結びつきであったと考えられる。

四　五世紀の信濃における地域社会構造の変化とその要因

以上述べてきた信濃における古墳の築造の様相をまとめると、長野盆地地域では前方後円墳の築造を開始した四世紀後半以降において小地域それぞれに、少なくとも一つの、場合によっては複数の首長系譜が存在していたと考えられる。また、下伊那地域においても、古墳造営がはじまる五世紀中ごろ以降、やはり小地域それぞれに、一つあるいは複数の首長系譜が存在していたと考えることができる。

長野盆地地域では、四世紀後半から五世紀前半にかけて、小地域の首長たちは、森将軍塚古墳や川柳将軍塚古墳の首長系譜を頂点とする階層のなかでの上下関係を有しつつ、地域相互の関係を結んでいた。しかしこのような長野盆地南部地域の在来の首長系譜の支配下にあった地域共同体の結合は、五世紀中ごろ以降変化していく。中小首長たちが在来の首長系譜に対して自立的な立場を獲得していき、五世紀末ごろの千曲川水系には、ぬきんでた首長系譜は存在せず、小地域ごとに中小首長たちがそれぞれの共同体を支配するような様相であったと考えられる。

下伊那地域では、長野盆地地域の様相が変化する五世紀中ごろより多くの古墳築造がはじまる。それは各小地域でほぼ時を同じくして同規模の前方後円墳や帆立貝形古墳が築造される形ではじまり、それ以降も各小地域の首長の間に明確な階層性をうかがうことはできない。当地域への横穴式石室の導入のあり方からみても、六世紀はじめまでは各小地域の首長を統合するような状況はみられない。

長野盆地地域と下伊那地域におけるこのような様相は、以下の点において共通性がみられる。まず、両地域ともに五世紀中ごろに地域社会構造の変化がみられ、それは大陸系の新たな集団と彼らがもたらした馬の生産などの新しい文化の受容を契機としたものであったと考えられることである。次に、地域社会構造が変化した五世紀中ごろ以降の両地域では、各小地域の中小首長たちがそれぞれの共同体を支配するとともに、築造された古墳の様相からみて、首長相互の関係においては特別な階層性のようなものはみられないということである。

しかし、こうした信濃の様相は六世紀に入ると新たな段階へと進んでいったものとみられる。それは各小地域の首長相互の関係性のなかで完結するものではなく、その関係性を内包しつつ、それを超える広域の情勢の変化にもとづくものであったと考えられる。このことについては、次章であらためて詳しく検討していきたい。

注

（1）風間栄一「川柳将軍塚古墳の時代」（長野市誌二）。
（2）岩崎卓也「古代社会の基礎」（長野県史通史一）。松尾昌彦「中部山岳地帯の古墳」（『新版　古代の日本』七中部、角川書店、一九九三年）。
（3）岩崎前掲注（2）論文。
（4）松尾前掲注（2）論文。
（5）桃崎祐輔「古墳に伴う牛馬供儀の検討」（『古文化談叢』三一、一九九三年）、飯田市教育委員会『飯田における古墳の出現と展開』二〇〇七年。
（6）岡安光彦「馬具副葬古墳と東国舎人騎兵―考古資料と文献史料による総合的分析の試み」（『考古学雑誌』七一―四、一九八六年）。松尾前掲註（2）論文。
（7）都出比呂志「古墳時代首長系譜の継続と断絶」（『前方後円墳と社会』塙書房、二〇〇五年、初出は一九八八年）。
（8）赤塚次郎「前方後方墳の定着―東海系文化の波及と葛藤」（『考古学研究』四三―二、一九九六年）。
（9）この小地域についての地理的環境および遺跡等については㈶長野県埋蔵文化財センター『大星山古墳群・北平1号墳』一九九六年。長野県埋蔵文化財センター『春山遺跡・春山B遺跡』一九九九年。同『榎田遺跡』一九九九年。同『川田条里遺跡』二〇〇〇年。長野市誌二などによる。本文中の図2は上掲『川田条里遺跡』の第11図に加筆したものである。
（10）平城宮三―三二九四。
（11）『神宮雑書』（『神宮古典籍影印叢刊六　神宮神領記』皇學館大学、一九八三年）。
（12）矢口忠良「地域をかためた中小豪族と人びとの生活」（長野市誌二）。

(13)　小林三郎「東山古墳群調査の意義―東山三号墳の発掘調査を通じて―」(『長野県考古学会誌』七一・七二、一九九四年)。
(14)　㈶長野県埋蔵文化財センター前掲注(9)『大星山古墳群・北平1号墳』。以下、大星山古墳群についてはこれによる。
(15)　小林前掲注(13)論文および㈶長野県埋蔵文化財センター前掲注(9)『大星山古墳群・北平1号墳』。
(16)　風間前掲注(1)論文。
(17)　本書第Ⅱ部第四章。
(18)　この時期の千曲川水系の古墳の様相については、岩崎前掲注(2)論文、松尾前掲注(2)論文、矢口前掲注(12)論文などによる。
(19)　松尾前掲注(2)論文。
(20)　大塚初重「積石塚古墳と合掌形石室」(長野市誌二)。西山克己「シナノの積石塚古墳と合掌形石室」(『シナノにおける古墳時代社会の発展から律令期への展望』雄山閣、二〇一三年)。
(21)　本書第Ⅳ部第九章。
(22)　西山克己「シナノにおける古墳時代中期の渡来人のムラと墓」(『長野県立歴史館研究紀要』一九、二〇一三年)。
(23)　諫早直人「飯綱社型鉄製輪鐙の設定」(『東北アジアにおける騎馬文化の考古学的研究』雄山閣、二〇一二年)。
(24)　松尾前掲注(2)論文。
(25)　下伊那地域の小地域についての地理的環境および古墳時代の遺跡等については、主に飯田市教育委員会前掲注(5)書による。
(26)　赤塚次郎「美濃・尾張―前方後方墳の世界」(『朝日百科日本の歴史別冊　歴史を読みなおす』二、朝日新聞出版、一九九五年)。
(27)　岩崎前掲注(2)論文、松尾前掲注(2)論文、白石太一郎「伊那谷の横穴式石室」(『信濃』四〇―七・八、一九八八年)。
(28)　松尾前掲注(2)論文。
(29)　内山敏行・岡安光彦「下伊那地方の初期の馬具」(『信濃』四九―四・五、一九九七年)。

（30）飯田市教育委員会前掲注（5）書。
（31）本書第Ⅳ部第九章。
（32）飯田市教育委員会前掲注（5）書。
（33）白石前掲注（27）論文。飯田市教育委員会前掲注（5）書。
（34）横穴式石室の分類とその呼称は白石前掲注（27）論文による。
（35）飯田市教育委員会前掲注（5）書。
（36）楠本哲夫「信濃伊那谷座光寺地区の三石室」（『由良大和古代文化研究協会研究紀要』三、一九九六年）。

第二章　信濃の地域編成とヤマト王権

一　信濃のウジ名と部名

本章では、前章での古墳時代の信濃の様相を前提に、信濃が信濃国という一つの地方行政単位のまとまりとして把握されるに至るまでの歴史的過程について考察していく。まず、五世紀から六世紀にかけての信濃の地域について、とくにヤマト王権との関係を考える上で、信濃におけるウジ名や部名の分布について分析する。古代の信濃のウジ名や部名については、従来、いくつかの例が知られていたが、千曲市の屋代遺跡群の発掘調査によって出土した屋代木簡により、新たに多くの知見が得られた(1)。屋代木簡では出土した一号・三号・一〇号・一一号・一二号・一三号・一五号・一七号・一八号・一九号・三二号・四六号・五九号・六九号・七二号・七三号・七五号・八七号・八八号・九〇号・一〇〇号・一一六号・一一八号・一一九号の二四点に二一のウジ名や部名がみえる。そのなかで、他の史料によって信濃に分布するウジ名や部名としてすでに知られていたものは、刑部、小長谷部、金刺舎人、他田舎人、生王部、物部、尾張部、神人部の八を数え、そのほかの三枝部、金刺部、他田部、若帯部、穂積部、守部、小野部、酒人部、宍部、宍人部、三家人部、石田部、戸田部の一三は信濃では初見である。一方、私部、倉橋部、丸子、久米舎人、大伴、安曇部、建部、爪工部、辛犬甘は屋代木簡にはみることができないが、屋代木簡以外の史料により信濃に分布することが確認できるウジ名や部名である。(2)

考察にあたって、これらのウジ名・部名を①宮名・王族名を冠するものまたは名代（子代）の設定伝承があるもの、②豪族名に因むもの、③ヤマト王権の職掌に因むもの、④不明なものの四種に分けるが、表4の屋代木簡にみえるウジ名や部名については、すでに屋代木簡編に詳細な記述があるので、ここでは表5の屋代木簡以外の史料によってみることができるウジ名や部名について確認しておく。(3)

①　宮名・王族名・名代（子代）

私部は、信濃国では正倉院文書の天平二十年（七四八）四月の写書所解に更級郡村神郷戸主の私部知麻呂と同戸口私部乙麻呂がみえる。他国では養老五年の下総国葛飾郡大島郷戸籍に多くの人名がみえるほか諸国に分布する。私部は后妃（キサキ）のために置かれた名代（子代）の部であり、壬生部や若帯部と同様に、六世紀末から七世紀はじめごろに特定の宮名や王族名を冠した部を統合する形で設定されたものと考えられている。

倉橋部は、倉椅部・椋橋部・椋椅部とも表される。平城宮宮城南面西門（若犬養門）地区から出土した木簡に、「信濃国筑摩郡山家郷火頭椋椅部逆」がみえる。また、『続日本紀』神護景雲二年（七六八）五月辛未条に水内郡の人として倉橋部広人がみえる。崇峻天皇の倉梯宮・倉椅柴垣宮に因む名代（子代）の部と考えられる。(4)

丸子（丸子部）は、仁寿三年大坂氏願経巻四四五に佐久郡経生の丸子真智成がみえる。(5) 丸子については、これをワニコと読み、丸子部を丸邇（和珥・和邇・丸）氏の部曲とする説と、マロコ・マリコ・マロコと読み、丸子部を東国に設置された諸皇子の名代（子代）とする説がある。(6)

久米舎人は、信濃国では『類聚国史』巻八七刑法部一配流の延暦十四年四月戊戌朔条に「小県郡人久米舎人望足」

表4　屋代木簡にみえるウジ名・部名の分布

ウジ名・部名	屋代木簡番号	分布地域　右欄—信濃国の例	中欄—他国（京は除く）人名からの例	左欄—他国和名抄郡郷名からの例
刑部	一〇	**刑部**智麻呂　水内郡　『続日本紀』神護景雲二・五・二八（七六八） **刑部**子刀自女　『日本三代実録』貞観三・一〇・二八（八六一） 佐久郡**刑部郷**　『和名類聚抄』	**刑部**…山背愛宕郡、尾張海部郡、遠江敷知郡、駿河、伊豆那賀郡、武蔵豊島郡・播羅郡、上総市原郡、下総葛飾郡・猿島郡、美濃本簣郡・各務郡・肩県郡・味蜂間郡、越前足羽郡、丹後熊野郡、但馬、伯耆相見郡、出雲出雲郡・神門郡、備中窪屋郡、肥後葦北郡、豊前仲津郡・上三毛郡／**刑部造**…河内／**刑部直**…武蔵橘樹郡／**忍坂忌寸**…大和宇陁郡	**刑部郷**…河内若江郡、伊勢三重郡、参河碧海郡、遠江引佐郡、駿河志太郡、上総長柄郡、下野河内郡、因幡八上郡・高草郡、丹波船井郡、備中賀夜郡・英賀郡、備後奴可郡・恵蘇郡・三谿郡／**忍坂郷**…大和城上郡／**忍壁郷**…摂津有馬郡
三枝部	一七		**三枝部**…下総葛飾郡、陸奥	**三枝郷**…下総千葉郡、飛騨大野郡、加賀江沼郡
小長谷部	七五	**小長谷部**尼麻呂　筑摩郡山家郷戸口　正倉院白布　天平勝宝四・一〇（七五二） **小長谷部**笠麻呂　『万葉集』二〇—四四〇二　天平勝宝七・二（七五五） **小長谷部**真□　筑摩郡　下神遺跡出土墨書土器 更級郡**小谷郷**　『和名類聚抄』	**小長谷部**…遠江浜名郡・磐田郡、甲斐山梨郡、下総葛飾郡、上野邑楽郡、出羽、越中砺波郡／**小長谷**…大和山辺郡、駿河志太郡、越中砺波郡／**小長谷連**…大和志貴上郡／**小長谷造**…近江坂田郡／**小谷直**…甲斐八代郡	**小谷郷**…遠江磐田郡
金刺舎人	一〇・八七・一一六	表8参照		
金刺部	一〇・五九・八七・八八	表8参照		
他田舎人	四六・一〇〇	表9参照		
他田部	一一	表9参照		
若帯部	六九		**若帯部**…美濃本簣郡・加毛郡・各務郡・味蜂間郡、出雲／**若帯**…美濃味蜂間郡	
生王部	九〇	**壬生**稲主　『日本三代実録』貞観三・一〇・二八（八六一）		

		生王部…讃岐綾郡／**壬生部**…伊豆田方郡・賀茂郡、武蔵豊島郡、下総釬托郡・葛飾郡、美濃山方郡、出羽、若狭三方郡、隠岐海部郡／**生部**…遠江磐田郡、駿河駿河郡、伊豆賀茂郡、常陸信太郡、美濃肩県郡・各務郡・加毛郡・味蜂間郡、出羽、越前坂井郡・足羽郡・丹生郡、丹後竹野郡、出雲神門郡、備中賀夜郡、阿波那賀郡、豊前仲津郡、豊後球珠郡、筑前嶋郡／**生壬部**…隠岐周吉郡、讃岐阿夜郡／**生壬**…讃岐香川郡／**大生部**…伊豆田方郡、陸奥多賀城／**壬生**…山背愛宕郡、伊賀阿拝郡、安房平群郡、常陸行方郡、出羽、若狭遠敷郡、肥後皮石郡／**壬生直**…駿河駿河郡、常陸筑波郡・行方郡／**生部臣族**…出雲出雲郡 **壬生郷**…遠江磐田郡、安房長狭郡、美濃池田郡・賀茂郡、安芸山縣郡、筑前上座郡／**壬生野郷**…伊賀阿拝郡／**生部郷**…美濃賀茂郡
物部	一五・七三・一一九	**物部東人**　筑摩郡山家郷戸主　正倉院白布　天平勝宝四・一〇（七五二） **物部善常**　高井郡　『日本三代実録』貞観九・三・一一（八六二） **物部楮丸**　佐久郡　伝近世出土銅印 例多数 **物部郷**…尾張愛智郡、駿河益頭郡、下総千葉郡、近江栗太郡、美濃多芸郡・安八郡・本巣郡、下野芳賀郡、越後頸城郡、丹波何鹿郡、丹後與謝郡、備前磐梨郡、淡路津名郡、土佐香美郡、筑後生葉郡、肥前三根郡、日向那珂郡、壱岐石田郡
穂積部	三	**穂積部**…美濃本簀郡・加毛郡・山方郡／**穂積臣**…伊勢壱志郡
尾張部	一一八	水内郡**尾張**郷　『和名類聚抄』 **尾張部・尾治部・尾幡部**…出羽、備前邑久郡／**尾張戸**…美濃加毛郡／**尾張・尾治**…近江蒲生郡、越前坂井郡、周防佐波郡、備前津高郡／**尾張国造族**…美濃加毛郡／**尾張連族**…山背愛宕郡／**尾張連**…尾張春部郡・愛知郡・中島郡、播磨／**尾張宿禰**…尾張春部郡・愛知郡・中島郡／**尾張公**…近江浅井郡 **尾張郷**…河内安宿郡、上野緑野郡、備前邑久郡
守部	七二	**守部**　更級郡　社宮司遺跡墨書土器 **守部**…駿河駿河郡、伊勢桑名郡、美濃加毛郡・肩県郡・本簀郡・味蜂間郡・可児郡・山方郡／**守君**…山背愛宕郡／**守公**…河内志紀郡／**守**…越前坂井郡
小野部	一	**小野臣**…近江滋賀郡、山城愛宕郡 **小野郷**…山城乙訓郡・愛宕郡・宇治郡、尾張丹羽郡、遠江磐田郡、武蔵多磨郡、下総海上郡、常陸信太郡、上野甘楽郡・緑野郡・群馬郡、陸奥白河・安積・柴田郡、越中砺波郡、佐渡雑太郡、丹後竹野郡、石見美濃郡、肥後山鹿郡／**小野駅**…陸奥柴田郡、丹波多紀郡、豊後大野郡／**小野田郷**…上総埴生郡、紀伊名草郡

酒人部 **酒人**	一〇・一二・一三・一五・一八・一九・三三・四六・五九・八七	**酒人部**…美濃各務郡、越前江沼郡、周防大嶋郡／**酒人**…河内、近江坂田郡／**酒人連**…山背愛宕郡／**日下部酒人連**…山背愛宕郡／**坂田酒人**…近江坂田郡 **酒人郷**…摂津東生郡
宍人部 **宍人**	一三・一五・五九	**宍**□私印 ／ 小県郡 ／ 上田市法楽寺遺跡出土銅印 **宍人部**…伊豆那賀郡・田方郡、武蔵、周防大嶋郡／**宍人**…山背愛宕郡、伊豆田方郡、越前／**宍人直**…武蔵加美郡／**宍人臣**…越前坂井郡 **宍人郷**…駿河駿河郡
宍部	一三	例なし
三家人部	一一	**三家人・三宅人**…近江蒲生郡、若狭小丹生評・遠敷郡・三方郡、播磨神前評、筑前早良郡／**三家・三宅**…上野群馬郡、越中射水郡、越後／**三家連・三宅連**…大和山辺郡、尾張愛知郡・春部郡、近江、備前児嶋郡、筑前早良郡／**三家首**…若狭小丹生評／**三宅忌寸**…摂津西生郡 **三宅郡**…筑後／**三家郷**…美濃厚見郡、備前児島郡／**三宅郷**…大和城下郡、河内高安郡・交野郡・丹比郡、伊勢多気郡、尾張中島郡・海部郡、遠江麁玉郡、相模大住郡、上総天羽郡、下総印幡郡・海上郡、常陸鹿島郡、筑前那珂郡、筑後上妻郡、豊後直入郡、肥後託麻郡、日向児湯郡／**三家里**…若狭遠敷、隠岐海評／**三宅里**…備中賀夜郡庭瀬郷
神人部	五九	**神人部**子忍男 ／ (防人)埴科郡主帳 ／ 『万葉集』二〇—四四〇二　天平勝宝七・二(七五五) **神人** ／ 高井郡穂科郷衛士 ／ 平城宮三—三二九四　宝亀五(七七四) **神人部**…遠江浜名郡、伊豆田方郡、武蔵、若狭遠敷郡、備中窪屋郡、出雲神門郡／**神人**…山背、和泉、遠江浜名郡、美濃加毛郡・大野郡・山縣郡、陸奥、越前敦賀郡・江沼郡、丹波氷上郡、丹後熊野郡、出雲、讃岐山田郡
石田部	一一・五九	**石田郡**…遠江、壱岐／**石田郷**…山城宇治郡、伊勢安濃郡、相模大住郡、下総海上郡、美濃大野郡、下野芳賀郡、佐渡雑太郡、因幡八上郡、讃岐寒川郡、伊予伊予郡、筑前怡土郡・席田郡、壱岐石田郡
戸田部	三	例なし

※屋代木簡編図79に補足・修正を加えた

表5　屋代木簡以外の史資料にみえる信濃国のウジ名と部名

ウジ・部名	分布地域　右欄―信濃国の例　中欄―他国人名からの例　左欄―他国和名抄郡郷名からの例		
私部	**私部**知麻呂	更級郡村神郷戸主	正倉院文書写書所解　天平二〇・四・二五（七四八）
	私部乙麻呂	更級郡村神郷戸口	
	私部…伊勢国奄芸郡、尾張海部郡、安房国朝夷郡・安房郡、下総葛飾郡、越前足羽郡、越中、若狭国三方郡、丹波船井郡、丹後熊野郡、但馬二方郡・気多郡、因幡高草郡、出雲出雲郡、隠伎国周吉郡・役道郡、播磨飾磨郡、備中窪屋郡、淡路国津名郡、／**私市**…丹波何鹿郡		
	私部郷…丹波熊野郡・何鹿郡、因幡八上郡、肥後飽田郡		
倉橋部	**椋椅部**逆	筑摩郡山家郷火頭	平城宮宮城南面西門（若犬養門）地区出土木簡
	倉橋部広人	水内郡	『続日本紀』神護景雲二・五・二八（七六八）
	椋椅部…尾張葉栗郡、武蔵豊島郡・橘樹郡・荏原郡、安芸安芸郡、丹後加佐郡／**倉椅部**…武蔵豊島郡、安芸安芸郡／倉橋部…美濃、伊与和気郡／**椋橋部**…武蔵、越前坂井郡、丹後加佐郡		
	倉（椋）橋郷…大和十市郡、上総海上郡、丹後加佐郡		
丸子	**丸子**真智成	佐久郡経生	仁寿三年大坂氏願経巻四四五　仁寿三・二・一五（八五三）
	丸子連…相模鎌倉郡・安房朝夷郡、陸奥小田郡、陸奥牡鹿郡／**丸子部**…相模余綾郡、安房国安房郡、常陸久慈郡、美濃不破郡、陸奥国安積郡・富田郡・小田郡・遠田郡、出羽国最上郡／丸子…陸奥牡鹿郡		
	丸子郷…陸奥安積郡・宮城郡		
久米舎人	**久米舎人**望足	小県郡	『類聚国史』巻八七刑法部一配流　延暦一四・四・一（七九五）
	久米舎人妹女	小県郡または更級郡	『続日本紀』天平一九・五・一六（七四七）
	久米部…伊勢多気郡・桑名郡、周防大島郡、伊予久米郡・温泉郡、筑前志麻郡		
	久米郡…伯耆、美作、伊予／**久米郷**…大和高市郡・伊勢員辨郡、遠江磐田郡、常陸久慈郡、伯耆久米郡、美作久米郡、周防都濃郡、伊予喜多郡、筑前志麻郡、肥後球磨郡		
	久米駅…豊前京都郡		
大伴	**大伴連**忍勝	小県郡	『日本霊異記』下巻第二三
	大伴	更級郡	篠ノ井遺跡群出土銅印
	例多数		
	伴郷…陸奥会津郡、越中射水郡、肥後葦北郡／**伴郡（群）郷**…相模足上郡／**伴部郷**…安房長狭郡、常陸真壁郷、常陸多珂郷、肥前小城郷／**伴部駅**…安芸佐伯郡		
安曇部	**安曇部**真羊	安曇郡	正倉院布袴　天平宝字八年一〇月（七六四）
	安曇部連百嶋		

	阿曇連…播磨揖保郡、淡路野島／安（阿）曇部…隠岐海部郡・知夫郡、阿波名方郡・那賀郡・板野郡または勝浦郡、伊与国伊予郡、備中国浅口郡、豊後／安（阿）曇…隠岐海部郡、播磨揖保郡、周防吉敷郡、阿波国名東郡 安曇郷…近江伊香郡、伯耆会見郡／阿曇郷…筑前糟屋郡／厚見郷…美濃厚見郡		
建部	建部大垣	更級郡	『続日本紀』神護景雲二・五・二八（七六八）
	建部君…伊賀伊賀郡、肥後国飽田郡／建部公…近江、伊賀、肥後国飽田郡／建部臣…出雲出雲郡・河内郡、備中賀夜郡／建部首…出雲出雲郡／建部宿禰…大隅大隅郡／建部…伊勢安濃郡、伊賀名張郡、遠江浜名郡、常陸行方郡、近江坂田郡・犬上郡・蒲生郡、美濃本巣郡・安八郡、加賀加賀郡芹田郷または信濃水内郡芹田郷、越中礪波郡出雲出雲郡・神門郡・河内郡、備中都宇郡・賀夜郡、紀伊、阿波板野郡・阿波郡、讃岐鵜足郡・大内郡・筑前志麻郡・那珂郡、豊前仲津郡、日向、大隅大隅郡、薩摩／若建部…近江犬上郡／健部…美作真嶋郡／健部臣…備前上道郡、備中賀夜郡、出雲出雲郡／武部…上野 建（健）部郷…伊勢安濃郡、美濃多芸郡・石津郡、出雲出雲郡、美作真島郡、備前津高郡、備中都宇郡、安芸佐伯郷		
爪工部	爪工部□	小県郡海野郷戸主	正倉院紐心麻綱
	爪工連…伊勢鈴鹿郷、尾張／爪工部…伊勢安濃郡、遠江浜名郡、美濃本巣郡／爪工…伊勢鈴鹿郷		
錦部	錦服部	筑摩郡	松本市殿村遺跡出土墨書土器
	錦服郷	筑摩郡	『和名類聚抄』
	錦織駅	筑摩郡	『延喜式』・『和名類聚抄』
	錦部氏の女	信濃国	『日本三代実録』貞観六・一二・一二（八六四）
	錦織寺	筑摩郡	『日本三代実録』貞観八・一二・二（八六六）
	錦部…近江滋賀郡・浅井郡、因幡高草郡、阿波名方郡、讃岐那賀郡／錦織部…出羽田川郡、豊前仲津郡／錦織…近江栗太郡／錦部村主…近江浅井郡・犬上郡／錦部連…加賀国加賀郡／錦村主…加賀国加賀郡／錦織主村…近江坂田郡 錦部郡…河内／錦部郷…山城愛宕郡、河内若江郡、近江滋賀郡・浅井郡／錦織郷…美作久米郡		
辛犬甘	辛犬甘秋人	筑摩郡	『日本三代實録』仁和元・四・五（八八五）

がみえる。また、『続日本紀』天平十九年（七四七）五月辛卯条に叙位の記事がみえる高句麗系のウジ名をもつ前部宝公とその妻久米舎人妹女は、信濃国小県郡または更級郡に居住していた人物であった可能性が高いとされる。[7] また『万葉集』九六～一〇〇番に関係する久米禅師も信濃国の久米舎人氏出身の人物であったとする見解がある。[8] 久米舎

人についても来目稚子ともいわれた顕宗天皇、あるいは用明天皇の皇子である来目（久米）皇子に因む名代（子代）のトモ（伴）とする説がある。[9] しかし、舎人の名称は継体天皇の時期を画期として、「某部舎人」から大王などの宮号を冠する「宮号舎人」に変わるといわれており、[10] 具体的には六世紀はじめの安閑天皇の時期の勾舎人から、七世紀はじめの推古天皇の時期の桜井舎人までが知られている。[11] このことからすれば、久米舎人も継体天皇より前の顕宗天皇に因むものではなく、金刺舎人や他田舎人と同様に、来目（久米）皇子の久米宮に因む「宮号舎人」と考えるのが妥当であると考える。[12]

② 豪族名

大伴氏に関係するウジ名や部名としては、印字が「大伴□□」と判読される銅印が長野市篠ノ井遺跡群から出土している。[13] また、『日本霊異記』下巻第二十三に信濃国小県郡嬢里（童女郷）の人として大伴連忍勝がみえる。この大伴連は説話中で一族の氏寺を建立していることから、小県郡の有力な豪族であったことがうかがえる。畿内の有力豪族である大伴氏の部曲は全国各地に分布し、信濃にも存在したと考えられる。

安曇部は、天平宝字八年（七六四）十月の正倉院宝物布袴に「信濃国安曇郡前科郷戸主安曇部真羊」と「郡司主帳従七位上安曇部連百嶋」の墨書がみえる。海人の一族とされる阿曇氏の部曲と考えられ、郡司としてみえる安曇部連はそれを管掌した豪族であると考えられる。

③ ヤマト王権の職掌名

建部は、武部・健部とも表される。倉橋部のところであげた『続日本紀』神護景雲二年（七六八）五月辛未条に更級郡の人として建部大垣がみえる。諸国に設置された軍事的品部と考えられている。

爪工部は、正倉院宝物紐心麻綱に「信濃国小縣郡海野郷戸主爪工部□調」の墨書が残る。爪工部は『新撰姓氏録』

和泉国神別の爪工連条に「雄略天皇御世、造紫蓋爪」とあるように、貴人にさしかける長柄の団扇状の儀器である爪を製作する品部と考えられる。『令集解』所引の官員令別記によれば、兵部省造兵司の雑工戸には品部として爪工十八戸があげられている。

錦部は錦織部、錦服部とも表され、錦を織る品部と考えられる。山形村の殿村古墳から出土した墨書土器に「錦服ア」とみえるほか、筑摩郡には錦服郷、錦織駅、錦織寺が存在した。また、『日本三代実録』貞観六年（八六四）二月二日己未条の高橋朝臣文室麻呂の卒伝記事に、文室麻呂の祖にあたる女性として信濃国の錦部氏の女があげられている。

辛犬甘は、『日本三代実録』仁和元年（八八五）四月五日己未条に筑摩郡の人として辛犬甘秋子がみえる。また筑摩郡には辛犬郷が存在した。犬甘（養）部は犬を飼養して屯倉や蔵（倉）、宮城門の守衛にあたった部民と考えられ、辛犬甘は渡来系の犬甘（養）部であったと考えられている。(14)

信濃におけるウジ名や部名の特徴として、大宝二年（七〇二）の御野国戸籍など東山道の隣国である美濃国に分布するものがみえることがあげられる。とくに若帯部、守部、穂積部などはこれまで美濃国以外にあまり例が知られていなかったものである。

次に、酒人部、宍人部、神人部、三家人部のいわゆる「人姓」「人部姓」が多くみられることがあげられる。(15)これらは、造酒や鳥獣の調理、屯倉の事務など王権の特定の職掌にかかわる名であると考えられるが、屋代木簡にみられる信濃の「人姓」「人部姓」はそうした職掌に直接携わる者そのものではなく、その資養を負担するために設定された部民であると考えられる。

信濃のウジ名や部名としてみえるこれらの部が、王権や畿内豪族に奉仕する集団として信濃に設定された時期についてであるが、この点についてまず手がかりとなるのは、①の宮名・王族名を冠するものまたは名代（子代）の設定伝承があるものとしてのウジ名や部名である。信濃の①のなかには刑部と三枝部も含まれるが、これらはその性格自体が不明確な部であると考えられるので、[16]これらを除くと、五世紀末の小長谷部が最も古く、以下、六世紀末から七世紀はじめの壬生部・私部・若帯部までとなる。②の豪族名に因むもの、③の王権の職掌に因むものについては、これらの部名が設定される部民制そのものが、①の名代（子代）の成立を歴史的前提として五世紀末から六世紀前半にかけて成立した可能性が高いと考えられている。[17]したがって、ウジ名や部名からみる限り、信濃における部の設定は、古くても五世紀末、その多くは六世紀前半以降に順次設定されていったものと考えることができよう。

二　「科野国造」説について

『古事記』神武天皇段によれば、「科野国造」は神武天皇の第二皇子である神八井耳命を祖とする意富臣以下一九氏のなかの一氏としてあげられている。また『先代旧事本紀』巻十の「国造本紀」でも神八井耳命を祖とし、崇神天皇の時に神八井耳命の孫の建五百建命が科野国造に任命されたとされている。また、いわゆる「阿蘇氏系図」にも同様の出自が記されている。[18]これらの伝承をふまえ、これまで「科野国造」の根拠地は小県郡であると考えられてきた。その理由としては『万葉集』巻二十に「国造小県郡他田舎人大島」がみえ、そのほかにも科野国造の後裔氏族とされる他田舎人氏が分布すること、『和名類聚抄』の小県郡に安宗郷がみえ、これは「科野国造」と同族とされる阿蘇氏に因むものであり、その中心に国魂神をまつる生島足島神社が存在すること、さらに律令体制期の当初の国府所在地が小県郡に想定されていることなどがあげられる。これらが「科野国造」についての一九八〇年代中ごろまでの通説ともいうべき考え方であった。

その後、『長野県史』の編纂を契機に、古墳時代の信濃と科野国造について、文献史学の立場から提唱されたのが平田耿二・関晃の説である。[19]平田・関説では『古事記』、「国造本紀」、「阿蘇氏系図」に対する史料批判をふまえた上で以下のような論を展開する。まず、当該時期の信濃について、「科野国造」は科野直氏で、少なくとも名代（子代）の制度の開始期とみられる応神・仁徳朝、すなわち四世紀末から五世紀初頭のころには、すでに完全にヤマト政権の支配下に入り服属していたとする。また、名代（子代）関係の人名・地名の分布から、科野国造家の勢力は、そのころすでにほぼ後の信濃国に該当する全域におよんでおり、ヤマト王権の権威を背景にして「科野国造家」は信濃各地に一族を展開させはじめていた。やがて六世紀の継体・欽明朝以降、「科野国造家」は科野直から金刺舎人・他田舎人氏に分かれていったとする。「科野国造」の根拠地についても、当初の根拠地は更級郡にあったと推定し、六世紀の継体・欽明朝以降、伊那郡に根拠地を移したとする。この説の前提とされているのは、次のような国造制のあり方についての理解である。応神朝から崇峻朝までの約二世紀間（四世紀末〜六世紀末）に、ヤマト政権により名代（子代）が全国造に対して均等に設置される。名代（子代）の設置とは国造一族の成年男子がトモ（伴）として出仕することであり、トモ（伴）の諸経費を負担する部民が国造領内に設置されていったとする。

五世紀に信濃がこの国造制に組みこまれていたとする平田・関説の根拠は、信濃に五世紀ごろのいわゆる名代（子代）に因む地名や人名、具体的には刑部が分布しているという点である。しかし、部民制のなかで刑部についてみた場合、これを『古事記』や『日本書紀』に記されている部名の由来の記事通りに解釈することには問題がある。

「部」の設定について考える場合、主に八世紀以降に編纂されたり記された史資料にみえる人名や地名などをもとに、それを数世紀さかのぼらせることによって類推することが多いが、その場合、現存する史資料によって、ウジ名や部名が統計的に偏在する可能性があることを考慮する必要がある。そうしたウジ名や部名の偏在性を避けるために、九世紀ごろの民部省関係の資料をまとめたものとしておおよそ諸国を網羅していると考えられる『和名類聚抄』の郡名、郷名をとりあげ、そのうち名代（子代）に因む名称である可能性が高いと考えられるものを抽出し、まとめたものが表6である。[20]

これによると刑部郷、忍坂郷、忍壁郷は一八あり、仁徳天皇の娘の八田若郎女（矢田皇女）の名代（子代）とされる八田部に因む郡郷名の一九とともに突出して数が多いことがわかる。郡郷が存在する令制国別にみてもその国数は際だって多い。表6には全国的に分布が多いとされている物部の場合も参考としてあげたが、これに因む郷名が一八、令制国別では一六であるから、八田部や刑部は、ほぼ物部に匹敵するほどの濃密な分布であったということになる。

こうした分布の特徴からすれば、仁徳天皇の時に八田部が、允恭天皇の時に刑部が、それぞれ名代（子代）としてとくに数多く広い範囲に設定されたとも考えられるが、他の名代（子代）の部、とくに仁徳天皇や允恭天皇の代に設定されたいくつかの名代（子代）の部と比べても際だって異なる分布状況を示していることからすれば、八田部や刑部は、部民制のなかにおいてこうした他の名代（子代）の部とは異なる何らかの特殊な事情を有した部であったと考えるべきであろう。とくに刑部についていえば、允恭天皇の時に設置された名代（子代）の部としてではなく、その特徴に着目した研究がなされている。[21]また、名代（子代）の名を冠した「某部舎人」の設置伝承が『日本書紀』や『古事記』において武列天皇以前の古い時期に位置づけて語られていたとしても、実際の舎人としての奉仕は継体天皇以降の時期に開始された可能性があるということが指摘されている。[22]これによれば『古事記』と『日本書紀』に允恭天皇の時に名代（子代）の部として刑部が設定されたという伝承があっても、それは五世紀代に信濃からのトモ（伴）の出仕がはじまったということを保証するものではないということになる。

表6　『和名類聚抄』にみえる名代・子代関係の郡・郷名数

名代(子代)の部	天皇・王族	郡・郷数		郡・郷が存在する国
宇治部	応神（皇子）	8	宇治郡1・宇治郷6・氏部郷1	山城・摂津・伊勢・因幡・備前・讃岐
雀部	仁徳	3	雀部郷3	参河・上野・丹波
葛城部	仁徳（皇后）	3	葛城（上・下）郡1、葛木郷2	大和・備前・肥前
八田部	仁徳（皇女）	19	八(田)部郡1・八田郷11・八部郷5・矢田郷2	摂津・常陸・備中・大和・上野・尾張・参河・駿河・加賀・能登・越中・丹波・周防
若桜部	履中（宮）	1	若桜郷1	因幡
蝮(丹比)部	反正	4	丹比郡1・丹比郷2・丹部郷1	河内・因幡・安芸・備中
飛鳥部？	允恭（宮）	3	安宿郡1・飛鳥郷1・安宿郷1	河内・安芸・播磨
刑部	允恭（皇后）	18	刑部郷16・忍坂郷1・忍壁郷1	河内・伊勢・参河・遠江・駿河・上総・信濃・下野・丹波・因幡・備中・備後・大和・摂津
軽部	允恭（皇子）	6	軽部郷6	和泉・下総・下野・但馬・備前・備中
藤原部	允恭（妃・宮）	2	葛原郷2	讃岐・豊前
河部	允恭（皇女・宮）	1	川部郷1	伊勢
穴穂部	安康	0		
長谷部	雄略	4	長谷郷4	大和・越中・紀伊・肥前
日下部	雄略（皇后）	8	日下郷3・日下部郷2・草壁郷3	伯耆・備前・和泉・尾張・備中・筑前・筑後
白髪部	清寧	9	真壁郡1・真壁郷7・直（真）上郷1	常陸・駿河・上野・下野・備中・摂津
三枝部？	顕宗	3	三枝郷3	下総・飛驒・加賀
石上部	仁賢（宮）	4	石上郷4	大和・常陸・下野・備前
小長谷部	武烈（宮）	2	小谷郷2	遠江・信濃
弟国部？	継体	1	乙訓郡1	山城
春日部	安閑（皇后）	6	春部郡1・春部郷3・春日郷2	大和・尾張・美濃・丹波・備後
檜前部	宣化（宮）	1	檜前郷1	大和
金刺部	欽明（宮）	0		
他田部	敏達（宮）	11	他田郷2・長田郡1・長田郷8	駿河・美濃・遠江・摂津・伊賀・伊勢・上野・陸奥・但馬・播磨
倉橋部	崇峻	2	倉橋郷1・椋橋郷1	上総・丹後
壬生部		7	壬生郷5・生部郷1・壬生野郷1	遠江・安房・美濃・安芸・筑前・伊賀
私部		4	私部郷4	丹波・丹後・因幡・肥後
部名	**氏**	**郡・郷数**		**郡・郷が存在する国**
物部	物部氏	18	物部郷	尾張・駿河・下総・近江・美濃・下野・越後・丹波・丹後・備前・淡路・土佐・筑後・肥前・日向・壱岐

したがって、刑部という地名や人名が信濃国にみえるということからだけでは、平田・関説がいうように允恭天皇のころ、すなわち五世紀前半の末ごろに、それが信濃に設定されたと考えることはできない。名代（子代）だけではなく、地域に対する「部」の設定については、部民制にかかわるさまざまなウジ名や部名の当該地域における状況をより詳細に分析する必要があろう。こうした点について、信濃地域での新たな手がかりとなるのが屋代木簡である。

屋代木簡のなかで『古事記』や『日本書紀』に設定の記事がみえる名代（子代）の部で、それが五世紀代と想定される時期のものとしては、屋代木簡一〇号の「刑ア真□」と、屋代木簡一七号の「三枝ア馬手」の二例のみである。前述したように刑部も三枝部も名代（子代）の部であるかどうかも含めて部としての性格が不明であり、五世紀に信濃に設置された名代（子代）の部である確証はない。屋代木簡が出土した長野盆地南部地域は、森将軍塚古墳の存在などに象徴されるように、従来より「科野国造」の本拠と考えられている地であるが、この地域で出土した木簡にみえるのべ五一例から二一種にものぼるウジ名や部名が判明したにもかかわらず、その設置が五世紀末以前にさかのぼると考えられる確実な名代（子代）の存在は信濃では確認できないといってよい。前節でみたように、刑部や三枝部を除いて、宮号、王族名を冠するものや設定記事があるものから考えれば、信濃におけるウジ名や部名の集団としての設定時期はほぼ六世紀以降と考えられる。したがって、刑部や三枝部の信濃における設定があったとしても、それは六世紀以降である可能性が高いと考える。屋代木簡などからうかがえるこのような状況からみる限り、刑部の地名や人名の存在をもって、四世紀末から五世紀初頭のころに信濃全体がヤマト王権の支配下に入り服属していたとする平田・関説は、その根拠がかなり薄弱であるといわざるをえない。

また平田・関説が「科野国造」であるとする「科野直」についても、そのウジ名と姓（カバネ）をもつ氏族が存在したことを示す確実な文献史料はみあたらず、「科野国造」についても、その名称を記す史料である『先代旧事本紀』

の『国造本紀』は、六世紀中ごろから七世紀後半までのヤマト王権の地方支配体制である国造制を反映したものであると考えられており[23]、六世紀前半以前の段階で科野国造が存在したことを示す史料はないといってよい。以上のように、五世紀以前の信濃の地域の様相については、文献史料からのみでは十分に論証できないことは明らかである。したがって、当該時期の信濃の地域についての理解は、まず考古学によって明らかにされた諸事実を出発点とするべきであると考える。

第一章でまとめたように、五世紀以前の信濃の地域においては、傑出した前方後円墳を築造した長野盆地南部地域の勢力がヤマト王権の政治的体制に加わったとみられる。この地域の森将軍塚古墳や川柳将軍塚古墳の主石室に埋葬された首長あるいはその後裔が「科野国造」に該当すると考えることもできよう。しかし古墳の様相からみる限り、五世紀前半までの段階で、後の信濃国に該当する全域にその勢力を拡大していくような政治的主体の存在は、考古学の立場からは否定されている。また、長野盆地南部地域の首長とヤマト王権との関係も、先に述べたように五世紀末以前にさかのぼる名代（子代）の設置が確認できない以上、平田・関説がいう名代（子代）の設置に象徴される整然と確立された制度にもとづく関係であったとは考えられない。

続く五世紀後半から六世紀ごろには、千曲川水系の長野盆地南部地域では前方後円墳が小規模化していく。これにたいして天竜川水系の下伊那地域では五世紀後半から多くの古墳築造がはじまり、六世紀前半には横穴式石室を内蔵する前方後円墳に引き継がれていく。信濃の場合、従来の説ではこうした変動を「科野国造家」の分立、移動あるいは交替などと説明してきた。しかし、五世紀後半からあらわれる下伊那地域の様相を、長野盆地南部地域の首長権力が衰退していった状況に直接的に連動させて説明する必然性はない。長野盆地南部地域においても下伊那地域においても、首長たちの権力の変動は、首長相互の関係性のなかで完結するものではなく、大陸系の新たな集団と彼らがもたらした馬の生産などの新しい文化の受容を契機とするものであったと考えられる。

そこで、次節では、千曲川水系の長野盆地南部地域や天竜川水系の下伊那地域に、以上のような変動をもたらした要因であると考えられる新たな技術や文化の流入とは、どのような状況のもとでの事象であったのかという点についてみていきたいと思う。

三　六世紀の朝鮮半島の政治情勢と信濃

『日本書紀』には、継体天皇から欽明天皇にかけての記事に、百済、加羅など朝鮮半島の諸国と倭との間で軍事や外交で活躍する人びとがみえ、そのなかに「斯那奴阿比多」「科野次酒」「科野新羅」など科野（斯那奴＝シナヌ）を名のる人物があらわれる。このうち科野次酒と科野新羅は、表7にみるように、百済の官位をもっており、倭の信濃にゆかりがあり、なおかつ百済政府の高官として用いられた、倭系百済官人ともいうべき人物で、ほかに『日本書紀』にみえる「河内部阿斯比多」「竹斯物部莫奇委沙奇」などと同じく出身地によってその名がよばれていたと考えられている。[24]

継体天皇から欽明天皇にかけての時期は六世紀はじめから六世紀中ごろにあたるが、この時期以前より、朝鮮半島では、北方の強国である高句麗の長寿王が南下政策の足場として四二七年に平壌に遷都し、南方の百済・新羅、とくに百済に対する圧力を強めていた。百済は新羅と婚姻を通じてできあがった同盟関係を確認しながら、新羅と力をあわせて高句麗の圧力に対処していかざるをえず、このような関係は、両国関係が破綻に陥る五五三年まで続けられた。

その一方、朝鮮半島南方において両国は、北方における協力関係のために直接の衝突は避けたものの、加羅諸国に対

表7　『日本書紀』にみえる倭系百済官人

朝鮮半島の情勢	物部連・穂積臣	科野（斯那奴）	許勢（巨勢）	紀臣	葦北君
任那・高句麗との紛争（継体朝）	**（下）哆唎国守穂積臣押山**（継体六年四月、同七年六月、同所引の百済本記では委意斯移麻岐弥、同二十三年三月）	**日本斯那奴阿比多**（継体十年九月）			
新羅の金官加羅統合に伴う緊張（安閑・宣化朝）					**火葦北国造刑部靫部阿利斯登**（敏達天皇十二年条）
新羅の対任那勢力拡張（欽明二年四月～同七年六月）	**中部（物部）奈率己連**（欽明三年七月、同五年二月・十一月、同六年五月、同七年正月）**物部連奈率用奇多**（欽明五年二月・十一月、同六年五月）**物部施徳麻奇牟（連）**（欽明四年九月）**物部奈率奇非**（欽明五年三月）	**施徳斯那奴次酒**（欽明五年二月）	**許勢奈率奇麻**（欽明五年三月）	**紀臣奈率弥麻沙**（欽明二年七月、四年四月）	
対高句麗戦（欽明八年四月～同十二年三月）		**日本（使人）阿比多**（欽明十一年二月・四月所引百済本記）	**許勢奈率奇麻**（欽明八年四月）		
対新羅戦（欽明十三年五月～同十七年正月）	**上部奈率物部烏**（欽明十五年二月）**東方領物部莫奇武連**（欽明十五年十二月）	**上部徳率科野次酒**（欽明十四年正月）**上部奈率科野新羅**（欽明十四年八月）			
その他（敏達十二年）					**達率日羅**（火葦北国造阿利斯登の子）

金鉉球注（25）書の第三表に加筆・修正を加えた

する勢力拡張のために激しくせりあっていた。このような朝鮮半島情勢の緊迫化をうけてヤマト王権は加羅や百済に兵、馬、弓矢、船などの軍事援助を行い、かわりに朝鮮半島から先進文物を導入していたと考えられる。(25)

『日本書紀』の記事によれば、これらの百済に対する軍事援助の中心は大伴氏や膳臣氏などであるが、表7で明らかなように、倭系百済官人として登場するのは科野（斯那奴）のほかに物部、紀、穂積、巨（許）勢、葦北の五氏のみである。このうち多くの人物がみえるのは物部氏で、穂積氏も物部氏と同じ饒速日命の後裔氏族で、いわゆる物部系の氏族であったと考えられる。朝鮮半島をめぐるこのような政治情勢のなかで物部氏に関係する人物が倭系百済官人として活躍するのは、いうまでもなく物部氏が軍事氏族ともいうべき性格の氏であったからであるといえよう。ヤマト王権内部でも、朝鮮半島での、とくに新羅に対する軍事・外交政策の失敗により、それまでの大連の大伴金村が勢力を失い、欽明天皇のころには物部尾輿が大連となって政治の主導権を握ったといわれている。

科野（斯那奴）氏はこの物部氏についで多くの記事に登場する。物部氏に代表される倭系百済官人の性格を考えると、科野（斯那奴）氏が継体天皇のころから欽明天皇のころにかけて倭系百済官人として登場してくるのも、当時の信濃が軍事面で大きな役割を担っていた地域であったからと考えるのが自然であると思われる。この考え方は、第一章で述べたように、全国的にみて五世紀後半以降、下伊那地域を中心として信濃の地域の武具、馬具、馬骨などの出土数が顕著になるという考古学的な事実とも符合する。とくに馬具は、実用的なものが五世紀末から六世紀はじめに増加し、比較的小さな古墳にまで副葬されるようになり、六世紀半ばごろには馬具の規格化がはじまったといわれている。(26)高句麗や新羅に対する軍事行動の上で、騎馬兵力がかなり重要であり、また実際に百済に対する軍事援助として馬があげられていることを考えると、これらの考古学的事象はかなり示唆的であるといえるのではないだろうか。

さらにいえば、倭系百済官人として当時の朝鮮半島南部をめぐる複雑な国際情勢のなかで百済とヤマト王権とを結ぶ外交使節に任命されているということは、少なくともこれらの科野（斯那奴）を名のる倭系百済人が、物部氏と同様に、ヤマト王権はもちろんのこととして、百済とも、もともと深いつながりを有していたためではないかと推察される。

考古学の立場からは、五世紀の中ごろ以降の信濃において、前述してきたような、馬骨や馬具が特定地域に集中的に出土する状況、あるいは合掌型石室をもつ積石塚や、さまざまな類型の横穴式石室といった特徴的な埋葬施設の存在などから、信濃に牧が設置され、馬の生産の技術をもった朝鮮半島からの渡来人が定着したことが指摘されている。(27) そして、五世紀後半以降の朝鮮半島の情勢やヤマト王権との関係からみれば、それらの人びとのなかには百済あるいは加羅出身のものが少なくなかったと考えられる。すなわち、六世紀はじめから六世紀中ごろにかけて、信濃にかかわると思われる人物が外交上にあらわれてくるのは、倭の地域のなかで、信濃が馬の生産を中心としてヤマト王権の軍事面に深くかかわる地域であったこととともに、朝鮮半島のとくに百済や加羅の事情によく通じた地域であったためであると考えたい。それでは次に、この時期の信濃の地域が、ヤマト王権とどのように結びついていたのかという点について具体的に考えてみたいと思う。

四　信濃における舎人の編成

すでに述べてきたように、五世紀後半以降の王族や宮に因むウジ名や部名で、信濃にかかわるものとして史資料から見出せるものとしては、まず五世紀末から六世紀はじめごろと考えられる武烈天皇（小長谷若雀命・小泊瀬稚鷦鷯命）に因む小長谷部があげられる。表4にあげたように信濃では屋代木簡七五号などにみえるが、小長谷にかかわる

表8　史資料にみえる金刺舎人・金刺部関係の分布

国	郡郷（里）	人名・地名等	官職等	年代	出典
信濃	伊那郡	金刺舎人八麻呂（八麿）	大領・信濃国牧主当 外従五位下勲六等	天平神護元年正月七日（七六五） 神護景雲二年正月二十八日（七六八）	『続日本紀』同日己亥条 『類聚三代格』弘仁三年十二月八日太政官符
信濃	諏方郡	金刺舎人貞長	右近衛将監 正六位上	貞観五年九月五日（八六三）	『日本三代実録』同日甲午条
信濃	水内郡	金刺舎人若嶋 →金刺舎人連若嶋	女孺 正七位下→外従五位下→ 従五位下	宝亀元年十月二十五日（七七〇） 同三年正月二十四日（七七二） 同八年正月十日（七七七）	『続日本紀』各同日条
信濃	埴科郡	金刺舎人正長	大領 外従七位上→借外従五位下	貞観四年三月二十日（八六二）	『日本三代実録』同日戊子条
信濃	（埴科郡）	金刺舎人真清		八世紀初頭前後	屋代木簡編一〇
信濃	（埴科郡）	金刺舎人小尼		八世紀前半	屋代総論編一一六
信濃	（埴科郡）	金刺舎人		八世紀前半	屋代総論編八七
信濃	（埴科郡）	金刺部若侶		八世紀前半	屋代総論編八七
信濃	（埴科郡）	金刺部富□		八世紀前半	屋代木簡編五九
信濃	（埴科郡）	金刺部		八世紀前半	屋代木簡編五九・屋代総論編八八
駿河	駿河郡古家郷猪津里	金刺舎人勝麻呂		天平七年十月（七三五）	城二二―二四上（二三九）
駿河	駿河郡古家郷猪津里	金刺舎人部大人 金刺舎□□万呂		天平七年十月（七三五）	城二二―二四上（二四〇）
駿河	駿河郡	金刺舎人祖父萬侶	主政 無位	天平九年（七三七）	駿河国正税帳（大日古二―七三）
駿河	駿河郡子松郷	金刺舎人足人	少領 正六位下	天平宝字二年（七五八）	城四二―一五上
駿河	駿河郡	金刺舎人広名	大領・国造 正六位上	延暦十年四月十八日（七九一）	『続日本紀』同日戊申条
駿河	益頭郡	金刺舎人麻自	白丁→従六位上	天平宝字元年八月十三日（七五七）	『続日本紀』同日己丑条

伊豆	田方郡棄妾郷許保里	金刺舎人部足国			城二二一―二五上（二五一）

ウジ名や部名は大和、遠江、駿河、甲斐、下総、近江、上野、出羽、越中などにみられ東国を中心に分布している。武烈天皇と信濃との関係では、『日本書紀』武烈天皇三年十一月条に武烈天皇の命により信濃国の男丁を発して水派邑に城の像をつくらせたという伝承があり、この水派邑、のちの城上宮については、六世紀から八世紀に至るまで信濃が深いかかわりを有していた可能性が指摘されている[28]。

小長谷部に続くウジ名や部名としては、六世紀中ごろの欽明天皇の磯城嶋金刺宮に因む金刺舎人や金刺部があげられる。表8は信濃を含むそれらの全国的な分布を大宝令施行以降の国別にまとめたものである。信濃では八世紀以降の郡司や采女として埴科郡、伊那郡、水内郡にみえるほか、屋代木簡一〇・八七・一一六号にみられる。また中世に続く諏訪神社の社家などのウジの名としてみえる。続いては六世紀後半ごろの敏達天皇の訳語田幸玉宮に因む他田舎人や他田部があげられる。表9は表8と同様に他田に因むウジ名や部名の分布についてまとめたものである。信濃では伊那郡・筑摩郡・小県郡の郡司などとしてみえるほか、屋代木簡四六・一〇〇号にみられる。信濃の郡司層としてみえる金刺舎人と他田舎人がともにみられるのは埴科郡・伊那郡であるが、屋代木簡が出土した埴科郡と更級郡の歴史的あるいは地理的関係性からすれば更級郡にも両者が存在した可能性は高いと考えられる。したがって『延喜式』などから知られる信濃国一〇郡のうち、安曇・佐久・高井を除く七郡に金刺舎人または他田舎人が郡司層として存在していたことが確認もしくは推定できる。

金刺舎人と他田舎人は、大王の宮号を冠した、いわゆる「宮号舎人」であり、氏姓の一部となっている例が多いと

表9　史資料にみえる他田舎人・他田部関係の分布

国	郡郷(里)	人名・地名等	官職等	年代	出典
信濃	伊那郡	他田舎人千世売	爵二級	神護景雲二年六月二十三日(七六八)	『続日本紀』同日乙未条
	筑摩郡	他田舎人国麻呂	大領　外正七位上	天平勝宝四年十月(七五二)	長野市誌十二—310(四七)
	小県郡	他田舎人大島	国造	天平勝宝七年二月二十二日(七五五)	『万葉集』巻二〇—四四〇一
	小県郡	他田舎人藤雄	権少領 外正八位下→借外従五位下	貞観四年三月二十日(八六二)	『日本三代実録』同日戊子条
	小県郡 跡目里	他田舎人蝦夷			『日本霊異記』下第二二
	(小県郡)	他田真樹		天慶元年二月二十九日(九三八)	『将門記』同日条
	埴科郡 船山(郷) 柏村里	他田舎人八□		八世紀前半	屋代木簡編一〇〇
	(埴科郡)	他田舎人古麻呂		乙丑年(六六五)	屋代総論編四六
	(埴科郡)	他田部		八世紀初頭前後	屋代木簡編一一
大和	添上郡	他田臣族前人		天平十四年十一月十七日(七四二)	優婆塞貢進解(大日古二—318)
	城上郡	他田神戸		天平二年(七三〇)	大倭国正税帳(大日古一—401)
	城上郡	他田坐天照御魂神社			『延喜式』巻九神名上
	山辺郡 都介郷	他田臣万呂		(和銅四年)	城二五—26
尾張	中嶋郡	他田弓張	主帳　外少初位下勲十二等	天平六年(七三四)	尾張国正税帳(大日古一—615)
駿河	有度郡	他田舎人広庭 他田舎人益国	郡散事	天平十年(七三八)	駿河国正税帳(大日古二—112)
	(有度郡) 他田里				日本古代木簡選(四〇六)
	有度郡 他田郷				『和名類聚抄』
	(有度郡) 真壁郷 (白部郷)	他田臣久須			木研三〇—49—(三)

国	郡・郷・里	人名	官職・位階	年月日	出典
	有(度郡)(嘗)見郷仲村里	他田舎人□〔小ヵ〕		天平八年九月(七三六)	城三一—25上(三四四)
	益頭郡高楊郷中家里	他田部目甲		神亀元年十月(七二四)	城四二—14下
	(益頭郡)(高楊郷)赤星里	他田臣大山			城二二—22下(二一八)
相模	鎌倉郡	他田臣国足	少領　外従八位上	天平勝宝元年十月(七四九)	集成316・317
下総	海上郡	他田日奉部忍	少領　少乙下	天平二十年(七四八)	他田日奉部直神護解(大日古三—150)
		他田日奉部宮麻呂	少領→大領　追広肆→外正八位上		
		他田日奉部国足	大領　外従六位下勲十二等		
		他田日奉部直神護	国造　位分資人→中宮舎人→(大領)従八位下		平城京三—四五一三
		他田日奉直得大理	助丁・国造	天平勝宝七年二月十六日(七五五)	『万葉集』巻二〇—四三八四
美濃	山方郡三井田里	他田赤人ほか		大宝二年(七〇二)	御野国山方郡三井田里戸籍(大日古一—51)
	山県郡御田郷	他田水主	経師・紫微中台舎人・造東大寺司主典	天平十八年三月〜天平神護二年四月(七四六)〜(七六六)	千部法華経料納物帳(大日古二—6)ほか
		他田豊人	沙弥		
	可児郡他田郷				『和名類聚抄』
上野	新田郡	他田部子磐前	防人	天平勝宝七年二月二十三日(七五五)	『万葉集』巻二〇—四四〇七
		他田部君足人	擬少領　無位	天平勝宝四年十月(七五二)	集成306
出羽	秋田城	他田部粮万呂	火長		木研二九—157—三(一三)
	秋田城	他田部真京 他田部□〔稲ヵ〕		(延暦ヵ)*年三月九日	木研二九—157—三(一四)
	秋田城	他田粟万呂			木研二九—157—三(二〇)

若狭	遠敷郡（大飯郡）佐分郷岡田里	他田舎人大国		天平六年九月十日（七三四）	城二二―34上（三三七）
播磨	印南郡含芸里	他田熊千			『播磨国風土記』
備前	珂磨郡（磐梨郡）他田里（那磨郷）			七世紀末～八世紀初	木研一三―13―（九）
筑前	遠賀	他田舎千依	使部	四月三日	木研六―96―（一一）

ころに特色がある。舎人の職掌は大王の宮などでの警護や雑務にあたることであり、すでに述べたように、宮号を冠する舎人は、地方の有力豪族の子弟を大王の宮に奉仕させ、その資養を地方豪族配下の人びとに地方豪族を介して負担させる体制として成立したと考えられている[29]。このように、信濃の各地域の郡司層に、金刺舎人や他田舎人といった大王家の宮号に因む舎人を名のるウジが存在しているということは、六世紀の中ごろから後半にかけての時期に、信濃の各地域の首長層の一族の者が大王の宮に出仕し、その人的・物的な負担を各首長層が担うようになったことを示していると考えられる。そして、それはすなわち当該時期に信濃の各地域の首長層がヤマト王権の職制および貢納・奉仕制度に組みこまれる形で編成されたということを意味している。

全国的にみると、金刺や他田に因むウジ名や部名はともに西日本の地域にはあまりみられず、伊賀、伊勢以東の東日本に多くみられ、とくに信濃には金刺舎人、他田舎人が非常に濃密に分布していたことがわかる。信濃以外には駿河の分布が目立っている。また、金刺と他田の分布を比較すると、金刺は信濃と駿河と伊豆のみで確認されるのに対して、他田は大和、播磨、備前、筑前などの西国を含む一三カ国に分布している。

ここで注目されるのは、金刺舎人や金刺部の分布がかなり限定された地域にみられ、伊豆の一例を除いて信濃と駿河を中心としていることである。両地域に共通しているのは、すでに指摘があるように、古墳などからの馬具の出土例が集中する地域であることである。(30)第一章でみたように、馬具の出土の背景には馬飼集団の存在と、それを基盤とする馬の生産があったと考えられる。馬の繁殖、育成、人が乗るための馴致などを行う集団はただ馬を供給するだけではなく、武装乗馬する騎馬兵力の供給源でもある。舎人の職掌やその性格をふまえれば、六世紀中ごろのヤマト王権は、政治機構としての組織、制度の整備を進めていく上で、まず信濃、駿河など、馬の生産を掌握し騎馬兵力を構成しうる地域の首長を舎人としてその体制内に編成したのだと考えられる。

これに対して、他田舎人を含む他田に因むウジ名や部名は、金刺の場合より広い地域範囲に分布している。このことは続く六世紀後半には、ヤマト王権による編成の対象となる首長がより多くの地域に広がったということを示唆している。しかし、氏姓の一部として他田舎人と表される例は、金刺舎人の場合と同じく信濃と駿河を中心にみられ、その他の地域は、多くは「他田」「他田部」など「宮号」のみ、もしくは「宮号＋部」のものである。このことから、他田舎人として編成された信濃や駿河の首長たちの性格は、金刺舎人として編成された首長たちと基本的に同様であったと考えてよいと思われる。

それではこの時期に金刺舎人や他田舎人などに編成されるようになった信濃の首長たちとは、在地において具体的にはどのような存在であったのだろうか。六世紀前半までの段階において、信濃の地域の馬具等の分布の中心的な地域であった下伊那地域と長野盆地では、すでに述べたようにそれぞれの水系において優位な立場をしめる首長系列の存在は認められない。したがって、六世紀中ごろから後半にかけて、金刺舎人や他田舎人などの大王の宮の舎人に編成されたのは、数十メートルの古墳を築造する信濃各地の小地域の中小首長たちであったと考えざるをえない。そうすると次に問題となるのは、馬の生産をはじめとしてヤマト王権との関係をうかがわせながらも、六世紀はじめごろまでは、組織的、制度的に統合されるような様相がみられなかったこれらの中小首長が、六世紀中ごろ以降において、ヤマト王権の職制に組みこまれていくような状況がなぜ生じたのかという点である。これについては以下のような諸要因があげられると思う。

一つは、前節で述べたように、六世紀以降の朝鮮半島南部をめぐる国際情勢である。科野（斯那奴）を名のる倭系百済官人にみられるように、馬の生産を基盤とする軍事力や、朝鮮半島とのつながりによって、信濃の地域は、六世紀ごろにはヤマト王権の朝鮮半島をめぐる外交・軍事政策面において重要な役割を担う地域の一つになっていたと推察される。

次には、こうした朝鮮半島南部をめぐる情勢や、継体天皇二十一年（五二七）のいわゆる磐井の内乱のようなヤマト王権にかかわる情勢を背景として、ヤマト王権の政治機構としての組織、制度の整備が進められたことである。この時期にはその一面として部民制の進展などがあったと考えられる。そうした組織、制度の整備を進めるなかで、ヤマト王権は、六世紀中ごろ以降、馬の生産を掌握し騎馬兵力を構成する信濃の各地域の特徴的な首長たちを、舎人という特定の職掌のもとに編成したのであろう。

いま一つは、在地における社会構造の変化である。第一章でふれたように、信濃の地域において五世紀中ごろに出現する群集墳は、五〇〇基を越える小規模古墳が密集して築造された長野市の大室古墳群など、六世紀後半になると急激に数を増し、各小地域をくまなく覆うほどの増加をみせる。(31) この背景には、鉄製農具や新しい農業技術の流入、普及による農業生産力の発展があり、それに伴う世帯共同体の成立という新たな状況があったものと考えられる。それをもたらした要因としては、渡来人の定着という直接的な形を含めた朝鮮半島からの技術、文化の流入が考えられる。そして、小規模古墳を築造する世帯共同体の成立は、それまでの小地域の共同体に対する中小首長たちの支配権の動揺をもたらしたと考えられる(32)。こうした状況に対応するために、彼らはヤマト王権の職制に組みこまれ大王の宮の舎人を名のることによって、小地域における自らの共同体に対する支配権の正統性を主張し、その強化を図ったものと思われる。また、ヤマト王権にとっては、中小首長層のこうした政治的志向は、地域に対して王権の組織、制度を拡大していく契機になったと考えられる。屋代木簡に記された多くのウジ名、部名から推察される信濃の地域での部民制の進展もこうした状況をふまえることによって理解することができよう。

このように、東アジアの国際情勢の影響のなかで、あるいは中央と信濃の在地とのそれぞれの政治的志向が結合することによって、信濃の各小地域を基盤とする少なからぬ中小首長たちが金刺舎人や他田舎人を名のることになった。六世紀前半まで多様な系統の横穴式石室がみられた下伊那地域では、六世紀後半には畿内地方の直接的な影響をうけた横穴式石室が出現し、この新しい構築法が、馬具などと同様に地域内に普遍化していくといわれている(33)。こうしたことも、この地域の中小首長たちがヤマト王権によって組織的、制度的に編成されることによって、新たな形で技術や文化がもたらされるようになったことを示すものであると考えられる。

また、信濃の各小地域を代表するような中小首長たちが、ほぼ同じような時期に、馬の生産を基盤とする軍事力という特徴によって、ヤマト王権において同じ職制に組みこまれたことは、これらの中小首長層において擬制的同族関係を生じさせる契機にもなった可能性が考えられる。そして、このような六世紀中ごろ以降の状況のなかで、信濃の地域を一つの地域として捉えるような認識が成立してきたのではないだろうか。

一方、ヤマト王権や信濃以外の地域の首長たちにとっても、この時期の信濃は、ヤマト王権内の有力氏であった尾張氏に代表される濃尾平野の勢力と、同じく有力氏であった毛野氏に代表される北関東平野の勢力の間の地域にあって、まとまった騎馬兵力を編成しうる首長たちの存在する地域として認識されていたと考えられる。そしてこうした信濃の地域内外の認識が、水系などの地理的特色や、小地域それぞれの歴史性を越えて、政治的なまとまりとしての信濃という一つの地域概念を形成していったのではないかと考えたい。

さらにつけくわえると、ヤマト王権に対する服属と貢納という政治的関係の上で、地域の軍事・行政権を管掌するような国造が設置されたとすれば、その時期も信濃の中小首長たちが舎人に編成された六世紀中ごろ以降と考えるべきであろう。そして、七世紀中ごろに、国造の「クニ」が交通路である「道」によってまとめられ、天武年間の七道制および令制国の成立という過程を経て(34)、科野国（信濃国）が確立したものと考える。

五　律令国家体制下の信濃の首長

前節で述べたように、六世紀にヤマト王権と信濃の各地域の首長層との間に結ばれた政治的関係のあり方は、一族の者が大王の宮に出仕し、その人的・物的な負担を各首長層が担う形でヤマト王権の職制に編成する仕組みを基盤とするものであった。この関係は、七世紀以降、律令国家体制下に至るまで基本的には継続されていったものと考えられる。

表9にあげた下総の他田日奉部は海上郡の郡司層であったと考えられるが、『正倉院文書』に残る「中宮舎人海上国造他田日奉部直神護解」により(35)、その一族の詳細をうかがうことができる。神護の祖父、忍は七世紀中ごろの孝徳天皇の時に小乙下の位を帯して海上評の少領であった。神護の父、宮麻呂は七世紀後半から八世紀はじめにかけての天

武・持統・文武天皇のころ、追広肆の位を帯して同評の少領となり、その後大宝令制下の外正八位上、同郡の大領となった。神護の兄、国足は外従六位下勲十二等の位を帯し同郡の大領であった。このように神護の一族は海上評の設置以来、三代にわたる郡（評）司の一族であり、神護自身も同文書により大領への任命を願う旨を上申している。また神護は養老二年（七一八）から神亀五年（七二八）にかけて一一年間、藤原麻呂の資人として仕え、天平元年（七二九）から同文書が書かれた同二十年（七四八）にかけて二〇年間、藤原宮子のために設置された中宮舎人の一員であった。また平城京二条大路跡より出土した木簡により、[36]神護が天平八年（七三六）に中宮舎人として藤原麻呂の邸宅に出向していたことが知られる。[37]海上郡の郡司である他田日奉部は同地域の有力首長であり、神護の例にみられるように、その一族の者が資人や舎人などとして中央に出仕することは、おそらく他田の名を負う他の首長と同様に六世紀後半にさかのぼるものと思われる。また、養老軍防令兵衛条は郡司子弟を兵衛として貢することを定めるが、この規定はこのような地域首長と中央政権との伝統的な関係をふまえたものであり、神護の経歴はその関係が令制下においても継続していたことを示す実例であるといえよう。

同様に信濃の首長の例としてあげられるのが、次の弘仁三年十二月八日太政官符にみえる金刺舎人八麻呂（八麿）である。[38]

太政官符

応レ徴二課欠駒価稲毎レ疋二百束一事

右検二案内一、太政官去延暦廿二年三月九日下二遠江・甲斐・武蔵・美濃・信濃・上野・陸奥・大宰等府国一符偁。去年八月十四日下二彼府国等一符偁。去神護景雲二年正月廿八日格偁。内厩寮解偁。信濃国牧主当伊那郡大領外従五位下勲六等金刺舎人八麿解偁。課欠駒者、計レ数応レ決。而免レ罪徴レ価者。依レ律科レ罪、不レ合レ徴レ価者。右大臣宣。

奉レ勅、雖二行来年久一、然為レ姦日甚。自レ非二功徴一、何遏二巧詐一。宜下科レ罪徴レ馬、一莫上レ所レ免者。右大臣宣。奉レ勅、自今以後、停レ徴レ馬、毎二駒一疋一、徴二稲四百束一者。今被二右大臣宣一偁。奉レ勅、如レ聞、所レ徴之価、其数既多、貧弊百姓、不レ堪レ塡レ価。未進年積、公私有レ損。自今以後、宜下減二其数一依レ件令上レ進。

弘仁三年十二月八日

ここでは牧での馬の生産について、繁殖させるべき馬の規定数を満たさない場合（「課欠」）についての処罰を定めている。この件に関して、律令の規定では、牧の繁殖年齢に達した牝馬一〇〇疋（頭）について六〇疋（頭）の駒（子馬）を生ませることを定める。[39]この規定数を満たさない場合は、牧の実務にあたる牧子や、牧を管掌する牧帳、牧長、郡司、国司らに笞・杖・徒などの厳しい実刑が科せられることになっていた。[40]この「課欠」の問題は、とくに八世紀後半以降、在地での牧の実状と、それに対して国家支配が強化されていくなかで、牧の経営や管理における重要な問題の一つとして認識されるようになった。[41]右にあげた太政官符では、弘仁三年十二月（八一三年一月）時点までの「課欠」に対する政策の変遷がたどられているが、その端緒ともいうべき上申を行ったのが金刺舎人八麻呂である。八麻呂の上申は、「課欠」への処罰は律の規定にもとづいて執行されることになっているが、その罪を免じて代価を徴収してほしいという請願であったと考えられる。[42]この上申は神護景雲二年（七六八）もしくはその前年に行われたと思われるが、これに対する中央政府の判断は請願主旨の不採用、すなわち律にもとづく処罰とするものであった。

金刺舎人八麻呂は信濃国内の内厩寮の牧を管掌する牧主当としてこの上申を行っているが、八麻呂がその地位にある背景としては、牧の経営が律令国家体制以前より在地の郡司層によって担われてきたことがある。[43]前述したようにそのようなあり方は、信濃では五世紀中ごろの長野盆地や下伊那地域の馬飼集団と小地域の首長との関係にはじまる。郡の大領でもある八麻呂は、下伊那地域のそうした首長の後裔の一人であったと思われる。いちはやく馬の文化を受容し、また地理的にも信濃のなかで中央政府に最も近い要地であった下伊那地域において牧の経営を行うとともに、信濃国内に設置された複数の内厩寮の牧の統括を行う立場にあったと考えられる。さらに八麻呂は、外従五位下と勲六等の位を帯びているが、これは神護景雲二年格の三年前にあたる天平神護元年（七六五）正月に授けられたものである。(44)この叙位・叙勲はその前年に起きた藤原仲麻呂の乱の平定に伴う論功行賞で、郡司の子弟である八麻呂は兵衛として中央に出仕しており、乱にさいして孝謙上皇側として活躍したものと推測される。(45)その後、八麻呂はおそらく神護景雲二年までの間に他田日奉部神護の場合と同様な手続きによって伊那郡に戻り、大領の地位に就いたものと考えられる。乱での活躍を含め、八麻呂の活動の詳細はわからないが、限られた史料の記述ではあっても、馬の生産を掌握し有力な騎馬兵力を構成しうる存在として、金刺舎人の名を負い六世紀中ごろより中央との伝統的な関係を維持してきた信濃の首長の片鱗をそこにうかがうことができるように思われる。そしてそれは金刺舎人や他田舎人を名のる他の首長をはじめ、信濃の多くの小地域の首長たちにおいても同様であったと考えることができよう。

六　信濃国の成立過程

本章では、主に五世紀以降の信濃の地域について、小地域を基盤とする首長たちの実態とヤマト王権との政治的関係を中心に、古代において信濃国という一つの地域的なまとまりが形成される歴史的過程について考察を試みた。以下、おおよそ時系列にこれを要約するならば次のとおりである。

四世紀末から五世紀はじめのころの信濃の地域について、「科野国造」である科野直氏がヤマト王権に服属し、その勢力が、そのころすでにほぼ後の信濃国に該当する全域におよんでいたとする説は、この地域のウジ名や部名の検討などによって、その根拠が認められず、この時期の「科野国造」の存在も史料上において確認できない。

また第一章で述べたように長野盆地地域の小地域の首長たちは、森将軍塚古墳や川柳将軍塚古墳の首長系譜を頂点とする階層のなかでの上下関係を有しつつ、地域相互の関係を結んでいた。五世紀前半までの信濃の地域では、この長野盆地南部地域の首長の勢力がヤマト王権との結びつきにおいて際だった存在であったが、それは、この首長勢力が信濃の地域全体を統括する勢力であったということを意味するものではない。千曲川水系である信濃の北部地域と、天竜川水系である南部地域が政治や文化の面で一体的な地域であったと考える積極的な必然性もない。

しかし、五世紀中ごろに朝鮮半島からの渡来人または渡来系の人びとの集団居住が行われるようになり、馬の生産などに代表される大陸系の新しい文化がもたらされたことで大きな変化が生まれる。小地域の共同体を基盤とする中小首長たちは自立し、五世紀後半には大河川の水系において優位な立場をしめる首長系列は存在しなくなる。

大陸系の新しい文化を受容した信濃の地域は、六世紀はじめから中ごろには、馬の生産を基盤とする軍事力や、朝鮮半島とのつながりによって、朝鮮半島南部の政治情勢に深くかかわり、外交・軍事政策面において重要な役割を担う地域の一つになっていた。その主体であった信濃の各地域の首長層は、六世紀中ごろ以降、ヤマト王権と新しい政治的関係を結び、金刺舎人や他田舎人などのウジ名を名のるようになる。このようなヤマト王権との間の政治的関係は、在地において小規模古墳を築造する世帯共同体の成立という社会構造の変化のなかで、小地域の首長たちにとって自らの基盤である共同体に対する支配権の正統性を主張し、その強化を保障することにつながるものであり、また他の小地域およびその首長層との関係においても有意義であったと考えられる。

長野盆地や下伊那地域の首長層からはじまったと考えられるこの政治的関係を受容する動きが、六世紀末ごろには信濃の多くの地域の首長たちに拡大していった背景には、このような小地域を基盤とする首長層の在地における事情があったものと思われる。一方、ヤマト王権は信濃の首長層との間に新たに結んだ政治的関係をもとに、地域に対する王権の組織、制度を拡大していく。そして、このような六世紀中ごろ以降の状況のなかで、のちの令制下の国につながるような、政治的なまとまりとしての信濃という一つの地域概念が形成されていった。

そして七世紀後半以降の律令国家成立過程においても、こうした政治的関係を前提として、首長層を中心とする地域の共同体的諸関係の総括的把握が進められていったものと思われる。律令国家体制下においても、小地域における政治的・経済的支配関係が地域支配の基盤であり続けたことは、「信濃国牧主当」であり「伊那郡大領」であった金刺舎人八麻呂のあり方にそれが示されているといえよう。

注

(1) 屋代木簡については屋代木簡編と屋代総論編による。なお、本書では、屋代木簡編と屋代総論編の木簡番号にしたがって屋代木簡を＊号と表す。

(2) 地名のみからその分布が類推されるものは除外した。そのほか古代信濃に関係する可能性があるウジ名としては、「大坂」や「麻績」があるが、前者については、拙稿「小川八幡神社所蔵大般若経巻四四五」(『長野県立歴史館研究紀要』二、一九九六年)および同「仁寿三年大坂氏願経―安楽寿院所蔵大般若経巻の資料調査を中心に―」(『長野県立歴史館研究紀要』六、二〇〇〇年)を参照されたい。また、後者については本書第Ⅳ部第十一章を参照されたい。

(3) 本章では全般にわたって以下を参照した。竹内理三・山田英雄・平野邦雄編『日本古代人名辞典』(吉川弘文館、一九五八～七七年)。『日本古代氏族人名辞典』(吉川弘文館、一九九〇年)、佐伯有清『新撰姓氏録の研究』(吉川弘文館、一九六二～八四年)。松嶋順正編『正倉院宝物銘文集成』(吉川弘文館、一九七八年)。池邊彌『和名類聚抄郡郷里驛名考證』(吉川弘文館、一九八一年)。(独)国立文化財機構奈良文化財研究所『木簡データベース』およびその出典である報告書など。

（4）拙稿前掲注（2）一九九七年論文。薗田香融「小川八幡神社所蔵大般若経について」（『関西大学東西学術研究所資料集刊二五　南紀寺社史料』関西大学出版部、二〇〇八年）。
（5）太田亮『姓氏家系大辞典』三（姓氏家系大辞典刊行会、一九三六年）。
（6）井上光貞「陸奥の族長、道嶋宿禰について」（『井上光貞著作集』一、岩波書店、一九八五年、初出は一九五六年）。黛弘道「舂米部と丸子部」（『律令国家成立史の研究』吉川弘文館、一九八二年）。
（7）関晃「科野国造の氏姓と氏族的展開」（『日本古代の政治と文化　関晃著作集第五巻』吉川弘文館、一九九七年、初出は一九九〇年）。田島公「古代科野の宮号舎人氏族―金刺舎人氏・他田舎人氏・久米舎人氏―」（『飯田市歴史研究所年報』七、二〇〇九年）。
（8）田島前掲注（7）論文。
（9）関前掲注（7）論文。
（10）井上光貞「大和国家の軍事的基礎」（『井上光貞著作集』四、岩波書店、一九八五年、初出は一九四九年）。笹山晴生「大化以前の中央武力」（『日本古代衛府制度の研究』東京大学出版会、一九八五年）。仁藤敦史「トネリと采女」（上原真人・白石太一郎・吉川真司・吉村武彦編『列島の古代史―ひと・もの・こと』四　人と物の移動、岩波書店、二〇〇五年）。
（11）川尻秋生「『桜井舎人部』考―上総国武射郡の事例から―」（『日本歴史』六六一、二〇〇三年）。同「古代房総の国造と在地」（吉村武彦・山路直充編『房総と古代王権　東国と文字の世界』高志書院、二〇〇九年）。田島前掲注（7）論文。
（12）田島前掲注（7）論文。
（13）㈶長野県埋蔵文化財センター『中央自動車道長野線埋蔵文化財発掘調査報告書一六―長野市内その四―篠ノ井遺跡群』一九九七年。平川南「長野県内出土・伝世の古代印の再検討」（『律令国郡里制の実像』下、吉川弘文館、二〇一四年、初出は二〇〇二年）。
（14）黛弘道「犬養氏および犬養部の研究」（『律令国家成立史の研究』吉川弘文館、一九八二年）。
（15）直木孝次郎「人制の研究」（『日本古代国家の構造』青木書店、一九五八年）。

（16）屋代木簡編。
（17）吉村武彦「古代社会と律令制国家の成立」（『日本古代の社会と国家』岩波書店、一九九六年）。同「六世紀における氏・姓制の研究―氏の成立を中心として―」（『明治大学人文科学研究所紀要』三九、一九九六年）。
（18）田中卓「古代阿蘇氏の一考察」（『田中卓著作集』二、国書刊行会、一九八六年、初出は一九六〇年）。
（19）平田耿二「大和政権と科野のクニ」（長野県史通史一）。関前掲注（7）論文。
（20）表6中の郡郷名は、池邊前掲注（3）書による。また名代（子代）は、平田前掲注（19）論文の表6に掲げられているものに壬生部と私部を加えた。なお「？」のついているものは平田同表で「御名代とするには疑問がのこるもの」とされているものである。
（21）薗田香融「皇祖大兄御名入部について」（『日本古代財政史の研究』塙書房、一九八一年、初出は一九六八年）。成清弘和「オサカべ再考」（『続日本紀研究』二二八、一九八三年）、早川万年「刑部について」（『続日本紀研究』二三二、一九八四年）。
（22）前掲注（10）笹山論文および仁藤論文。
（23）吉田晶「国造本紀における国造名」（『日本古代国家成立史論』東京大学出版会、一九七三年、初出は一九七一年）。
（24）坂本太郎「古代信濃人の百済における活躍」（『坂本太郎著作集』一一、吉川弘文館、一九八九年、初出は一九六六年）。
（25）金鉉球「対百済一面外交の時代―傭兵と日系百済官僚を中心に―」（『大和政権の対外関係研究』吉川弘文館、一九八五年）。
（26）岡安光彦「馬具副葬古墳と東国舎人騎兵―考古資料と文献史料による総合的分析の試み」（『考古学雑誌』七一―四、一九八六年）。松尾昌彦「中部山岳地帯の古墳」（『新版　古代の日本』七中部、角川書店、一九九三年）。
（27）主な論考として以下のものがある。大塚初重「東国の積石塚古墳とその被葬者」（『国立歴史民俗博物館研究報告』四四、一九九二年）。同「積石塚古墳と合掌形石室」（長野市誌二）。西山克己「信濃の積石塚古墳と合掌形石室」（『長野県の考古学』I、㈶長野県埋蔵文化財センター、一九九五年）。同「科野の積石塚古墳と合掌形石室」（頌寿記念会編『大塚初重先生頌寿記念考古学論集』東京堂出版、二〇〇〇年）。同「シナノの積石塚古墳と合掌形石室」（『シナノにおける古墳時代社会の発展から律令期への展望』雄山閣、二〇一三年）。土生田純之「信濃における横穴式石室の受容」（『信濃』四九―四・五、一九九九七年)。同「積石塚古墳と合掌形石室の再検討―長野・大室古墳群を中心として―」(『古墳時代の政治と社会』吉川弘文館、二〇〇六年、初出は二〇〇〇年)。白石太一郎「古代日本の牧と馬の文化―騎馬民族征服王朝説をめぐって」(『東アジアの古代文化』一〇三・一〇四、二〇〇〇年)。
(28) 田島公「シナノのクニから科野国へ」(長野市誌二)。
(29) 前掲注(10)。
(30) 岡安前掲注(26)論文。
(31) 群集墳の造営主体としての世帯共同体の実体については、広瀬和雄「群集墳論序説」(『古墳時代政治構造の研究』塙書房、二〇〇七年、初出は一九七八年)の理解にしたがう。
(32) 吉田前掲注(23)論文。同「国造制に関する二・三の問題」(『日本史研究』一二四、一九七二年)。
(33) 松尾前掲(26)論文。
(34) 大町健「律令制的国郡制の特質とその成立」(『日本古代の国家と在地首長制』校倉書房、一九八六年)。鐘江宏之「『国』制の成立―令制国・七道の形成過程」(笹山晴生先生還暦記念会『日本律令制論集』上、吉川弘文館、一九九三年)。
(35) 『正倉院古文書影印集成』二(八木書店、一九九〇年)。
(36) 平城京三―四五一三。
(37) 奈良国立文化財研究所『平城京左京二条二坊・三条二坊発掘調査報告』一九九五年。千葉県史料研究財団『千葉県の歴史』通史編古代二、二〇〇一年。
(38) 『類聚三代格』巻十八、国飼幷牧馬牛事。
(39) 『養老厩牧令』牧牝馬条。
(40) 『養老厩庫律』牧馬牛死失課不充条。
(41) 山口英男「八・九世紀の牧について」(『史学雑誌』九五―一、一九八六年)。田島公「古代信濃国の牧の管理・経営と金刺舎人八麻呂の申請」(『市誌研究ながの』四、一九九七年)。

(42)　田島前掲注（41）論文。なお、北村安裕「古代における地方の牧―信濃国の御牧系牧を中心に―」（『飯田市歴史研究所年報』一〇、二〇一二年）は、金刺舎人八麻呂の上申内容は、「内厩寮牧」で行われてきた「課欠」駒の代価徴収を廃して律による科罪を求める請願であり、それを採用したのが神護景雲二年正月廿八日格であるとし、田島論文と相反する解釈をとる。この解釈の相違については紙数を割いて詳述するべきであるが、弘仁三年十二月八日太政官符は弘仁兵部格として収載された格であると考えられ、そこに引用される神護景雲二年格の抄文からでは、同格の神護景雲二年時点での意義を正確に理解することはできない。また「課欠」駒の代価徴収が弘仁格式での実効制度であり、田島論文がいうように「金刺舎人八麿解」が引用されるのはその法的淵源ともいうべき施策提言であった可能性が高いと考える。以上からここでは田島論文の解釈にしたがいたい。

(43)　山口前掲注（41）論文。

(44)　『続日本紀』天平神護元年正月己亥条。

(45)　山口英男「牧制度と信濃」（長野県史通史一）。

第Ⅱ部

古代国家による地域編成の分析的研究

第三章　七世紀の屋代木簡

一　屋代木簡の出土状況

屋代木簡は、上信越自動車道の建設に伴う発掘調査によって、一九九四年、屋代遺跡群⑥区とよばれる調査区の溝から、祭祀などに用いられた大量の木製品に混じって出土した。(1) 屋代木簡が出土した溝は、西から東に水が緩やかに流れる湿地のような自然流路および自然流路南側の崖に掘削された湧水溝である。木簡が出土した溝やその北側の水田は、千曲川の洪水のたびに大量の砂によって覆われたため、水田跡と木簡を含む溝の土層は洪水の際に堆積した砂層により、いわばパックされた状態となっていた。このため木簡が出土した溝の土層は、北側の同時期の水田跡に対応させて、現代の地表面に近い方から順に、第二水田対応層、第三水田対応層、第四水田対応層、第五水田対応層とよんでいる。

各土層の土器等の遺物の特徴や、木簡に記された年紀から、これらの水田対応層が形成されたのは、第二水田対応層が九世紀中ごろ、第三水田対応層が八世紀前半、第四水田対応層が八世紀初頭前後、第五水田対応層が七世紀後半から八世紀初頭と考えられる。木簡は、ほぼその木簡が出土した土層がそれぞれ形成された時期に溝に棄てられたとみることができ、通常の場合、廃棄後に洪水砂層を越えて他の水田対応層に移動することはないと考えられる。

このような出土状況からみた屋代木簡の木簡群としての特徴は、木簡の出土を洪水砂などを基準として層位的に分析し、その層位に含まれる土器などの伴出遺物や木簡自体の年紀によって、木簡が廃棄された時期の前後関係を比較的細かく捉えることができた点と、その時系列的な前後関係にもとづいて、七世紀後半から八世紀前半にかけて断続的に廃棄された木簡群の総体の変遷を、定点的に捉えることができる点にあるといえる。

二　屋代木簡の形態と内容による分類の特徴

次に、屋代木簡の形態と内容による分類の時期的な特徴についてみていくことにしたい。まず木簡の樹種であるが、屋代木簡編に釈文が掲載されている一二六点の木簡については切片による鑑定が行われている。その結果、三四号の一点のみがスギ、三七・四二・四六・七六・八二・一一一・一一三号の七点がモミ属、残る一一八点はヒノキ属であった。したがって出土層位、時期にかかわらず屋代木簡の大部分はヒノキ属の板を利用していたということになる。現在の長野県北部地域ではヒノキ属の植生は少ないが、屋代遺跡群や石川条里遺跡など当地域近辺の遺跡から出土する針葉樹の木製品の大多数はヒノキ属のサワラである。したがって、ヒノキ属の板と鑑定された屋代木簡もサワラを利用したものが大多数である可能性が高いと考えられる。

次に木簡の形態であるが、廃棄されたものがほとんどであるため、人為的な切り折りのあるものを含めて木簡の多くには破損・腐蝕がみられる。これらの形態を型式ごとに分類し時期別にまとめたものが表10である。ここで注目されるのは、第五および第四水田対応層から出土した七世紀後半から八世紀初頭の木簡には〇三＊型式、〇五＊型式のものはほとんどみられないのに対して、それより新しい第三水田対応層から出土した郡郷里制下の木簡には〇三＊型式、〇五＊型式のものが一八点みられることである。

このことは表11の内容を含めた分類で、七世紀後半から八世紀初頭の木簡がほぼ文書木簡であるのに対して、郡郷里制下（第三水田対応層出土）の木簡では荷札木簡の割合が高くなることと対応している。

また、表12にみるように廃棄の場所は全体として湧水溝が中心で、自然流路への廃棄は比較的少ないが、廃棄の仕方は七世紀代は木簡が単体として廃棄される例が多いのに対し、八世紀以降は木屑など他の廃棄物とともに棄てられるものが増加する傾向がみられる。

以上の点から、第三〜第五水田対応層の屋代木簡を、大きく七世紀後半から八世紀初頭のものと、郡郷里制下のものの二つの時期に分けてそれぞれの特徴をまとめると、前者の時期は、木簡はほぼ文書木簡で、それぞれ単体で廃棄される場合が多く、また後者の時期には〇三＊型式、〇五＊型式など荷札木簡が増加し、木屑などとともに一括廃棄される場合が多くなるということができる。(2)

このように八世紀初頭以前と郡郷里制下という二つの時期の間で、出土した木簡に特徴的な変化がみられることについては、以下のようないく通りかの解釈が可能であると思われる。

第一は屋代遺跡群⑥区の近辺に存在したと推定される木簡が機能した場の性格の変化である。例えば郡郷里制下になって屋代遺跡群⑥区の近辺に物資の集積所のようなものが存在するようになったなどの場合である。

第二は当地域における木簡の廃棄の仕方の変化である。例えば屋代遺跡群⑥区の第三水田対応層では祭祀具の廃棄ブロックから出土する木簡がみられなくなるが、このように、屋代遺跡群⑥区の溝での木簡の廃棄が八世紀にはいわば単なるゴミ捨て的な行為として行われるようになり、文書木簡に比べて、転用したり、特別な廃棄法をとるような

総点数	011	015	019	021	022	031	032	033	039	051	059	061	065	081	091
9	1		4							1		1		2	
8	1		2								1			4	
31	3		8								2	4	2	11	1
76	2		22				2		4	8	4	2	8	22	1
6	1		3									2			
130	8	0	39	0	0	0	2	0	4	9	7	9	10	39	2

文書木簡			付札木簡	文書か付札か不明	習書	祭祀	転用
文書簡	記録簡	文書 or 記録					
	1	1		1	1	1	
1	3			1			
7			1	7	5（重複3）	3	2（重複2）
6	6	5	25	4	5（重複5）	1	9（重複3）
						2	
14	10	6	26	13	3	7	6

表 10　屋代木簡の型式

出土層位	時　期	木簡番号
第五水田対応層	7 世紀第 4 四半期	1～ 9
第四水田対応層	8 世紀初頭前後	10～ 14, 127, 128, 130
	郡里制下	15～ 45
第三水田対応層	郡郷里制下	46～ 121
第二水田対応層	9 世紀中ごろ	122～ 126, 129
計		

表 11　屋代木簡の内容

出土層位	時　期	木簡番号	総点数	分類可能点数
第五水田対応層	7 世紀第 4 四半期	1～ 9	9	5
第四水田対応層	8 世紀初頭前後	10～ 14, 127, 128, 130	8	5
	郡里制下	15～ 45	31	20
第三水田対応層	郡郷里制下	46～ 121	76	53
第二水田対応層	9 世紀中ごろ	122～ 126 129	6	2
計			130	85

ことが少ない荷札などが、木屑などとともに一括して棄てられるようになったというような場合である。

第三は木簡の機能をとりまく政治的もしくは制度的な状況の変化である。例えば郡郷里制下になって物資等の貢進制度の実務的な変化あるいは個別人身賦課制の浸透などによって、貢進地においても大量の荷札が用いられるようになったというような場合である。

このうち、第一の場合については、木簡が機能した場の遺構または遺物が近辺の地域において明確な形で検出されていないために、現時点では具体的に検証を進めることができない。

また第二の場合についても、屋代遺跡群⑥区の溝の様相だけではなく、少なくとも木簡の廃棄が当地域全体においてどのように行われていたのかを検証する必要があり、そのためにはやはり第一の場合と同様に木簡が機能した場の遺構および遺物の情報を得ることが重要になるものと思われる。

第三の場合についても、第二の場合と同様に、少なくとも木簡の製作・機能・廃棄などが当地域全体においてどのように変化したのかをまず検証する必要があるとともに、さらに地方における木簡のあり方そのものについて、当地域ばかりではなく他遺跡の当該時期の木簡の様相を集積した上での考察が必要であろう。

この屋代木簡における二つの時期の相違をめぐっては、上記のほかにも解釈がありえるものと

表12　屋代木簡の廃棄状況

出土層位	時　期	木簡番号	A	B	C	D	E	F
第五水田対応層	7世紀第4四半期	1～9	2			1		1
第四水田対応層	8世紀初頭前後	10～14, 127,128,130		2	1			
	郡里制下	15～45	2		5	1		3
第三水田対応層	郡郷里制下	46～121		7	21	1	4	
第二水田対応層	9世紀中ごろ	122～126, 129				3		

釈文、形状、出土地点、出土層位が不明なものは除く
A：湧水溝に廃棄され木屑層以外で出土
B：湧水溝に他の廃棄物とともに捨てられ木屑層から出土
C：湧水溝に廃棄された木屑とともに自然流路に流出
D：自然流路に直接廃棄
E：橋から自然流路に廃棄
F：祭祀具の一部として廃棄ブロックから出土

思われる。しかし、いずれにしても、現時点では木簡が機能した場の遺構または遺物の全体像が明らかでないという点が、検討を進めていく上での一つのいわば大きな空白として存在しており、ひき続き明らかにしていかなければならない課題となっている。

三　七世紀後半から八世紀初頭の特徴的な木簡

先に述べたように、屋代木簡では第五水田対応層出土の一号から九号の木簡はほぼ七世紀の木簡であると考えられる。それに続く第四水田対応層出土の一〇号から四五号の木簡には、七世紀末のものと八世紀初頭のものが含まれており、そのすべてを層位や内容から七世紀のものと八世紀のものとに分けることは難しい。そこでここでは第五・第四両層の七世紀後半から八世紀初頭の木簡をひとまとまりとして、屋代木簡全体および他遺跡の木簡に照らしあわせつつ特徴ごとに述べていくことにする。

1　干支年紀を冒頭に記す木簡

屋代木簡で干支年紀を冒頭に記すものは、次の一三号と四六号の二点である。

「　○

・　戊戌○年八月廿日　酒人ア□荒馬□〔廿〕束酒人ア□□□〔大万廿〕束」　五五五×三七四×四　〇一一

屋代総論編一三

・「　○

○宍ア□□□□　□□〔大〕ア□人ア大万呂　酒人ア宍人ア万呂　」

・「乙丑年十二月十日酒□〔人〕

・『他田舎人』古麻呂　(一二二)×(三六)×四　〇一九

屋代総論編四六

一三号は「戊戌年八月廿日」から書きはじめており、戊戌年は出土層位などから文武天皇二年（六九八）と考えられる。一三号が出土した木屑廃棄層のすぐ上層の木屑層からは、国符木簡の一五号が出土しており、第四水田対応層出土の木簡の年代観を考える上でも貴重な木簡といえる。内容は稲の支給または収納を記した記録簡と考えられるが、記載様式が似ている地方木簡として次の伊場木簡三号があげられる。

・「　辛巳年正月生十日柴江五十戸人　若倭□〔マカ〕　○」

・「□□□三百卅束若倭マ□□▢　○」　二八四×二九×三　〇一一

伊場遺跡　木研三〇―198―(一)

四六号は八世紀前半に埋まったとみられる第三水田対応層の湧水溝の埋め戻し土から出土した。「乙丑年十二月十日」という年月日が記され、他面には「他田舎人古麻呂」の人名が記されている。乙丑年の候補としては天智天皇四年（六六五）または神亀二年（七二五）があげられるが、現在のところ全国的にみて八世紀以降の木簡で明確に干支年紀を記した例は見出せない。屋代木簡においても八世紀以降の年紀を記したものは、第四水田対応層から出土した四四号、第三水田対応層から出土した六二号、九〇号、九二号の四点が存在するが、いずれも（和銅）七年（七一四）、神亀二年（七二五）、養老七年（七二三）というように年号を記しており、四六号が八世紀の段階で記された木簡であるとすると、その年紀の記載は特異な存在であるといわざるをえない。また、屋代遺跡群⑥区では一号のように七世紀第3四半期にさかのぼると考えられる層位から木簡が出土している。以上の点に加えて、四六号が埋め戻し土からの出土で撹乱の可能性があることなどから、現段階では、屋代木簡編の見解のとおり乙丑年を天智天皇四年に比定し、一三号とともに大宝令前に多くみられる干支年を冒頭に記す形式の木簡と考えたい。

2　「御前」の文言を記す木簡

二六号は両端が鋸歯状に加工され、上下両端および中央やや上部に合計六つの孔があけられた特異な形態をもつ。上部の比較的大きな二文字を「御前」、そのすぐ下の右寄りの小さく書かれた一文字を「尓」と判読した。

○　御前　尓　□□□布布加多　○
○　　　　□　□荒　□□□□□　○

（二九〇）×（三五）×四～六　〇六一
屋代総論編二六

宛先や差出人など授受関係を示す記載は読みとれないが、次にあげる藤原宮木簡や、地方木簡では七世紀第４四半期の西河原森ノ内木簡、八世紀初頭前後の小敷田木簡などにみられる「～前に申（白）す」書式の文言であると推定

される。(3)

・卿等前恐々謹解寵命□
・卿尓受給請欲止申
(二〇六)×二一×一　〇一九
藤原宮跡北面中門地区　飛二三―20上

・御宮若子御前恐　謹□
・末□□〔呂豊カ〕□命坐而自知何故
(一七九)×二四×五　〇八一
藤原宮跡東方官衙北地区　藤原宮二―六一三

・「十一月廿二日自京大夫御前□〔謹カ〕白奴吾□□賜□〔別カ〕」
・「□匹尓□□大寵命坐□今日□□
□□□□□」
三七三×二七×六　〇一一
野洲市西河原森ノ内遺跡　木研三三―151―二(六)

・今貴大徳若子御前頓首拝白云
・□□「　」
三七八×二八×三　〇一一
行田市小敷田遺跡　『小敷田遺跡』―七

また、三文字目の「尓」は助詞を小さく書いたものと考えられる。助詞の「尓」を記した例は三四号にもみることができる。

止里□□□　□
止里□等右一身尓
(一五五)×三〇×四　〇一九
屋代総論編三四

二六号はこのようにいわゆる宣命体のような書式をとるが、ここで想起されるのは「……の前に白さく……」のような文体が祝詞などの文言にもみられることである。(4) 屋代遺跡群⑥区の溝が斎串や形代の集中がみられるような祭祀の場でもあり、二六号自体が祭祀具として廃棄されたと推定されるものであることを考えあわせると、何らかの祭祀上の文言の一部として記された可能性も考えられる。

二六号と同じ八世紀初頭前後の第四水田対応層からは、国符木簡と考えられる一五号、郡符木簡と考えられる一六号のように、大宝公式令の「符式」の書式に則っているとみられる木簡が出土している。

・「符　更科郡司等　可〔致〕□□□

・「『月三月酒人日ア物ア大□〔能〕万呂』
　『□酒人ア未人ア□□』

(別筆1)(別筆2)

(三一三)×(三四)×四　〇一九
屋代総論編一五

・「符　余戸里長

・「□□□□

(九九)×三五×三　〇一九
屋代木簡編一六

これらの木簡と二六号との間の層位上の前後関係は明確ではなく、また、二六号の「御前尓」に続く文言の意味や授受関係も明確でない点などに問題があるが、いずれにしても、これらの木簡を通じて、八世紀初頭前後の当地域において、大宝令前からの古い形式といわれる書式が用いられていた可能性が考えられるとともに、一方で一五号や一六号のような大宝令の施行に伴う新しい書式があらわれたことをみることができるという点で貴重な事例であるといえよう。

3　『論語』の文言を記す木簡

三五号および四五号は、『論語』にかかわる文言と判読され、釈文が見直された木簡である。

子曰學是不思　　（二〇二）×二一×四　〇一九
屋代総論編三五

・亦楽乎人不知而不□〔慍〕
・□□　　（一九六）×一〇×六〜七　〇一九
屋代総論編四五

三五号の文言は、『論語』為政篇にある「子曰。学而不思則罔。思而不学則殆。」の冒頭部分六文字に比定される。ただし四文字目の「而」は、三六号では「是」と記されている。また六文字目の「思」より下の部分は、文字面が削り取られたため墨痕が残存していないと考えられる。

四五号は、左右両端に二次的なサキもしくは欠損がみられ、木簡の下部にいくほど文字の左右の部分が失われているために判読が困難であったが、『論語』学而篇の「子曰。学而時習之。不亦説乎。有朋自遠方来。不亦楽乎。人不知。而不慍。不亦君子乎。」の傍点を施した部分の九文字に比定した。

論語の文言を記した木簡は、次にあげる藤原宮木簡をはじめ宮都で出土しているほか、各地の遺跡でも出土してお

り、徳島県徳島市の観音寺遺跡では、論語を記した七世紀中ごろのものとされる木簡が出土している。(5)

・子曰學而不□⌈
・□水明□　□⌈
(八五)×(一八)×二　〇八一
藤原宮跡東方官衙北地区　藤原宮二―六六二

・⌈□□〔冀カ〕依□□〔夷カ〕乎□□〔還カ〕止□〔耳カ〕所中□□□」（表面）
・□□□□乎」（裏面）
・「子曰　学而習不孤□乎□自朋遠方来亦時楽乎人不知亦不慍」（左側面）
・⌈　⌋用作必□□□□□〔兵カ〕人⌈　⌋□□□〔刀カ〕（右側面）
(六五三)×二九×一九　〇六五
徳島市観音寺遺跡　観音寺一―七七(6)

いうまでもなく、『論語』は当時の官人にとっての基礎的な典籍であり、三五号、四五号はその文言の記憶、控えなどのために抜き書きした木簡であるとも考えられる。(7)

屋代木簡のなかでも、前掲の一五号、一六号や、次にあげる一一四号など国符または郡符と考えられるような下達文書を記した木簡や、四三号、一一五号など上申文書と考えられるような木簡は、ある意味でそれらが機能した行政組織のあり方を伝える資料であるといえる。

「　　　　　　　　　　敷席二枚　鱒□一升　芹□
・符　屋代郷長里正等　匠丁粮代布五段勘（ママ）夫一人馬十二疋
　　　　　　　　　　　□〔神〕宮室造人夫又殿造人十人
(三九二)×五五×四　〇一九　屋代総論編一一四

・「□持令火急召□□者罪科　　少領

・　□
　以□〔別〕人□□〔了領〕請申今月十

・□長乃□今要用依□
(一九〇)×(二〇)×四　〇八一　屋代総論編四三

・□□□解　中進上東虫『人人□□』
　□□□□　□□〔廾〕□　▯　□
・
　　　九　□九九九□
(三六九)×(四七)×五　〇八一　屋代総論編一一五

これに対して、この論語を記した三五号、四五号や、八一号をはじめ第三水田対応層から三点出土している九九算を記した木簡は、そうした行政組織のなかで、書算（書計）の能力が必要不可欠なものとされていた、当時の実務に携わる官人もしくはそれに近しい立場の人びとの存在をほうふつとさせるものとして非常に興味深い資料であると思われる。

・「九〻□□〔八十〕一　□□〔八九〕七十□〔二〕　□□〔七九〕六十三　六九五
　□九卌　四九卌　三九廾七　二九十八　□□〔九九〕

・「□九如□　八〻□〔六〕十四　七□〔八〕
　五八卌　□□　三八廾四　二八十六

（三三五）×五五×五　〇一九
屋代総論編八一

4　歴名を記す木簡

当該時期で人名を列記した記録簡と考えられるものは、三号、一〇号、一一号、一三号の四点が存在する。このうち、三号と一一号は、個人名がみえず部名のみを列記している点が注目される。

・「□□□□□ネア□□□□
　□
　□戸田ア穂積ア弥□□□□」

・「□□□□□□」

一八七×五三×七　〇五一
屋代総論編三

□　金刺ア富止布手ノ　　□布手
刑ア真□布ノ　酒人□（石）布手ノ　金刺　舎入（ママ）真清布手ノ　」
（三二六）＋（一三七）×（三二）×五　〇八一
屋代木簡編一〇

三家人ア　石田ア□
・□　他田ア　人　□
□　□□　□石田ア　□□田□相
□　□
・□田□（ア）　□□　□（連）　□　□（連）
□□□
（一七三）×四三×二　〇八一
屋代木簡編一一

同様の例としては飛鳥京木簡二七号や、千葉県船橋市の印内台遺跡出土の砥石にみられる刻書などがあげられる。これらの部名の列記が具体的に何を意味するのか未詳であるが、個別人身賦課制が浸透し一般化する以前の政治組織・同族組織としての二面性をもつ「氏」重視を反映した表記ではないかという指摘がなされている（8）。

・□（マ）　矢田マ　大田マ　長（小長）小谷マ　月
マ　田　財マ　□　田　丈マ　丈マ　田マ　月月」
・□マ□□　マ　占マ　矢作マ　若若
□マ　□マ　若　」
（二五〇）×三八×三

飛鳥京　飛鳥京二―二七

仝八人　　大□□〔ア〕

船橋市印内台遺跡　砥石刻書(9)

□□ア□ア丈ア八田ア大田

一〇号は男性名と思われる人名と、「布手」、「、」を列記する。「布手」という表記は他に例がないが、布生産に従事する織布作業者と考えられ、このことから、遺跡の近辺に繊維製品にかかわる工房のような場が存在したことが想定される。このような布生産のあり方は、当地域の有力首長層が伝統的に掌握してきた生産構造にもとづくものである可能性が考えられる。

5 字体

木簡に記された文字の書風や字体に時期によって変化がみられることは、すでに指摘されている点であるが(10)、屋代木簡において、そうした例の一つと考えられるものとして「部」の異体字などがあげられる。

七世紀後半から八世紀初頭の木簡では、一三号にみられるようにほとんどが「部」を「ア」形の字体で表しており、これは他の遺跡の当該時期の出土文字資料とほぼ共通している。これに対して、第三水田対応層出土の郡郷里制下の木簡では六九号のように「マ」形のものがみられるようになる。

またその他では、前掲三四号の「止」の字体が藤原宮木簡に多くみられる字体(11)と同様であることなども注目される。

四　屋代木簡が語る地域社会の様相

本章では、七世紀後半から八世紀初頭までの時期を中心に、屋代木簡の出土状況、形態、内容、書式、字体について述べてきたが、そこからは、屋代木簡においても、これまで知られている宮都や他の遺跡の様相と同様に、七世紀から八世紀への政治制度の変化に木簡のあり方が即応しているような様相をみることができる。また、本章では詳細な内容にはふれなかったが、郡郷里制下の時期の層位から出土する荷札木簡の郡・郷・里名や個人名の記載には、戸籍や計帳に象徴される令制の個別人身支配の一端をみることができる。このように、屋代木簡には、他の地域にも通じる、ある意味で普遍的な状況をみることができる。

その一方で、大宝令制以前の当地域の特徴的な様相も読みとることができるように思われる。例えば、屋代木簡には第Ⅰ部第二章で述べたように、二一種のウジ名や部名がみえ、それらはのべ五一例を数えるが、この約半数近くにあたる二四例は、金刺舎人、他田舎人、酒人部、宍人部などいずれも朝廷の特定の職掌につながるいわゆる「人姓」にかかわるものである。金刺舎人と他田舎人は、それぞれ欽明天皇の磯城嶋金刺宮、敏達天皇の訳語田幸玉宮に因むもので、信濃国では金刺舎人が屋代遺跡群のある埴科をはじめ伊那、諏方、水内の各郡の郡司層、他田舎人が筑摩、小縣両郡の郡司層であったことが知られている。また屋代木簡などの状況から埴科郡に隣接する更級郡にも両者が存在していたと推察される。つまり、『延喜式』などで知られる信濃国一〇郡のうち、七郡に金刺舎人または他田舎人が郡司層として存在していたということになる。したがって、金刺舎人や他田舎人は、少なくとも屋代遺跡群を含む自然堤防とその後背湿地からなる当地域の有力首長層であったことは間違いないと思われる。金刺舎人や他田舎人を称する当地域の首長層はその名の由来となった時期、すなわち六世紀以来、中央との人的あるいは物的なつながりを有してきたと考えられ、酒人部や宍人部の存在もそうした当地域と中央との関係の一端を示すものと思われる。

このような屋代木簡にみえるウジ名や部名のあり方は、木簡が機能した場または地域において、有力首長層を中心とする伝統的な政治的・経済的支配関係が色濃く存在していたことを反映しているように思われる。当地域の有力首長層は、おそらく七世紀後半以降、木簡に象徴されるような文書行政すなわち令制的な支配体制の受容・進展に伴い、当地域においてそれらを担う地方の官人もしくはそれに近い立場の者として位置づけられていったと考えられる。したがって、屋代木簡、とくに七世紀後半から八世紀初頭の木簡の出土とその内容は、そうした当地域の伝統的な支配関係が律令体制に組み入れられつつ、新たな地方支配が進展していったという過程のなかでとらえられるべきであろう。

最後に、上述のように屋代遺跡群⑥区の周辺は一貫して当地域の一つの中心的な場であったと考えられるにもかかわらず、第二水田対応層の九世紀中ごろの数点の祭祀的あるいは分類不明の木簡を除いて、八世紀後半以降に木簡の出土がみられなくなることは、屋代遺跡群をはじめとする当地域の大きな問題として残されている。この点については当地域の歴史的状況にかかわる今後の課題としてひき続き考えていきたい。

注

（1）　屋代遺跡群⑥区およびそこから出土した屋代木簡についての本章の記述は、とくにことわらない限り、原則として屋代木簡編と屋代総論編にもとづく。各木簡の釈文の下には、寸法（単位ミリ、長さ×幅×厚さ）と型式番号、出典となる報告書名、屋代木簡以外の木簡については出土遺跡をあげた。

（2）付札木簡では単体で廃棄されたものは六九号のみであり、また廃棄の際の切り折りなどの加工も一〇八号、一一〇号の二点にしかみられない。
（3）岸俊男「木簡と大宝令」（『日本古代文物の研究』塙書房、一九八八年、初出は一九八〇年）。東野治之「木簡に現れた『某の前に申す』という形式の文書について」（『日本古代木簡の研究』塙書房、一九八三年）。早川庄八「公式様文書と文書木簡」（『木簡研究』七、一九八五年）。
（4）岸俊男「宣命簡」（岸前掲注（3）書、初出は一九七六年）。小谷博泰『木簡と宣命の国語学的研究』（和泉書院、一九八六年）。
（5）宮都近辺以外の遺跡では、観音寺遺跡のほか、兵庫県山東町の柴遺跡、兵庫県神戸市の深江北町遺跡などで出土している。
（6）観音寺一―七七は、㈶徳島県埋蔵文化財センター『観音寺遺跡Ⅰ（観音寺遺跡木簡篇）―一般国道一九二号徳島南環状道路改築に伴う埋蔵文化財発掘調査―』二〇〇二年に掲載の七十七号木簡の略記である。
（7）東野治之「『論語』『千字文』と藤原宮木簡」（『正倉院文書と木簡の研究』塙書房、一九七七年、初出は一九七六年）。同「平城宮木簡中の『葛氏方』断簡」（東野前掲注（3）書）。なお、平川南「屋代遺跡群木簡のひろがり―古代中国・朝鮮資料との関連―」（『古代地方木簡の研究』吉川弘文館、二〇〇三年、初出は一九九九年）では三五・四五号木簡について、一定幅の木簡を連ねる冊書的木簡である可能性を指摘している。
（8）平川南「古代における人名の表記」（平川前掲注（7）書、初出は一九九六年）。
（9）船橋市遺跡調査会『千葉県船橋市印内台遺跡―第一七次発掘調査報告書―』一九九六年。
（10）東野治之「平城宮出土の木簡」（東野前掲注（3）書、初出は一九七八～八〇年）。同「藤原宮木簡の書風について」（東野前掲注（3）書、初出は一九七七年）。
（11）東野治之「漢字の伝来と受容」（東野前掲注（3）書）。

第四章　埴科郡の地域社会構造

一　埴科郡周辺の自然景観と歴史的環境

当地域の景観を形成する中心となっている千曲川は、佐久郡・小県郡から断層に沿った谷あいを北西方向へ急流となって流れる。現在の千曲市八幡付近で大きく北東方向へ向きを変えるとともに、長野盆地に入り流れは非常に緩やかとなる。このため千曲川は蛇行し、氾濫原では流路がたびたび変わり旧河道が複雑に微凹地を形成している。両岸には自然堤防が発達し、その背後に後背湿地が存在する。この自然景観は長野盆地の北を流れる支流の犀川が大きな扇状地を形成しているのと対照的である。

また川の両岸にはところどころに崎または鼻とよばれる山地が突出した箇所が存在する。これらは山地の硬い岩石が川の浸食から残ったもので、生活圏を分断するような交通の難所となっているところも多い。とくに千曲川右岸では、これらの突出部によって区切られ、自然堤防と後背湿地、背景の山地と中小河川が山麓に形成する小規模な扇状地形などからなる一つの地域範囲が形成されている。本書ではこのような自然地形、灌漑水系および歴史的背景によって区分される小世界を小地域とよぶことにする。

千曲川の中流域（現在の上田市から長野市）の年平均降水量は一〇〇〇ミリメートルをきり、日本全体の年平均降水量の約二分の一弱である。このためこの地域では水路の掘削、管理など灌漑水系の整備が重要な課題になっていたと思われる。河川本流の管理は高い技術と膨大な労働力を必要とするものであったから、[1]当地域では主に千曲川本流ではなく旧河道などの微凹地の分流水路、もしくは山地から流れ出る中小河川を灌漑に利用したと考えられる。しかし降水量は少ないにしても、冬の降雪も少なく、春から夏にかけて急速に高温になるこの地域の気候は信濃では恵まれているといってもよく、土地生産性の高い地域となっている。

八世紀以降は千曲川を郡境として、左岸が更級郡（坂城町南部、千曲市、長野市南部、麻績村、筑北村）、右岸が埴科郡（坂城町北部、千曲市、長野市松代）であったと考えられる。序章の表1で示したように『和名類聚抄』によれば更級郡は九郷、埴科郡は七郷あり、二郡のあわせて一六郷は、信濃国一〇郡の総郷数六二（大日本東急文庫本では六七郷）の約四分の一を占め、信濃国のなかでは人口密集地域であった。このことからも、古代にあってもこの地域の生産力が高かったことがうかがわれる。

遺跡の分布をみると、長野盆地をとりまく山地の尾根上、山麓に主な古墳が存在する。とくに盆地南部では四世紀から六世紀にかけて千曲川をはさんだ左右両岸に古い順から姫塚（全長三二メートル、前方後方墳、左岸）、森将軍塚（全長一〇〇メートル、前方後円墳、右岸）、川柳将軍塚（全長九三メートル、前方後円墳、左岸）、土口将軍塚（全長六六・七メートル、前方後円墳、右岸）、中郷（全長五三メートル、前方後円墳、左岸）、倉科将軍塚（全長七三メートル、前方後円墳、右岸）、有明山将軍塚（全長三二メートル、前方後方墳、前方後円墳が築造されている。これらについては二世紀近い間に七代にわたる一連の首長系列が存在したと理解されており、千曲川両岸は一体となった政治圏・祭祀圏であったと考えられている。[2]六世紀以降は小円墳などからなる群集墳が山地斜

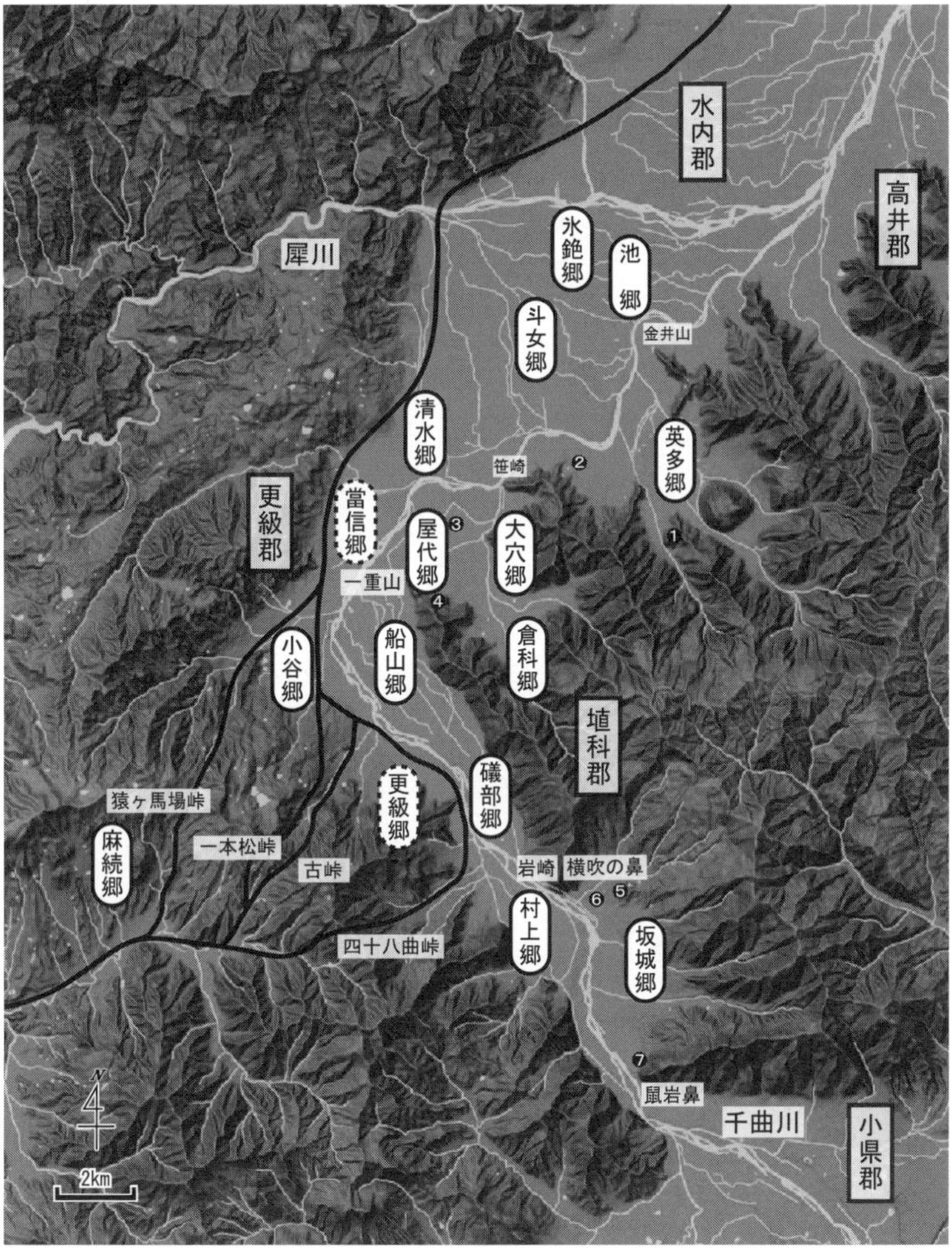

図 4　埴科郡・更科郡地域の地形と郷の比定
1　舞鶴山1・2号古墳　2　道島廃寺　3　屋代遺跡群⑥区　4　森将軍塚古墳　5　土井ノ入窯跡　6　込山廃寺　7　青木下遺跡

面に形成されていった。

集落跡は自然堤防上、山手緩斜面、山地の平坦部に存在し、そのあり方は時期によって変化がみられる。自然堤防上では多くの集落跡が検出されているが、とくに八世紀後半から九世紀前半にはほぼ自然堤防上に集中する。しかし九世紀後半ごろから山手緩斜面に集落が出現するようになるのに対して、弥生時代以来の居住域であった自然堤防上では遺跡が不鮮明となる。

各所の後背湿地では洪水砂層に埋没した弥生時代以降の各期の水田遺構がみつかっており、こうした後背湿地は現在に至るまで一貫して生産域であった。とくに九世紀後半の洪水砂層に埋没した水田面では約一〇〇メートル間隔の大畦で区画された条里型地割の水田遺構が検出され、いわゆる条里遺跡が広範囲の後背湿地に広がっていることが確認されている。この九世紀後半の千曲川流域の洪水砂層や、同時期の当地域の集落等の様相については第Ⅲ部第八章で詳述する。

次に当地域の交通についてふれておきたい。信濃国では南から伊那郡・諏訪郡・筑摩郡・小県郡・佐久郡の順に東山道が通るが、そのほかに筑摩郡内で東山道から分岐し、更級郡、水内郡を通って北陸道へ抜ける支道が存在する。『延喜式』巻二十八兵部省によれば、この支道の駅家として更級郡に麻續駅家があり、駅馬は五疋となっており、その位置は更級郡麻續郷の中心地（現在の麻績村大字麻績あたり）に比定されている。麻續駅から長野盆地に下るルートは主として南から四十八曲峠、古峠、一本松峠、猿ヶ馬場峠の四ルートが考えられる。いずれも標高差のある厳しい道であるが、このうち最短でなおかつ更級郡家があったともいわれる八幡遺跡群を通る猿ヶ馬場峠越えのルートが今のところ支道のルートとして有力視されている。

千曲川の河川交通では、上田市新屋と、千曲川流路が大きく屈曲する千曲市平和橋間は河川勾配が約二六五分の一の急流で、この区間の舟による上り下りは事実上困難である。これに対し千曲市平和橋から下流は河川勾配が約九〇〇分の一以下の緩流で、舟による往来は十分に可能であり、近世以降では長野盆地北部を中心に千曲川通船が航行していた。こうした条件は、ほぼ古代にもあてはめて考えることができるであろう。

二　屋代遺跡群と屋代木簡

前節で概観した自然景観および歴史的景観は、当地域社会の政治的・経済的関係をはじめとする諸関係にも少なからぬ影響をおよぼしていたと考えられる。ここではそうした地域社会の諸関係を復原する試みの一端として、一九九四年に屋代遺跡群⑥区から出土した屋代木簡の記載をもとに、主として埴科郡の地域社会構造について考えていく。考察にあたって、まず木簡が出土した屋代遺跡群⑥区およびその周辺地域について確認しておきたい(3)。

屋代遺跡群⑥区は、千曲市屋代および雨宮地籍に広がる千曲川右岸の自然堤防上の北端に位置する。この自然堤防上には礎石、敷石、瓦が出土している雨宮廃寺跡がある。『日本三代実録』貞観八（八六六）年二月二日戊申条には「以二信濃国伊奈郡寂光寺、筑摩郡錦織寺、更級郡安養寺、埴科郡屋代寺、佐久郡妙楽寺一並預二之定額一。」という記事がみえるが、雨宮廃寺は、ここにあげられている定額寺のうちの「埴科郡屋代寺」に比定されている。またその近くの雨宮坐日吉神社は、『延喜式』に埴科郡の式内社としてみえる祝《はふり》神社に比定されている(4)。こうした点から、屋代遺跡群が位置する自然堤防の地は、現在残る屋代という地籍名のとおり埴科郡屋代郷に比定できる。

屋代木簡は、千曲川の旧河道で当時西から東に水が緩やかに流れる湿地状の自然流路であった部分と、その自然流路と自然堤防崖の湧水点とを結ぶように掘削された人口溝の部分から出土している。自然流路の南側の自然堤防上は居住域であり、北側の低地は水田である。屋代木簡はほぼ七世紀後半から八世紀前半の時期の木簡であり、そのなかに国符木簡、郡符木簡などが含まれている。このため遺跡や木簡の性格とそれに関連する行政機関との関係は複雑かつ多様であった可能性がある。しかし、郡符木簡は差出側に戻って廃棄されると考えられることから、(5) 少なくとも⑥区を含む自然堤防上の近辺に埴科郡家が存在したことは推定できる。さらに一二号木簡にみえる「少毅」という記載などから軍団の存在も考えられている。

周辺地域の注目するべき遺構としては、(6) 屋代遺跡群⑥区の約八〇〜一〇〇メートルほど南の屋代遺跡群④区に、五間×五間の南北に庇をもつ掘立柱建物跡（ST四二〇一）が存在する。そしてこの主屋ともいうべき掘立柱建物跡を中心に掘立柱建物群が広がり、それらはさらに屋代遺跡群④区より東側にも続いていることが確認されている。(7) これらの掘立柱建物群の周辺には、竪穴建物が展開する。とくにST四二〇一の西側から北側にかけての竪穴建物からは、鉄・銅製品生産にかかわる遺構・遺物、ガラス玉生産に伴う鋳型、紡錘車などが出土し、また北側の溝からは木製品や建築材の屑が多量に出土していることから、これらの屋代遺跡群④区から⑥区にかけての竪穴建物群は、各種手工業生産品の工房であったと考えられている。そしてさらにその北側に屋代木簡の多くが出土した自然堤防崖および千曲川の旧河道である自然流路が存在し、そこは古墳時代から継承される水辺の祭祀場となっている。

掘立柱建物群の成立は七世紀後半で、掘立柱建物群と周辺の竪穴建物の配置、水辺の祭祀場の関係は七世紀後半〜八世紀前半にかけて継続し、八世紀後半に姿を消す。このことは、屋代木簡がほぼ八世紀前半までの時期のもので八世紀後半のものがないことと対応している。すなわち、建物群の成立とほぼ時を同じくして木簡の廃棄がはじまり、建物群の消滅と同時に木簡廃棄が終わったと考えることができる。当該時期の屋代遺跡群④〜⑥区全体の遺構や遺物から、報告書では、ST四二〇一を含む掘立柱建物群は在地有力者の居宅であった可能性が高く、郡家などの中枢施

表 13　郡郷里名が記された屋代木簡

郡郷里名	和名抄表記	木簡番号	種　別	型式	対応水田面
(埴科郡)伊蘇郷□□里	磯部郷	110	荷札	019	3(8 世紀前半)
(埴科郡)屋代郷	屋代郷	76	荷札	039	3(8 世紀前半)
(埴科郡)屋代郷	屋代郷	114	文書(郡符)	019	3(8 世紀前半)
(埴科郡)船山	船山郷	79	荷札	051	3(8 世紀前半)
(埴科郡)船山郷井於里	船山郷	90	荷札	019	3(8 世紀前半)
(埴科郡)□[舟]山柏寸里	船山郷	73	荷札	051	3(8 世紀前半)
(埴科郡)船山柏村里	船山郷	100	荷札	019	3(8 世紀前半)
(埴科郡)□[大]穴郷高家里	大穴郷	72	荷札	039	3(8 世紀前半)
(埴科郡)倉科郷□[方]□里	倉科郷	91	荷札	051	3(8 世紀前半)
(埴科郡)余戸里	なし	16	文書(郡符)	019	4(8 世紀初頭前後)
更科郡	更級郡	15	文書(国符)	019	4(8 世紀初頭前後)
更科郡	更級郡	60	(記録)	(011)	3(8 世紀前半)
(更科郡)等信郷	當信郷	62	荷札	065	3(8 世紀前半)
更科郡余□[戸]	なし	74	荷札	039	3(8 世紀前半)
間郡	筑摩郡	36		019	4(8 世紀初頭前後)
□[束]間郡	筑摩郡	102		065	3(8 世紀前半)

設は別の場所にあったと考えている。いずれにせよ、こうした屋代木簡の廃棄時期との整合性や、屋代遺跡群⑥区の自然流路周辺が郡家がかかわった大規模な祭祀場であったと考えられることなどから、ＳＴ四二〇一を含む建物群の主である有力者は、郡司層か、あるいはそれに近い立場の人物であったことは確かであると思われる。

三　屋代木簡にみる埴科郡の地域社会構造

表2にみるように、屋代木簡には地名と思われる表記のあるものが二〇点存在しており、そのうち、郡と郷（郡里制下では郡と里）の名を明確に判別できるものは一六点存在している。その多くは郡郷里制下の荷札（付札）木簡であり、養老七年（七二三）の記載がある九〇号、神亀二年（七二五）の記載がある六二号が含まれている。ほとんどが「郷里名＋人名」という簡略な記載であり、札が付けられた対象物の記載があるものは一点もない。これらの荷札木簡は、その対象物が消費されたか、あるいは保管・移動

の際に新たなものに付け替えられたかいずれかの理由によってその機能を終え廃棄されたものであると考えられる。

ここでは、これらの屋代木簡にみえる地名表記のうち、埴科郡の郷について注目してみたい。『和名類聚抄』によれば埴科郡の郷は、礒部、船山、大穴、屋代、倉科、英多、坂城の七郷であり、図4には従来より比定されているそれら郷の中心的位置を示した。屋代木簡では伊蘇、屋代、船（舟）山、大穴、倉科の五郷の名を拾うことができる。このうち伊蘇郷は『和名類聚抄』の礒部郷と考えてよいであろう(8)。これら五郷に対して屋代木簡には英多郷と坂城郷の名を記したものはない。前述した当郡の自然景観からみると、この五郷は埴科郡内では、千曲川上流の岩崎・横吹の鼻（現在の坂城町と千曲市戸倉の境）と、下流の笹崎（現在の千曲市と長野市松代の境）という二つの険しい山地突出部に区切られた範囲内にある。ここには千曲川流域において最大の後背湿地といえる更埴条里遺跡が存在し、大穴、屋代、倉科の三郷はその周囲に位置する郷に比定されている。岩崎から笹崎の間の河川沿いには交通の支障になるほどの地形はなく、前述したように河川交通も容易である。また現在のこの小地域の用水が岩崎近くにはじまり、笹崎あたりまで引かれているように、古代においても、千曲川の旧河道である屋代遺跡群⑥区の自然流路のような微凹地を利用した中小の水路が存在し、それらが伝統的に一体的な整備管理のもとにあった可能性が考えられる。このようなまとまりはおそらく古墳時代にまでさかのぼるものであって、この五郷をとりまく尾根上に千曲川右岸の森将軍塚古墳にはじまる一連の首長墓が存在することは、この小地域がこれら前方後円墳に象徴される支配権の直接の生産基盤にあたっていたことを示しているものと思われる。また、この小地域において数郷が編成されており、残る英多郷と坂城郷が後に述べるように一小地域で一郷であることから、八世紀初頭の郡符木簡一六号にみえる余戸里も当小地域内であった可能性が高い。

英多郷は、笹崎と、おそらく高井郡との郡境となっていたと思われる金井山の両突出部にはさまれた範囲、現在の長野市松代あたりに比定される。この範囲内にある舞鶴山の山頂には、五世紀後半に直径三二・七メートルの円墳である舞鶴山1号古墳、六世紀に全長三六・五メートルの前方後円墳である舞鶴山2号古墳が築造される。このうち舞鶴山2号古墳は、隣接する前述の五郷の小地域に同時期に築造されたと考えられる全長三八メートルの前方後円墳である有明山将軍塚古墳とほぼ同じ規模である。長野盆地一帯の古墳築造の様相は、前に述べた森将軍塚古墳から有明山将軍塚古墳に至る一連の首長墓の規模が、森将軍塚古墳の一〇〇メートルを最大として五世紀には七〇メートル級、六世紀には四〇メートル級と下降の一途をたどり、一方で盆地各地に舞鶴山古墳のような別系統の古墳が築かれるようになる。[9]つまり古墳築造のあり方からいえば、六世紀のこの小地域には、隣の五郷の地域と別系統の首長権が存在したと考えることができる。また積石塚など特色的な郡集墳も山地斜面に築造されていく。さらに現在の松代清野地域には平安期の瓦が出土した道島廃寺が存在する。こうしたことから英多郷のあたりが埴科郡内の一つの独自性をもった小地域であった可能性は高いといえるであろう。

坂城郷は、具体的には岩崎・横吹の鼻と、おそらく小県郡との郡境であったと思われる鼠岩鼻との間の範囲、現在の千曲川右岸の坂城町一帯に比定される。鼠岩鼻に近い青木下遺跡からは、六世紀初頭から七世紀前半までの一〇〇年以上にわたる祭祀遺構が出土し、隣接する東裏遺跡では祭祀遺物の工房跡ではないかと思われる住居跡が確認されている。青木下遺跡では二一基の土器集積跡が集中して検出され、約五〇〇〇個体を越える多くの土器が密集した状況で出土した。とくに六世紀末から七世紀初頭の遺構土器集積跡の一つでは大量の土師器や須恵器が直径約九メートルの環状に並び、その中央部に須恵器大甕が据えられていたとされる。[10]このような青木下遺跡の様相は、鼠岩鼻という自然地理的な条件が他の地域社会とを分かつ境界であり、それが地域社会を構成する人びとに明確に意識されていたことを示す証左であるといえる。当地域では少なくともそれが六世紀初頭までさかのぼるものであることが明らかになった。坂城郷はこのように小県郡に隣接する地域であるが、隣接郡とのつながりという点では、時代は下るが礎石列などが確認されている込山廃寺も注目される。九世紀初頭とされる込山廃寺では、蕨手文軒丸瓦と、これとセットになる均整蓮華文軒平瓦が出土し、これらの瓦は近くの土井ノ入窯跡で焼かれたものであることが発掘調査によって確認されている。(11)そして全く同笵の瓦が小県郡の信濃国分僧寺・尼寺跡および国分寺一号瓦窯でも出土しており、八世紀後半の土井ノ入窯と国分寺第一号瓦窯では、同じ工人たちかもしくは非常に近しい関係にある工人たちが瓦の製作にあたっていたと考えられている。(12)また国分寺一号瓦窯で出土した均整蓮華文軒平瓦の一点には篦書きの「更」字があり、この瓦は更級郡の負担により製作されたと考えられている。(13)こうしたことは、八世紀後半のこの小地域に、国分寺と同じ瓦を使用する寺院を建立した郡司層ともいえる首長層が存在していたことをうかがわせるとともに、この小地域が小県郡や更級郡とも伝統的なつながりがあったことを示している。

またこの点は自然地形とそれに規定される交通の面からも考察できる。坂城郷と礒部郷を隔てる岩崎・横吹の鼻は、千曲川上に突出した絶壁であり、近世の北国街道を参考にすれば、坂城と礒部方面の往来はその急峻な尾根の中腹を越えていかなければならない街道の難所の一つであった。前に述べたように千曲川のこの区間の舟による上り下りは困難であり、そういう意味では埴科郡内にあっても地形的に切り離された地域ということができる。むしろ交通の面では対岸の更級郡村上郷との関係に留意したい。筑摩郡方面（東山道方面）に向かう場合、村上郷に渡ってから四十八曲峠を越えて麻績駅で支道に出るルートがあり、このルートの方が埴科郡内を北上するよりも距離も短く自然である。更級郡の郷の位置比定が必ずしも明らかでないため確かなことはいえないが、『和名類聚抄』の更級郡の郷名はほぼ麻績、村上郷から北へという順で配列されており、この四十八曲峠を経由するルートが、東山道支道ではなかったとしても、当地域では主要な交通路であったことがうかがえる。こうした点からも坂城郷の地が埴科郡内では一つの独自性をもった小地域であった可能性は高いといえるであろう。

以上のように埴科郡内は自然地形、灌漑水系および歴史的背景によって、屋代郷など五郷と、英多郷と、坂城郷という大きく三つの小地域に分けることができる。このうち、最大の居住域や生産域をもつのは屋代木簡にみえる五郷を含む小地域であり、このことはこの小地域に郡家が置かれていたと考える理由の一つでもある。しかし古墳築造のあり方などからみて、六世紀以降の段階で、この小地域の首長層が、英多郷や坂城郷の小地域を含む周辺地域にまでおよぶ政治的・経済的支配関係を保持していた様子はうかがえない。むしろ小地域を単位とする諸関係が存在したように思われる。埴科郡家にかかわると考えられる屋代木簡に、埴科郡内の三つの小地域のうちの一小地域に含まれる五郷の名のみしかみられず、残る二小地域にそれぞれ該当する英多、坂城の二郷の名がみえないことは、令制下の八世紀前半の埴科郡においても小地域ごとの支配関係を前提とする支配構造が存在していた可能性を示しているのではないかと考える。

律令制の郡には存立基盤の異なる複数の首長が郡司として編成されており、その存立基盤も郷規模のものから他郡にまでおよぶものまで多様であったとされるが[14]、これを当地域にあてはめるならば、郡司に編成される首長は、各小地域の政治的・経済的関係を基盤とする首長にほかならないといえよう。このように考えると、埴科郡には少なくとも三氏以上の首長が存在しており、彼らが埴科郡の郡司層を構成していたことが想定される[15]。小地域からなる地域社会構造を前提としてこれらの郡司層から郡司を推戴することによって埴科郡の行政支配が機能していたのではないかと考える。いずれにせよ、地域の諸関係が、居住域や生産域などからなる再生産の場において展開されるものである以上、その再生産の場を規定する地形、水系などの自然環境的条件が諸関係にとって大きな意味をもっていたはずである。そうした点から少なくとも当地域においては、小地域からなる地域社会構造の歴史的な意味が重要視されるべきであると考える。

四　まとめと課題

本章では、埴科郡を分析対象地域として、地域の景観や地域社会の諸関係の復原という課題を設定し、自然景観、歴史的環境、屋代木簡の分析を行うことにより、地域内の支配構造を析出する試みを行った。その結果として、千曲川に沿った埴科郡は、その上流から、①鼠岩鼻から岩崎・横吹の鼻まで、②岩崎・横吹の鼻から笹崎まで、③笹崎から金井山までの三小地域に分けられ、この三つの小地域それぞれに首長層が存在したと推定できることを確認した。また、①は『和名類聚抄』の坂城郷に、③は英多郷に比定され、屋代木簡が出土した屋代遺跡群を含む②には礒部、船山、大穴、屋代、倉科の五郷が比定されるが、屋代木簡にはこの五郷の名のみしかみえず、坂城郷と英多郷の名はみえない。このことから、令制下の八世紀前半の埴科郡においては小地域ごとの支配関係を前提とする支配構造が存在していたのではないかと推定した。

こうした点をより実証的に検討していくためには、さらに次のような作業が必要であると思われる。一つには、地域社会史の視点にもとづく地域社会構造の分析事例の蓄積と、それら相互の比較検討である。本章についていえば屋代木簡を手がかりに埴科郡を中心に地域社会構造を考えたが、少なくとも千曲川の対岸に位置する更級郡についても復原的作業を行う必要がある。表13にあるように、屋代木簡には地名も含め更級郡に関する記載もみえるがその点数は少ない。『和名類聚抄』にみえる更級郡の諸郷の地域比定についても明確でない郷がいくつかある[16]。このため現時点では、本章で埴科郡について行ったような分析を、更級郡についても同様に行うことは難しい。しかし、埴科、更級両郡にあたる千曲川両岸の地域は、四、五世紀の段階では一体的な政治圏・祭祀圏として考えられ、また、それ以降の段階においても交通、流通などの面から一つのまとまりをもった地域であり続けたと考えられる。また自然地形についても、埴科郡と同様に千曲川に向かって山地が突出した崎または鼻とよばれる箇所があり、前述した村上郷などのように、それらによって画された小地域が存在している。したがって、更級郡についても、埴科郡と同様な地域社会構造が存在していたことは十分に想定できると思われる。

第Ⅰ部でみたように、屋代木簡にみられるような多くの部名や、古墳築造の様相などから、六世紀以降は、当地域の首長層の支配権という点では、各小地域の首長層が個別に中央の勢力と結びつく形での分断化が進んだのではないかと考える。そして七世紀後半以降の律令国家成立過程において、地域の共同体的諸関係の総括的把握が目指されるに至って、当地域ではこうした小地域ごとに存在する政治的・経済的支配関係が、小地域間相互の諸関係をもとに評・郡へとまとめられていったと考えられる。屋代木簡の考察では、当地域について、科野評から更科郡と埴科郡が分立したのではないかという見解が提起されている。(17)もしそのような形での当地域の人為的な分割による郡の設定が行われたとすれば、その分割も、小地域ごとに存在する政治的・経済的支配関係を前提に、それらを郡に再編成するという過程で行われたといえるのではないだろうか。

このような地域社会構造について検証していくためには、地域内あるいは各地域間の交通や流通の様相も明らかにしていく必要がある。また他地域のいくつかの遺跡では、郡家の別院、出先機関の存在が検討されているが、(18)こうした遺跡等の検討の成果は、地域社会構造の問題と密接にかかわるものである。当地域についてもこうした点を今後の課題として検証を続けていきたいと考える。

注

（1）広瀬和雄「古代の開発」（『考古学研究』一一八、一九八三年）。
（2）岩崎卓也「古代社会の基礎」（長野県史通史一）。松尾昌彦「中部山岳地帯の古墳」（『新版　古代の日本』七中部、角川書店、一九九三年）。
（3）屋代遺跡群⑥区およびそこから出土した屋代木簡については、屋代木簡編および屋代総論編による。
（4）黒坂周平「信濃の郡と郷」（長野県史通史一）。
（5）平川南「郡符木簡―古代地方行政論に向けて―」（『古代地方木簡の研究』吉川弘文館、二〇〇三年、初出は一九九五年）。
（6）屋代遺跡群④～⑥区の遺構については、以下の報告書による。㈶長野県文化振興事業団長野県埋蔵文化財センター『更埴条里遺跡・屋代遺跡群（含む大境遺跡・窪河原遺跡）―古代一編―』一九九九年。屋代総論編。
（7）佐藤信之「地域史から見た地方官衙の成立―信濃国更級郡衙（評衙）・埴科郡衙（評衙）―」（『考古学ジャーナル』四二〇、一九九七年）。更埴市教育委員会『屋代遺跡群　国道四〇三号（土口バイパス）道路改良に伴う発掘調査報告書』二〇〇〇年。小野紀男「屋代遺跡群における埴科郡衙想定地に関する一考察」（『長野県考古学会誌』一三四、二〇一〇年）。
（8）以下、郷名の表記は『和名類聚抄』の表記に統一する。
（9）前掲注（2）。
（10）坂城町教育委員会『南条遺跡群　東裏遺跡Ⅱ・青木下遺跡』一九九四年。助川朋広「長野県埴科郡坂城町青木下遺跡Ⅱの祭祀遺構」（『情報　祭祀考古』八、一九九七年）。坂城町教育委員『南条遺跡群　青木下遺跡Ⅱ・Ⅲ』二〇〇七年。同『青木下遺跡～よみがえる古代の祈り～』二〇〇八年。櫻井秀雄「祭場の『固定化』と『清浄性』―長野県青木下遺跡にみる古墳時代祭祀の一考察―」（『金沢大学考古学紀要』三七、二〇一五年）。
（11）坂城町誌刊行会編『坂城町誌』中　歴史編一（坂城町誌刊行会、一九八一年）。
（12）桐原健「信濃国分寺建立に係る一、二の問題」（『千曲』四八、一九八六年）。倉沢正幸「信濃国分寺跡出土瓦の再検討―瓦当笵と製作技法―」（『中部高地の考古学Ⅳ』長野県考古学会、一九九四年）。

(13) 上田市教育委員会『信濃国分寺—本編』（吉川弘文館、一九七四年）。

(14) 大町健『日本古代の国家と在地首長制』（校倉書房、一九八六年）。石上英一「律令国家論」（『新版　古代の日本』一古代史総論、角川書店、一九九三年）。

(15) 郡内の複数の郡司層の存在と郡司の任用の実態については、須原祥二「八世紀の郡司制度と在地—その運用実態をめぐって—」（『古代地方制度形成過程の研究』吉川弘文館、二〇一一年、初出は一九九六年）。

(16) 更級郡について小地域の視点から分析を行った研究として、鳥羽英継「更級郡衙と更級郡における地域支配の構造〜七世紀末から八世紀、小地域の役割・つながりに視点をあてて〜」（『長野県考古学会誌』一三四、二〇一〇年）がある。

(17) 屋代木簡編。

(18) 山中敏史『古代地方官衙遺跡の研究』（塙書房、一九九四年）。平川南「郡家関連施設と木簡—兵庫県氷上町市辺遺跡」（『古代地方木簡の研究』吉川弘文館、二〇〇三年）。同「古代の郡家と所在郷」（『律令国郡里制の実像』上、吉川弘文館、二〇一四年、初出は二〇一三年）。

第五章　信濃国における行政地名の制定について

一　本章のねらい

屋代木簡は長野県千曲市の屋代遺跡群から一九九四年に出土した一三〇点の木簡群である。これらはすべて自然流路や人為的に掘削した溝に廃棄されたものであるが、国符木簡、郡符木簡をはじめとする文書木簡や多くの荷札木簡などがみられるように、当時の地方行政において用いられたものが少なからず含まれている。また、これらの多くは中央集権国家体制の確立期ともいえる七世紀後半から八世紀前半にかけての、政治的、社会的に大きく変動した時期に機能した木簡であり、その意味で、従来史料の制約に阻まれてきた当該時期の地方の様相について、新しい知見をもたらす貴重なものであるといえる。

屋代木簡は地方出土の木簡としては点数も多く、さまざまな視点から分析を深めていかなければならないが、本章では、屋代木簡をはじめ近年の出土文字資料によって明らかにされつつあるものの一つとして、古代の信濃国の行政地名である国名、郡（評）名、郷（里）名をとりあげ、それらを律令国家による地方把握の一端を示すものとして、全国的な行政地名の制定過程のなかに位置づけ考察していく。

なお、本章でとりあげる行政地名は木簡などの出土文字資料や正倉院宝物、正倉院文書などに記された七、八世紀のものを主とする。これらの表記と、『延喜式』あるいは『和名類聚抄』に記載されている国、郡、郷名の表記とを比較対照する。『延喜式』『和名類聚抄』は時代が下った十世紀の編纂書ではあるが、古代の行政地名をまとまった形で現在に伝える史料であり、これ以外の正史を含む編纂書に記された地名については、それらの書の編纂上の性格や写本等の諸問題に考慮しつつ適宜参照していくことにする。

二　「シナノ」の国名表記

まず、木簡に記された「シナノ」の国名についてみていくことにする。(1)

1　科野国伊奈評□〔鹿カ〕大贄　一八八×二四×四　〇三一
藤原宮跡東方官衙北地区　藤原宮三―一一六四

2　信□〔濃カ〕　〇九一
平城京左京三条二坊一・二・七・八坪長屋王邸　平城京一―一八八七

3　・御馬司信濃一口甲斐一口上野二口右　○
・四米四升五月二日「受板部黒万呂」　○　二四三×三三×四　〇一一

平城京左京三条二坊一・二・七・八坪長屋王邸　城二一―21上(一九四)

4
・□□［　　］□□〔信濃カ〕一口上野二口　○
・右七口　［　　］十月廿九日受千足「稲虫」　○
二五五×(一七)×四　○八一
平城京左京三条二坊一・二・七・八坪長屋王邸　平城京二―一九二〇

5
□□〔信濃カ〕国水内□〔郡カ〕
○九一
平城京左京三条二坊一・二・七・八坪長屋王邸　平城京二―三〇六三

6
・<信濃国筑摩郡山家郷火頭椋椅部」
・<逆養銭六百文」
(一一二)×一三×三　○三二
平城宮宮城南面西門(若犬養門)地区　木研四―15―三(一一二)

7
・信濃国□□〔諏訪カ〕［　　］
・□□□□
(一〇四)×(一五)×九　○三九
平城宮宮城南面西門(若犬養門)地区　城一五―30上(一九九)

8　・□□馬依年十九　黒子　鼻右□□□
　　・□□信濃国□
（九三）×（一九）×四　〇三二
平城宮壬生門東方南面大垣　城一九―9下（九）

9　・信濃国埴科郡鮭御贄卌六隻
　　・［　　］
二〇七×二五×三　〇三二
平城京左京三条二坊八坪二条大路濠状遺構（南）　城二二―33上（三二九）

10　・□□□〔金足カ〕　□
　　　信濃水内郡
　　・佐伯宿祢牛甘　□□　［　　］
（二〇六）×（一一）×六　〇八一
平城宮南面東門（壬生門）内式部省東役所跡　平城宮六―一〇五三九

11　□〔信カ〕濃国□
〇九一
平城京左京二条二坊五坪二条大路濠状遺構（北）　城三〇―32下（一〇五四）

12　信濃
〇九一
平城京左京七条一坊十六坪東一坊大路西側溝　城三一―10下（七三）

13　信濃

平城宮　平城宮四―四〇一八　〇九一

14　□呂
信濃

平城宮　平城宮四―四〇一九　〇九一

15　□
信濃

平城宮　平城宮四―四〇二一　〇九一

16　・「阿閇豊庭　子部多夜須　山部吾方万呂
可返上筆　三嶋子公　丸部人主　信濃虫万呂
丈部子虫　三嶋百兄　安宿廣成」
・「前部倉主　秦忍国　若倭部国桙
余乙虫　住道小粳　高東人
忍海廣次　将軍水道」

二八〇×四七×三
正倉院　木研一―60―(六)

17　信濃国更級郡地子交易雉腊拾斤太
一六五×一四×五　〇三三
長岡京左京三条二坊八町　長岡京一―一五七

18　・信濃国
・川合乙上
(八八)×(一二)×二　〇八一
長岡京左京一条三坊八・九町　長岡左京木簡一―一一八

19　・信濃国道更科郡□□□
□□人□□三段二百卌〔歩〕□□石九斗
・戸□石田一町十石五斗　□□□田□□
二三〇×三一×八　〇一一
屋代遺跡群⑥区　屋代総論編六〇

20　「『信濃国』更科郡余□〔戸〕」
(一八六)×三九×五　〇三九
屋代遺跡群⑥区　屋代木簡編七四

1は藤原宮跡から出土した荷札木簡で、「郡」ではなく、七〇二年の大宝令施行より前の行政単位である「評」という表記が用いられている。したがって、この木簡が記された時期は、都を藤原京に定めた六九四年から大宝令施行までの間に比定され、ここにみえる「科野」が今のところ木簡に記された最も古い国名表記である。

2〜15は平城京または平城宮、16は正倉院、17・18は長岡京で出土した木簡であるが、表記はいずれも「信濃」である。このなかの2〜5はいわゆる「長屋王家木簡」で、同じ溝（SD四七五〇）から出土した木簡の総体的な年紀の幅が和銅三年（七一〇）から霊亀三年（七一七）にかけてとなることから、2〜5もそのころのものと推定でき、「信濃」表記がみられる木簡のなかでは最も古い例になる。(2)

19と20は「信濃」の国名表記がみえる屋代木簡で、出土状況や同じ出土層に含まれる木簡の年紀から、養老〜神亀年間、ユリウス暦でいえば七二〇年代ごろのものと考えられる。

以上のように木簡からは「科野」と「信濃」の二表記が確認できる。また木簡のほか、正倉院宝物の布類や正倉院文書にも国名がみられ、それらはすべて「信濃」と表記されている。そのなかで年紀が明らかなものの最も古い例は、次にあげる天平十三年（七四一）十月に記された正倉院宝物の布袋の墨書である。

21　信濃国少縣郡　芥子壱斗　天平十三年十月　　正倉院　長野市誌十二―308（四二）
（別筆）「勝宝五年六月四日　定六升六合」

したがって「科野」表記は木簡では今のところ1の一例のみであるが、『古事記』では国名としてすべて「科野」の表記が用いられている。これは『古事記』が大宝令施行以前の浄御原令制下の表記法にもとづいているためであると考えられる。すなわち『古事記』は稗田阿礼が帝皇の日継と先代の旧辞の誦習を命じられた天武朝ごろのものをふまえており、七世紀後半から八世紀初頭ごろに実際に行われていた国名表記を反映していると考えられる。(3)1はそれを実態として示す資料であり、中央に貢進されたいわば公の荷札であることから、「科野」は単なる地域の呼称ではなく、浄御原令制下における行政地名としての国名表記であったということができるであろう。

これに対し『日本書紀』では主として、2～20の木簡や正倉院関係の史資料と同じく「信濃」表記が用いられている。しかし、斉明天皇六年（六六〇）是歳条では「科野国」とあり、また地名そのものではないが人名として欽明天皇十四年正月乙亥条に科野次酒、同年八月丁酉条に科野新羅がみえる。第Ⅰ部第二章で述べたように、これらの人物は百済の官位を有する倭系百済官僚として当時の倭と百済との間で外交や軍事方面で活躍し[4]、その名は「シナノ」の地名に由来するものであると考えられている[5]。

ここで注目されるのは、同様な対外関係の記事である欽明天皇五年二月条に斯那奴次酒、継体天皇十年九月戊寅条に斯那奴阿比多がみえることである。斯那奴次酒は上記の科野次酒と同一人物であると考えられるから、「斯那奴」は「科野」と同じく「シナノ」の表記の一つとして用いられたことがわかる。このような音三字による表記は藤原宮や飛鳥京の荷札木簡にみえる「无耶志」（ムサシ）や、『古事記』にみえる「无耶志」「多遅麻（摩）」（タジマ）の国名の例[6]と同様の表記である。したがって荷札に記されるような行政地名であるかはともかくとして「斯那奴」の表記もまた七世紀末以前の段階において「シナノ」の地名表記として用いられたことが想定できよう。

さて、上述のように八世紀の木簡や正倉院関係の史資料はすべて「信濃」と表記している。すなわち行政地名としての国名の表記は浄御原令制下の「科野」から、八世紀に「信濃」へと変わったということになる。「ミノ」国を中心に国名に関する史資料を検討した野村忠夫は、「ミノ」の表記は浄御原令制下の「三野」から「御野」を経て大宝三年（七〇三）～和銅二年（七〇九）の間に「美濃」に公定されたとし、この「美濃」という国名表記は、同じ東山道に属し、隣接する「シナノ」の「科野」から「信濃」への変更と、時期を同じくして中央で決定され、「信濃」もまた和銅六年以前に定着化していたと推測した[7]。

国名を記した現存する数少ない史資料からは、国名の改定についてこのようにある時期幅をもって示すことしかできないが、鎌田元一は国印に刻まれた国名表記こそ国家によって公定された最も公的な表記であるという視点から、国名表記の公定は『続日本紀』慶雲元年（大宝四、七〇四）四月甲子条に「令㆔鍛冶司鋳㆓諸国印㆒。」とある国印の鋳造を前提とし、それと一体の作業として中央政府により諸国一括して行われたとする。(8) この鎌田説は実態を示す現存史資料ともおおよそ合致しており首肯できよう。

信濃国印は正倉院宝物の布類にその印影が残されている。その布類のなかで最も古いものは天平十一年（七三九）十月の墨書がある白布褥心であるが、その印影が大宝四年に鋳造された国印に刻まれたものであるとすれば、(9) 実態を示す現存資料としては最も古い「信濃」表記ということになる。

以上から、行政地名としての「シナノ」の国名表記について確認できるのは、浄御原令制下に「科野」が用いられ、大宝四年に「信濃」が公定され定着したということである。またその際、隣国である「ミノ」と「シナノ」については、大宝四年の国名表記の公定時において、国名に共通する「ノ」の用字をそれまで用いられてきた「野」から「濃」に変更したと考えることができるであろう。(10)

ここで問題となるのは大宝元～四年の時期に「シナノ」の表記にはどのような文字が用いられていたのかということである。隣国の「ミノ」では、大宝二年の戸籍や、大宝三年十一月の年紀のある藤原宮木簡に「御野」の国名表記がみられる。したがって用字の点で共通点のある「シナノ」でも、同じ時期に「科野」や「信濃」と異なる用字の行政地名表記が用いられた可能性も考えられる。(11) 例えば、奈良市の西大寺旧境内の発掘調査で出土した四二号木簡には「シナノ」の表記に「信野」が用いられている。この木簡は宝亀二年（七七一）以降に記されたものと考えられているが、「信野」の表記は賦役令集解調庸物条の古記が引く「民部省式」にもみえる。あるいは大宝元～四年の時期においてこのような表記が用いられた可能性は考えられるであろう。しかし「シナノ」の場合、当該時期の屋代木簡には国名を記したものがなく、宮都の木簡など実態を示すその他の資料のなかにも、当該時期の「シナノ」の国名を記したものが今のところ存在しないので、この点については未明とせざるをえない。新たな史資料の出現を待ちたい。

三　郡名表記の変遷

『延喜式』によれば信濃国には一〇郡を確認することができるが、[12]前掲1～21のほかにそれらの郡名を記した出土文字資料や正倉院関係の史資料を次にあげる。[13]

22　・伊奈□
　　・□加□
（九二）×（二三）×五　〇八一
飛鳥池遺跡北地区　飛鳥藤原京一―二八九

23　（表）卅四斤二両 □
　　　　廿一斤六両今定十五三両大（斤）
　　（裏）勘紅染衣廿具和□（朝臣カ）長人
　　（口縁部）□（信）濃国伊那郡小村□（郷）交易布一段　天平十八年十月
正倉院　長野市誌十二―309（四三）

24　・間郡□『□□□（九九九）九九』」

・『□　□哉』『□□〔天地〕』」　（一九一）×（二一）×三　〇一九
屋代遺跡群⑥区　屋代木簡編三六

25
・□〔東〕間郡東□
・□〔悲〕
（八〇）×四〇×五
屋代遺跡群⑥区　屋代木簡編一〇二

26
信濃国筑摩郡山家郷戸主物部東人戸口小長谷部尼麻呂調并庸壱端長四丈二尺広二尺四寸主当国医師大初位上城上連村罡郡司大領外正七位他田舎人国麻呂天
平勝宝四年十月
正倉院　長野市誌十二―310（四七）

27
□国筑摩□〔郡〕
〇九一
平城宮　平城宮四―四〇二〇

28
信濃国安曇郡前科郷戸主安曇部真羊調布壱端長四丈二尺広二尺四寸主当国司史生正八位上中臣殖栗連梶取郡司主帳従七位上安曇部百嶋　天平宝字八年十月
正倉院　集成323

29　・「符　更科郡司等　可□〔致〕□□
・「『月三酒人マ臼マ物マ大□〔能〕万呂』
『□酒人マ壬マ□』
（別筆１）（別筆２）
（三一三）×（三四）×四　〇一九　屋代遺跡群⑥区　屋代総論編一五

30　・□□忍麻呂□「更科郡」
・「謹人□　謹□」
（一四〇）×（一二）×四　〇八一　平城宮第一次大極殿院築地回廊東南隅付近　平城宮七—一一八二四

31　播信郡五十斤
讃信郡七十斤合百廿斤
一五九×二六×四　〇三二　平城京左京三条二坊八坪長屋王邸　平城京一—一七六

32　写書所解　申願出家人事
合廿七〔八〕人
（中略）
「〇」私マ乙万呂年卅六　信濃国更級郡村神郷戸主私マ知万呂戸口労一年
天平廿年四月廿五日　阿刀酒主

伊福ア男依
志斐麻呂　　正倉院　長野市誌十二―309(四四)

33　(表)「信濃国水内郡中男作物芥子弐㪷　天平勝宝二年十月」
(左端)「大田」　　正倉院　長野市誌十二―310(四六)

34　⊔□国水内郡人　　〇九一
平城宮　平城宮四―四〇一七

35　・「高井郡大黄く」
・「十五斤　く」　　一四二×二七×三　〇三二
藤原宮北辺地区　奈良県『藤原宮』―(六八)

36　高井　　清水山窯跡　須恵器刻書

37　・×井郡穂科郷衛士神人」
・×養□〔布カ〕六□〔段カ〕宝亀五年　」　　(一一五)×二五×三　〇一九
平城宮　木研六―105―(一四)

38　・伊勢国
天平八年封戸
調庸帳（軸木口）
・伊勢国帳
天平八年封戸
調庸帳（軸木口）
・土師器埴埴科科科科文甚大大大大大（軸部）　長二九四　径一八　〇六一
平城京左京三条二坊八坪二条大路濠状遺構（南）　城三〇―6下（二八）

39　信濃国小縣郡海野郷戸主爪工部□調　正倉院　長野市誌十二―308（四一）

40　佐玖郡　清水山窯跡　須恵器刻書

41　佐久　信濃国分寺僧寺跡北東域　須恵器刻書

右の史資料のうち、ある程度年代がわかるものの郡名表記をまとめたのが表14である。[14]これらの郡名表記をみると、延喜式の郡名と異なるものは、伊那郡の「伊奈」、筑摩郡の「束間」、諏方郡の「諏訪」、更級郡の「更科」「讃信」、埴科郡の「播信」、小縣郡の「少縣」、佐久郡の「佐玖」というように七郡でみられる。しかし、漢字の偏や画が省略されることは用字の実例として少なくないので、訪と方、少と小、久と玖を全くの異表記であるとは判断しがたい。したがって、明らかな異表記は「伊奈」「束間」「更科」「讃信」「播信」ということになる。

　これに対して、水内郡は延喜式と異なる表記例はなく、「水内」の表記が比較的早い時期からみられる。また『日本書紀』持統五年（六九一）八月辛酉条に「遣二使者一祭二龍田風神、信濃須波・水内等神。一」という記事があり、ここでは諏方について「須波」という異表記が用いられているのに対し、水内郡には「水内」の表記が用いられている。したがってこの表記は七世紀末ごろから一貫して用いられていた可能性が高いといえよう。36の藤原宮木簡に「高井」がみられる高井郡も、遅くとも八世紀の初頭からこの表記が用いられたことがわかる。安曇郡については用例が少なく表記の変遷についての考察は困難である。

　さて明らかな異表記がみられる伊那、筑摩、更級、埴科の四郡の郡名についても、23、26、32、9などによって、八世紀の段階で延喜式と同じ表記が用いい

表14　史資料にみえる信濃の郡（評）名表記とその年代

延喜式郡名	番号	郡（評）名表記	年代	形態
伊那	1	伊奈評	六九四～七〇一	木簡
	22	伊奈	六七六～六七八	木簡
	23	伊那郡	七四六	布袋
筑摩	24	間郡	八世紀初頭	木簡
	25	束間郡	八世紀前半	木簡
	26	筑摩郡	七五二	白布
	27	筑摩郡	七六五～七七〇	木簡
安曇	28	安曇郡	七六四	布袴
更級	29	更科郡	八世紀初頭	木簡
	30	更科郡	和銅年間（七〇八～七一五）	木簡
	31	讃信郡	七一七ごろ	木簡
	19	更科郡	七二〇年代	木簡
	20	更科郡	七二〇年代	木簡
	32	更級郡	七四八	文書
	17	更級郡	七八四～七九四	木簡
水内	5	水内郡	七一〇～七一七	木簡
	10	水内郡	七二九～七三一	木簡
	33	水内郡	七五一	布袋
	34	水内郡	七六五～七七〇	木簡
高井	35	高井郡	七〇一～七〇三	木簡
	36	高井	八世紀前半	須恵器刻書
	37	□井郡	七七四	木簡
埴科	31	播信郡	七一七ごろ	木簡
	38	埴科	七三六以降	木簡
小縣	21	少縣郡	七四一	布袋
佐久	40	佐玖郡	八世紀前半	須恵器刻書
	41	佐久	八世紀後半～九世紀前半	須恵器刻書

られたことが確認できる。このような郡名表記の変化の画期については、周知のとおり『続日本紀』和銅六年（七一三）五月甲子条の「畿内七道諸国郡郷名、着二好字一。（下略）」があげられよう。前節でふれたように、国名は大宝四年に公定されたと考えられるので、この記事がいう「好字」をつけるべき対象は郡と郷（里）ということになる。これは基本的に『延喜式』巻二十二民部上の「凡諸国部内郡里等名、並用二二字一、必取二嘉名一。」という規定に継承されていると考えられる。したがって信濃国の郡名表記の変化もこの和銅六年の改定指令にもとづくものである可能性は高い。

宮都木簡はもちろんであるが、屋代木簡にはまさにこの和銅六年をはさんだ八世紀前半の木簡が含まれている。そこで屋代木簡の出土によってある程度まとまった事例がそろった筑摩と更級の両郡について、当該時期の郡名表記の変遷をより具体的に確認してみたい。

まず筑摩郡では、24の八世紀初頭の屋代木簡と、25の七二〇～四〇年代と考えられる屋代木簡に、それぞれ「間郡」と「束間郡」の表記がみえる。また『日本書紀』天武天皇十四年（六八五）十月壬午条に「束間温泉」とあり、この「束間」が七世紀末から25の時期まで用いられたことが推定できる。これに対し「筑摩」の表記は年紀が明らかなものでは天平勝宝四年（七五二）の26にみられるので、「束間」から「筑摩」への変化の時期は七二〇年代から七五二年の間と考えることができる。

次に更級郡は29の八世紀初頭のいわゆる国符木簡、30の和銅年間（七〇八～七一五）の平城宮木簡、19、20のともに七二〇年代の屋代木簡によって、七二〇年代までは「更科」表記が用いられていたことが確認できる。この場合、31の霊亀三年（七一七）ごろの長屋王家木簡にみえる「讃信」の表記が問題となるが、屋代木簡には「更科」表記のみしかなく、また29の国符木簡のような公文書である下達文書木簡に「更科」と記されていることは重視されるべきであろう。したがって31の郡名表記については31の木簡としての性格を含め別途考察しなければならないと思われる。

これに対して「更級」の表記は32の天平二十年（七四八）の写書所解にみえる。したがって「更科」から「更級」への変化の時期は、七二〇年代から七四八年の間ということになり、筑摩郡の場合よりやや時期幅をせばめて考えることができる。

国・郡・里名の改定は「好字」への改定とともに二字名への修訂という全国の画一的な統一化であり、その指令が造籍の前年に発令されたことに注目すれば、人民支配の基本的掌握手段である造籍において全国的に改定を定着させる意図があったとされる。(15)このような中央政府の意図のとおりであれば、和銅七年（七一四）の造籍以降に、郡名の改定が表記として反映されるはずであるが、上述のように少なくとも筑摩と更級両郡の場合は、屋代木簡によって七二〇年代までは和銅六年以前からの郡名の表記である「束間」「更科」が用いられていることが確認できるから、改定時期は七二〇年代以降と考えざるをえない。

この場合、和銅六年の指令からある程度の年月をおいて実際の改定が行われたと考えるか、あるいは、和銅六年の指令からあまり時間をおかずに改定されたが定着せず屋代木簡の記載にもなかなか反映されなかったという二とおりの考え方ができるであろう。しかし屋代木簡では、例外なく「更科」表記であり、七二〇年代の19と20がいずれも「国＋郡」の記載内容の木簡であること、また屋代木簡が少なくとも造籍をはじめとする郡行政を執行する郡家に密接に関連する木簡群と考えられることをふまえると、(16)後者の考え方は前者に比べて蓋然性がないように思われる。しかし、前者の考え方においても、他国に比べ信濃国では何らかの事情でたまたま改定が遅れたとも考えられる。そこで、これらの点についてさらに全国的な郡名表記の様相のなかで検討していくことにする。

表15　木簡・正倉院宝物・正倉院文書などにみえる郡(評)名と『延喜式』郡名の異同

	総　数	異表記数	割合%	同表記数	割合%	保留数	割合%
郡名対象例総数	1404	259	18%	1123	80%	22	2%
A　大宝令制以前（～701）	176	116	66%	55	31%	5	3%
B　大宝元～和銅6年(701～13)	104	49	47%	54	52%	1	1%
C　和銅7～養老4年(714～20)	26	7	27%	18	69%	1	4%
D　養老5～神亀3年(721～26)	44	13	30%	31	70%	0	0%
E　神亀4～天平4年(727～32)	56	4	7%	52	93%	0	0%
F　天平5～同11年(733～39)	302	18	6%	283	94%	1	0%
G　天平12～同17年(740～45)	76	7	9%	68	89%	1	1%
H　天平18～天平勝宝3年(746～51)	205	15	7%	183	89%	7	3%
I　天平勝宝4～延暦11年(752～92)	415	31	7%	378	91%	6	1%

表15は七、八世紀の木簡や正倉院宝物、正倉院文書などの史資料から、年月または年紀が明らかなものに記された郡（評）名を抽出し[17]、その郡（評）名表記と延喜式の郡名表記との相違を比較し、時期別にまとめたものである[18]。改定の焦点となる和銅～天平年間は、造籍の翌年から次の造籍年を時期区分の一つのまとまりとした。本章では主として延喜式の表記と異なる例を重視するので、使用されている文字数および文字が延喜式の表記と明らかに異なる例のみを異表記とし、異同の判断が難しい例は保留とした[19]。また、図5は表15にあげた各時期の総数に対する異表記数、同表記数、保留数それぞれの割合をグラフ化したものである。

表15と図5によれば、異表記数の割合は、七世紀代のAの時期には六五％にのぼり、それ以降、B、C、Dと時期をおってほぼ減少傾向をたどるが、Eの時期以降は異表記数の割合は一〇％以下となり、多少の増減はあるが数％の幅でほぼ一定化していることがみてとれる。また、郡名の改定が命じられた和銅六年の前後の時期に注目するとBの時期の四七％からCの時期の二七％へと異表記率が大幅に減少していること

が注目される。

決して豊富とはいえない現存の史資料でみていくため、表記例の絶対数が少ないという点や地域の偏在という点などに統計上の問題が残るが、あらためて表15と図5を詳しくみると、全国的な傾向として、郡（評）名表記の改定は、和銅六年の改定指令前後、すなわちAからCにかけての時期にまず進められ、その後CからDの時期には停滞し、DからEの時期に再び改定が進められたことが認められる。郡名の改定はこの二段階の画期を経てEの時期までにある程度の段階まで進行し、定着化したといえるのではないだろうか。

和銅六年前後の郡名表記の改定の例としては若狭国遠敷郡の例が参考となる。遠敷郡の場合、宮都で出土した木簡によって延喜式巻二十二にみられる表記への移行時期をおおよそ把握できる。[20]遠敷郡の七世紀の表記は「小丹生評」または「小丹評」であり、八世紀に入っても「小丹生郡」「少丹生郡」の表記が確認できる。その下限は和銅五年（七一二）の年紀のある木簡である。これに対して和銅四年（七一一）の年紀のある木簡に「遠敷郡」の表記がみえ、和銅六年（七一三）

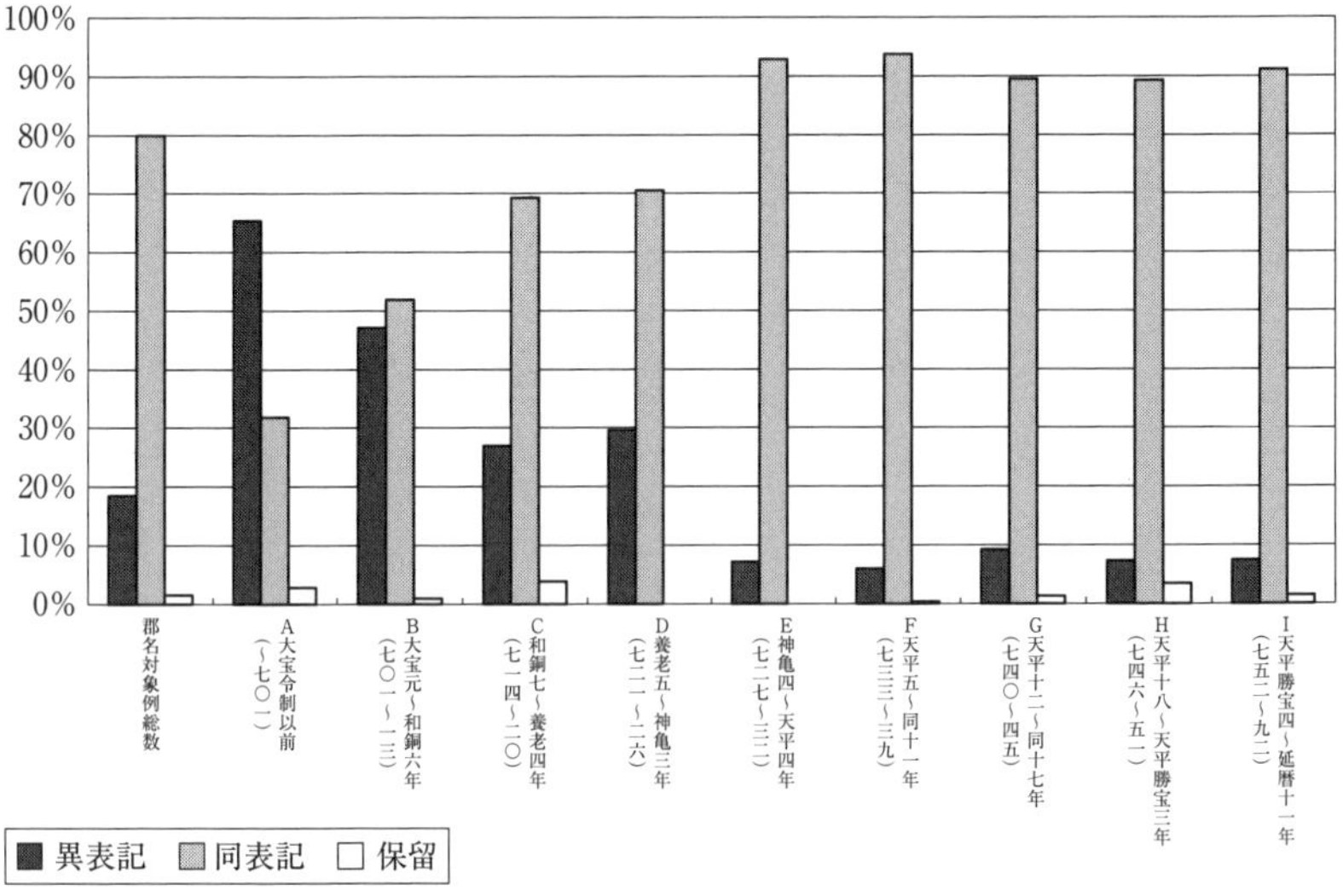

図5　郡（評）名の異表記・同表記・保留数の割合の推移

の年紀のある平城宮木簡以降は、現在確認できる木簡や正倉院文書には、ほぼ「遠敷」の表記が郡名に用いられている(21)。

「遠敷」表記の初見年が「小丹生」表記を最後に確認できる年の前年であるという点に問題があるが、三文字表記の「小丹生」が用いられなくなり「遠敷」表記が定着したのは、ほぼ時期的に和銅六年の改定指令に対応するものであるといえよう(22)。このような改定が他郡でも行われたことが表15にみるBからCの時期への異表記の割合の減少をもたらしたものと考えられる。

しかし、CとDの時期においても異表記の割合はまだ約三〇％近くあり、また、Dの時期の養老五年の下総国戸籍に「倉麻」（相馬）や「釬托」（香取）の異表記がみられることなどや、すでに述べた屋代木簡の様相を考えると、少なくとも全国一斉に短期間に改定が進行終了したということはできないであろう。

『続日本紀』和銅六年五月甲子条の後半部では郡郷名についての命令に続いて、いわゆる風土記の編纂が命じられていることから、郡郷名の改定も風土記の編纂と同様に国ごとに進められたものと考えられる。そうすると、遠敷郡のように和銅六年からさほど時期をおかず新しい郡名表記が定着した例がある一方で、改定に少なくともC、Dの期間を要した場合があったことが想定されるということは、国によって郡名表記の改定の進行状況が異なっていたと考えた方がよいのではないだろうか。

ここで再び信濃の場合を考えてみると、「更科」の表記がみられる19の六〇号と20の七四号が出土した層位には、養老七年（九〇、九二号）神亀二年（六二号）の年紀がみられる木簡が含まれている(23)。したがって、これらの木簡は表15でいえばDの時期のものである可能性が高い。そうすると信濃国ではDの時期までは郡名の改定は行われていなかったということになり、全国的にみれば遅い時期に改定が行われたということになるが、例えそうであっても表15

ではDの時期の異表記の割合は三〇%であるので、信濃国のみが突出して遅かったということにはならないだろう。

　それでは信濃国での郡名の改定時期は具体的にどのように考えられるであろうか。上述したように現存する信濃関係の史資料からは、19・20以降、すなわち神亀二年ごろ以降から25の天平二十年までの間に改定されたとしかいいようがないが、表15にもとづいてあえて推定すれば、郡名の改定が全国的にある程度の段階まで進行したと考えられるEの時期前後をあげたいと思う。しかしいずれにせよこの点についても、現時点では新たな木簡などの資料を待たなければならない。なお、参考までに、郡名表記について、和銅六年までのA・Bの時期にみえる同表記の例を表16、和銅七年以降のC～Hの異表記例を表17として掲げる。(24)

表16　A・Bの時期の郡（評）名の同表記例

時期	延喜式巻二十二	郡(評)名	出典	年紀	西暦
A	美濃国大野郡	大野評	荷札集成—九二	庚辰年	六八〇
	尾張国知多郡	知多評	荷札集成—三三	(辛卯年)持統五年十月	六九一
	丹波国加佐郡	加佐評	荷札集成—一五一	丙申（持統十）年	六九六
	但馬国二方郡	二方評	藤原宮三—一一七三	己亥年十二月	六九九
	大和国忍海郡	忍海評	木研二七—25—(一九)		七〇一以前
	河内国高安郡	高安評	藤原宮三—一一四四		七〇一以前
	伊勢国三重郡	三重評	荷札集成—一一三		七〇一以前
	伊勢国飯高郡	飯高評	飛鳥藤原京二—二三〇六		七〇一以前
	尾張国春部郡	春部評	荷札集成—二八		七〇一以前
	尾張国山田郡	山田評	荷札集成—三〇		七〇一以前
	武蔵国横見郡	横見評	荷札集成—七一		七〇一以前

A

近江国坂田郡	坂田評	木研一五—29—（二）	七〇一以前
近江国浅井郡	浅井評	荷札集成—八四	七〇一以前
近江国伊香郡	伊香評	荷札集成—八五	七〇一以前
美濃国不破郡	不破評	木研一三—154—（二）	七〇一以前
美濃国厚見郡	厚見評	藤原宮三—一一六三	七〇一以前
若狭国三方郡	三方評	荷札集成—一三五	七〇一以前
越中国新川郡	新川評	飛鳥藤原京一—一一三七	七〇一以前
丹後国竹野郡	竹野評	荷札集成—一五六	七〇一以前
丹後国熊野郡	熊野評	荷札集成—一五九	七〇一以前
因幡国高草郡	高草評	荷札集成—一六三	七〇一以前
出雲国楯縫郡	楯縫評	藤原宮三—一一七五	七〇一以前
出雲国出雲郡	出雲評	荷札集成—一六六	七〇一以前
出雲国神門郡	神門評	荷札集成—一六七	七〇一以前
出雲国大原郡	大原評	藤原宮三—一一七六	七〇一以前
播磨国宍粟郡	宍粟評	荷札集成—二〇七	七〇一以前
備中国小田郡	小田評	荷札集成—二二五	七〇一以前
備中国下道郡	下道評	荷札集成—二二三	七〇一以前
備中国浅口郡	浅口評	荷札集成—二二四	七〇一以前
備後国神石郡	神石評	荷札集成—二二八	七〇一以前
周防国佐波郡	佐波評	荷札集成—二三〇	七〇一以前
周防国熊毛郡	熊毛評	荷札集成—二二九	七〇一以前
阿波国麻殖郡	麻殖評	荷札集成—二三四	七〇一以前
阿波国板野郡	板野評	荷札集成—二三二	七〇一以前
讃岐国三野郡	三野評	木研二九—40—（一〇）	七〇一以前
伊予国風早郡	風早評	木研三五—24—（一八一）	七〇一以前
伊予国久米郡	久米評	荷札集成—二四三	七〇一以前

A	伊予国宇和郡	宇和評	荷札集成—二四五		七〇一以前
A	肥後国合志郡	合志評	荷札集成—二四九		七〇一以前
A～B	遠江国濱名郡	濱名	木研一五—24—二(二)		七一〇以前
A～B	常陸国新治郡	新治	飛鳥藤原京二—三四三七		七一〇以前
B	豊前国仲津郡	仲津	大日古一—162	大宝二年	七〇二
B	下野国足利郡	足利	藤原宮一—三	大宝三年十月二十二日	七〇三
B	大和国廣瀬郡	廣瀬	大日古七—1	和銅二年七月二十五日	七〇九
B	大和国高市郡	高市	大日古七—1	和銅二年七月二十五日	七〇九
B	大和国山邊郡	山邊	大日古七—1	和銅二年七月二十五日	七〇九
B	河内国若江郡	若江	大日古七—1	和銅二年七月二十五日	七〇九
B	尾張国中嶋郡	仲島	大日古七—2	和銅二年七月二十五日	七〇九
B	美濃国多藝郡	多藝	大日古七—2	和銅二年七月二十五日	七〇九
B	讃岐国山田郡	山田	大日古七—2	和銅二年七月二十五日	七〇九
B	丹波国氷上郡	氷上	平城宮七—一一三〇七	和銅三年四月二十三日	七一〇
B	大和国葛下郡	葛下	藤原宮一—一三		七〇一～七一〇
B	河内国茨田郡	茨田	飛鳥藤原京二—三五九一		七〇一～七一〇
B	伊勢国鈴鹿郡	鈴鹿	木研一一—32—一(五)		七〇一～七一〇
B	尾張国海部郡	海部	飛鳥藤原京二—三六〇七		七〇一～七一〇
B	上総国市原郡	市原	藤原宮三—一一六一		七〇一～七一〇
B	信濃国高井郡	高井	木研五—83—(三五)		七〇一～七一〇
B	下野国塩屋郡	塩屋	飛一九—20下(三七八)		七〇一～七一〇
B	出雲国嶋根郡	嶋根	藤原宮一—一五六		七〇一～七一〇
B	隠岐国周吉郡	周吉	木研五—82—(二〇)		七〇一～七一〇
B	播磨国佐用郡	佐用	藤原宮三—一一七九		七〇一～七一〇
B	備前国赤坂郡	赤坂	奈良県『藤原宮』—(九)		七〇一～七一〇

B				
備前国上道郡	上道	藤原宮三―一四八九		七〇一~七一〇
安藝国安芸郡	安芸	藤原宮三―一一八八		七〇一~七一〇
安藝国佐伯郡	佐伯	藤原宮一―一七八		七〇一~七一〇
長門国大津郡	大津	藤原宮三―一四八四		七〇一~七一〇
紀伊国名草郡	名草	藤原宮三―一六四五		七〇一~七一〇
紀伊国海部郡	海部	藤原宮三―一一九一		七〇一~七一〇
美濃国方縣郡	方縣	平城宮三―三三五八	和銅四年	七一一
若狭国遠敷郡	遠敷	平城宮七―一二六三九	和銅四年四月十*日	七一一
丹後国多紀郡	多紀	城一二―10上(四六)	和銅五年	七一二
大和国平群郡	平群	木研一〇―91―二(二)	和銅六年五月十日	七一三
参河国八名郡	八名	木研一六―189―(九)	和銅六年十月	七一三
能登国能登郡	登能	平城宮七―一二七五二	和銅六年	七一三
美作国眞嶋郡	眞嶋	城二七―20下(二九四)	和銅六年十月	七一三

表17　C~Ｉの時期の郡名の異表記例

時期	延喜式巻二十二	郡名	出典	年紀	西暦
C	山城国葛野郡	葛濃	平城京二―一七六八	和銅七年	七一四
	参河国渥美郡	飽海	城二七―18下(二四七)	和銅七年	七一四
	上総国武射郡	武昌	平城京二―二一七〇	和銅六年十月	七一四
	大和国城上郡	志癸上	木研一二―21―二(一四)	和銅八年	七一五
	武蔵国埼玉郡	策覃	平城京一―一六八	霊亀三年十月	七一七
	因幡国気多郡	喜多	平城宮三―二八九一	養老四年十月	七二〇

D	下総国相馬郡	倉麻	大日古一－292	養老五年	七二一
	下総国香取郡	釪托	大日古一－301	養老五年	七二一
	尾張国愛智郡	鮎市	大日古一－347	神亀三年	七二六
	遠江国長上郡	長田上	大日古一－370	神亀三年	七二六
	武蔵国埼玉郡	前玉	大日古一－354	神亀三年	七二六
	近江国滋賀郡	斯我	大日古一－362	神亀三年	七二六
	丹波国多紀郡	多癸	大日古一－355	神亀三年	七二六
	丹波国多紀郡	多貴	大日古一－370	神亀三年	七二六
	因幡国邑美郡	海	大日古一－359	神亀三年	七二六
	播磨国飾磨郡	忠磨	大日古一－356	神亀三年	七二六
	紀伊国伊都郡	伊刀	大日古一－359	神亀三年	七二六
E	近江国滋賀郡	志何	大日古一－391	天平二年六月	七三〇
	美濃国多藝郡	當嗜	大日古一－447	天平四年三月二五日	七三二
F	近江国野洲郡	夜珠	大日古一－533	天平五年	七三三
	近江国栗太郡	積太	大日古一－539	天平五年	七三三
	越前国加賀郡	香我	大日古一－528	天平五年	七三三
	越前国丹生郡	日富	大日古一－512	天平五年	七三三
	河内国交野郡	肩野	大日古二四－25	天平六年五月一日	七三四
	駿河国廬原郡	五百原	城二二－23上（二二五）	天平七年十一月	七三五
	伊豆国那賀郡	中	城二二－29上（二九一）	天平七	七三五
	但馬国美含郡	美伎	城三八－22下	天平八年三月三日	七三六
	美作国眞嶋郡	真	城二二－37下（三九四）	天平十年	七三八
	遠江国佐野郡	佐益	大日古二－111	天平十年	七三八
	下総国印播郡	印波	大日古二－107	天平十年	七三八

G	美濃国武芸郡	武義	木研二二―110―二(三)	天平十五年十一月	七四三
	尾張国海部郡	海	木研二四―60―二(四)	天平十六年	七四四
	紀伊国那賀郡	那名	大日古二五―131	天平十七年九月二日	七四五
H	大和国城下郡	式下	大日古二―657	天平十九年二月十一日	七四七
	河内国讃良郡	更浦	大日古二―616	天平十九年二月十一日	七四七
	河内国志紀郡	志貴	大日古二―616	天平十九年二月十一日	七四七
	伊賀国阿拝郡	阿閇	大日古二―658	天平十九年二月十一日	七四七
	近江国神埼郡	神前	大日古二―657	天平十九年二月十一日	七四七
	若狭国遠敷郡	乎入	大日古二―652	天平十九年二月十一日	七四七
	伊予国伊豫郡	伊余	大日古二―619	天平十九年二月十一日	七四七
	山城国愛宕郡	愛當	大日古三―80	天平二十年四月二五日	七四八
	大和国廣瀬郡	廣湍	大日古三―42	天平二十年二月十一日	七四八
	山城国久世郡	久西	大日古三―323	天平勝宝元年十一月三日	七四九
	和泉国和泉郡	泉南	大日古三―328	天平勝宝元年十一月一三日	七四九
	阿波国那賀郡	長	大日古二五―148	天平勝宝二年四月四日	七五〇
	摂津国河邊郡	川邊	大日古三―490	天平勝宝三年三月三日	七五一
	近江国甲賀郡	甲可	大日古三―502	天平勝宝三年七月二十七日	七五一
I	下野国鹽屋郡	塩谷	大日古三―588	天平勝宝四年十月十八日	七五二
	隠岐国隠地郡	役道	平城宮七―一一五二六	天平勝宝四年	七五二
	摂津国西成郡	西	大日古四―228	天平勝宝九年四月七日	七五七
	伯耆国會見郡	相見	大日古四―228	天平勝宝九年四月七日	七五七
	周防国吉敷郡	余色	大日古四―228	天平勝宝九年四月七日	七五七
	近江国滋賀郡	志賀	大日古一三―220	◎天平勝宝九年	七五七
	越中国礪波郡	利波	集成108	天平宝字三年十一月十四日	七五九

I				
摂津国嶋上郡	三嶋上	大日古四―446	天平宝字四年十月二十二日	七六〇
摂津国西成郡	西生	大日古四―448	天平宝字四年十一月七日	七六〇
山城国久世郡	久背	大日古一四―360	天平宝字四年七月二十八日	七六〇
大和国宇陀郡	干太	大日古一四―376	天平宝字四年八月二日	七六〇
安房国那賀郡	那我	大日古一五―27	天平宝字五年正月六日	七六一
摂津国豊嶋郡	手嶋	大日古三―239	天平宝字六年六月二十一日	七六二
山城国乙訓郡	乙容	大日古五―239	天平宝字六年六月二十一日	七六二
美濃国山縣郡	山方	大日古一五―240	天平宝字六年八月二十七日	七六二
近江国野洲郡	夜須	大日古五―401	天平宝字七年三月三日	七六三
越中国礪波郡	利波	集成122	神護景雲元年十一月十六日	七六八
常陸国那珂郡	那賀	木研二一―35―一(九)	延暦九年	七九〇
紀伊国在田郡	安諦	平城宮二―二二二一	天平宝字	七五七〜七六五
伊予国伊豫郡	伊与	長岡京二―八八三	延暦二年〜延暦十三年	七八三〜七九四
讃岐国香川郡	香河	長岡京一―二三三	延暦二年〜延暦十三年	七八三〜七九四
讃岐国鵜足郡	宇垂	長岡京一―九二	延暦二年〜延暦十三年	七八三〜七九四

四 信濃国の郷名

『和名類聚抄』高山寺本には、信濃国内に六二郷があげられており、大日本東急文庫本では六七郷があげられている(25)(序章の表1)。前掲1〜41のほかにそれらの郷名を記した出土文字資料を次にあげる。

42 錦服ア 山形村殿村古墳 須恵器墨書

43　・「等信郷和□野□□　□　［　　］
　　・「　□□　神亀□〔二〕□
　　（二九七）×（一六）×五　〇六五　屋代遺跡群⑥区　屋代総論編六二

44　「倉科郷□〔方〕□里［　　］」
　　（一七三）×一二×四　〇五一　屋代遺跡群⑥区　屋代総論編九一

45　「伊蘇郷［　　］里□□マ□□
　　（一三五）×一七×五　〇一九　屋代遺跡群⑥区　屋代木簡編一一〇

46　「□〔舟〕山柏寸里物マ乙見女」
　　一七五×二〇×二～五　〇五一　屋代遺跡群⑥区　屋代木簡編七三

47　「船山［　　　　　　　　］」
　　一九三×一八×五　〇五一　屋代遺跡群⑥区　屋代木簡編七九

48　・「船山郷井於里戸主生王マ小萬戸口

・「　　養老七年十月

（一二五）×二五×二　〇一九
屋代遺跡群⑥区　屋代木簡編九〇

49　「船山柏村里戸主他□□〔田舎〕人八□

（一五〇）×二三×二〜四　〇一九
屋代遺跡群⑥区　屋代木簡編一〇〇

50　「□〔大〕穴郷高家里戸主守マ安万呂戸口

（一六八）×二五×五　〇三九
屋代遺跡群⑥区　屋代木簡編七二

51　「屋代郷□□

（一一五）×一八×四　〇三九
屋代遺跡群⑥区　屋代木簡編七六

52　「　　　　　　　敷席二枚　鱒□一升　芹□
・符　屋代郷長里正等　匠丁粮代布五段勘（ママ）夫一人馬十二疋
　　　　　　　　　　□〔神〕宮室造人夫又殿造人十人
・「□持令火急召□□者罪科　　　　少領

（三九二）×五五×四　〇一九
屋代遺跡群⑥区　屋代総論編一一四

53　八代　屋代遺跡群③区　須恵器墨書

54　・「符　余戸里長
・「□□□
（九九）×三五×三　〇一九
屋代遺跡群⑥区　屋代木簡編一六

55　大井　佐久市西近津遺跡群ほか　土師器墨書・刻書　須恵器墨書・刻書

56　刑部　上久保田向遺跡ほか　土師器墨書

表18にみるように、従来は平城宮木簡や正倉院関係の史資料によって七郷が確認され、年紀が明らかなもので最も古いのは23の天平十八年の伊那郡小村郷であった。しかし、屋代木簡などによって、23よりも古い八世紀第1四半期のものを含む新たに一一の郷に関する表記の例が加わった。屋代木簡にみえる郷名は埴科、更級両郡のもので、その多くは荷札木簡と考えられるものに記されている。屋代木簡のほかに、郷名と思われる土器の墨書や刻書によって三郷が確認できる。

『続日本紀』和銅六年五月甲子条では郡名とともに郷名も対象とされており、また『出雲国風土記』には、「右件郷字者、依二霊亀元年式一、改レ里為レ郷。其郷名字者、被二神亀三年民部省口宣一、改之。」とあって、霊亀元年（七一五）に

表18　史資料にみえる信濃国の郷名表記とその年代

郡	番号	和名抄表記	郷(里)名表記	年代	形態
伊那	23	小村	小村	七四六	布袋
筑摩	42	錦服	錦服部	八世紀前半	須恵器墨書
	6	山家	山家	七三九以降	木簡
	26	山家	山家	七五二	白布
安曇	28	前科	前科	七六四	布袴
更級	32	村上	村神	七四八	文書
	43	當信	等信	七二〇年代	木簡
	20	なし	余戸	七二〇年代	木簡
水内	33	大田	大田	七五一	布袋
高井	37	穂科	穂科	七七四	木簡
埴科	44	倉科	倉科	七二〇年代	木簡
	45	礒部	伊蘇	七二〇〜四〇年代	木簡
	46	船山	舟山	七二〇年代	木簡
	47	船山	船山	七二〇年代	木簡
	48	船山	船山	七二〇年代	木簡
	49	船山	船山	八世紀前半	木簡
	50	大穴	大穴	七二〇年代	木簡
	51	屋代	屋代	七二〇年代	木簡
	52	屋代	屋代	七二〇〜四〇年代	木簡
	53	屋代	八代	九世紀第1四半期	須恵器墨書
	54	なし	余戸	八世紀初頭	木簡
小縣	39	童女	海野		紐心麻綱
佐久	55	大井	大井	九世紀前半〜中ごろ	須恵器墨書・刻書 土師器墨書・刻書
	56	刑部	刑部	九世紀後半	土師器墨書

「里」を「郷」へ改め、神亀三年（七二六）の民部省口宣によって実際に郷名を改定した例をみることができる。したがって、信濃国でも同様に郷名の改定が行われたものと思われる。

表18では『和名類聚抄』の郷名と異なる表記として「村神」（更級郡村上郷）、「等信」（同郡當信郷）・「伊蘇」（埴科郡礒部郷）がみられる。しかし、郷名を記した史資料が少ないこともあって、同一郷の郷名について時期をおって表記の変化をみることができるものはない。そこで郡名と同様に郷名表記の全国的な様相をみたのが表19と図6である。[26]

『和名類聚抄』に記される全国の郷の総数は、郡（評）の総数よりも格段に多い数であるのにたいして、表19で対象となる郷名の総数は表15の郡名の総数よりも少ない。したがって、郷名の場合、郡（評）名以上に統計

表19　木簡・正倉院宝物・正倉院文書などにみえる郷名と『和名類聚抄』郷名の異同

	総数	異表記数	割合%	合致数	割合%	保留数	割合%	和名抄にない郷数	割合%
郷名対象例総数	1029	229	22%	590	57%	24	2%	186	18%
J　大宝令制以前（～701）	126	47	37%	37	29%	1	1%	41	33%
K　大宝元～和銅6年（701～13）	61	30	49%	19	31%	0	0%	12	20%
L　和銅7～神亀3年（714～26）	38	6	16%	23	61%	1	3%	8	21%
M　神亀4～天平11年（727～39）	275	46	17%	157	57%	10	4%	62	23%
N　天平12～延暦11年（740～92）	529	100	19%	354	67%	12	2%	63	12%

上の問題があると思われるが、一応、時期区分は大宝令制以前、改定の契機となる命令が出された和銅六年（七一三）と神亀三年（七二六）、郡郷里制から郡郷制への移行の各時点として作表した[27]。

『和名類聚抄』所載の郷については、民部省関係の資料としてまとめられていたものを用いたと考えられ、時期的には九世紀ごろのものである可能性が高いことが指摘されているが[28]、郡名と比較して、表では対象総数に対する同表記の総数の割合が低くなっている。これは八世紀の史資料にみえるが『和名類聚抄』にないという郷名が総数の約一八％もあるためである。また、時代が下っても異表記率が郡名のそれと比べて高い。これは一つには高山寺本と大日本東急文庫本で表記が異なる例が少なくないように、『和名類聚抄』に誤記・誤写の問題があることと、もう一つは八世紀の史資料でも、とくに木簡の場合に、時代が下っても一つの郷名に対して複数通りの表記法がみられる例が少なくないためである。

異表記の割合の推移をみるとKの時期が四九％と高いが、それ以降はLの時期が一六％、Mの時期が一七％、Nの時期が一九％と大きな変化がみられない。これによれば、Kの時期からLの時期への割合の減少が郷名改定の大きな画期ということになる。

しかし、『出雲国風土記』によれば、「今依前用」あるいは「本字～」など郷名の改定に関する記述がみられる郷または駅家六四のうち、神亀三年の民部省口宣によって郷名を改定したものは二六で、その割合は四一％を占める。また、前節でみたように国によっては郡名の改定はC、D（表19のL）の時期まで行われていたと推定される。その場合、郡名より数が多い郷名の改定が郡名の改定より先行したとは考えにくい。

　したがって、表19からは明確に読みとることができないが、民部省口宣による改定かどうかはともかくとして、Mの時期に出雲以外の国でも『出雲国風土記』にみられるような郷名の改定が行われた可能性は高いと思われる。

　信濃国の場合も、前節で述べたように郡名の改定が神亀二年ごろ以降であった可能性が高いことから、郷名の改定が行われたとすればやはり神亀二年ごろ以降であったと思われる。そして天平期ごろには表18の正倉院関係の史資料にみられるように郷名がある程度定着化したものと推定したい。

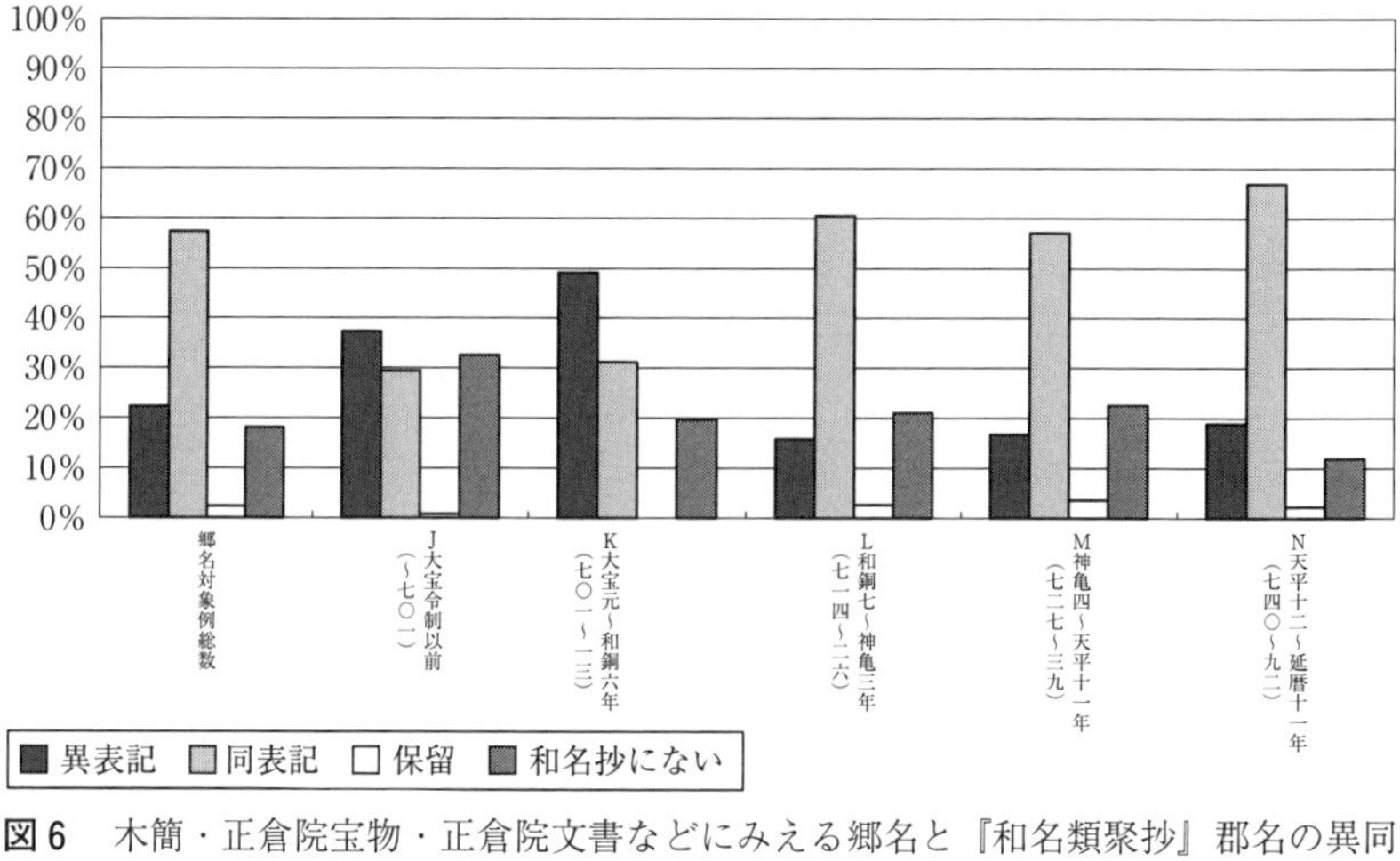

図6　木簡・正倉院宝物・正倉院文書などにみえる郷名と『和名類聚抄』郡名の異同

五　まとめと課題

本章では、屋代木簡の出土によって大幅に増加することになった古代の信濃国の行政地名に関する表記を整理し、律令国家体制の一環である地方行政制度のなかでどのように理解できるかという視点で検討を行った。それらをまとめると次のようになる。

まず、国名については、浄御原令制下に「科野」が用いられたが、大宝四年に「信濃」の表記がはじめて公定され、宮都で出土した木簡や屋代木簡で確認されるように、この表記が定着したと考えられる。また、浄御原令制以前では、「科野」とは別に「斯那奴」のような音三字による地名表記も用いられた可能性が考えられる。

次に、郡名は、『延喜式』にみえる一〇郡のうち、水内、高井の両郡は大宝令制以前から同表記が用いられたと考えられるのに対して、伊那、筑摩、更級、埴科については八世紀の段階で『延喜式』と異なる表記が用いられ、さらに屋代木簡によって信濃国では「束間」（筑摩）「更科」（更級）表記が七二〇年代まで用いられたことが確認できる。これと郡名表記の全国的な様相から、信濃国の場合、郡名の改定が行われたのは神亀二年ごろからE（天平四年まで）の時期にかけてと推定した。

郷名についても、屋代木簡などによって『和名類聚抄』と異なる表記が確認できるが、『出雲国風土記』の記載や、郡名改定の様相とあわせて、信濃国の郷名の改定は神亀二年ごろ以降と考えられ、天平期ごろには郷名がある程度定着化したものと推定した。

以上のような行政地名の改定の動向は、中央集権的な国家体制が全国的に浸透していく過程の一面をあらわすものであると考えられる。しかし、本章の主たる目的は、表記の異同などの事実関係をできる限り整理し、改定の時期を明らかにしようとすることにあったので、地名の語義や、用字の字義、あるいは行政地名の改定に内在される政治的あるいは制度的な論理といったものについては検討を行わなかった。例えば、国名表記のところでふれたように、いずれも「野」を国名に用いていた国でありながら、美濃と信濃は表記が改定され、毛野に由来する上野と下野は表記の変更が行われなかった。その論理を明らかにすることは現時点では非常に難しいといわざるをえない。これらの点については今後の課題としてひき続き考えていきたい。

また、信濃国の行政地名に関する史資料としては、屋代木簡が出土したとはいえ、やはり宮都で出土した木簡や正倉院に伝えられてきた史資料に多くの情報が残されている。とくに木簡などの出土文字資料は宮都に限らず全国的に増加しつつあり、それらから明らかにされる事象の情報量は膨大となりつつある。本章では、それらの一端をデータ化し定量的に分析しようと試みた。その過程では適切な統計処理を行うことの難しさを痛感したが、歴史的事象をデータとして相対化することの有効性については、ある程度認識できたように思われる。歴史的情報をもとにより正確なデータを作成することと、それをいかに有効に活用するかという点もまた今後の課題であると考える。

注

（1）本章では、㈱国立文化財機構奈良文化財研究所の「木簡データベース」のデータを利用した。また、文中に引用する各木簡の釈文の下には、寸法（単位ミリ、長さ×幅×厚さ）と型式番号、それに出土遺跡と出典となる報告書名をあげる。なお、出典については原則として「木簡データベース」の略記にしたがい、以下のとおりとする。

藤原宮三―一一六四は、㈱国立文化財機構奈良文化財研究所『藤原宮木簡』三、二〇一二年の木簡番号一一六四を表す。

同様に平城宮、平城京、飛鳥藤原京は、それぞれ奈良国立文化財研究所・㈱文化財研究所奈良文化財研究所・㈱国立文化財機構奈良文化財研究所）の『平城宮木簡』『平城京木簡』『飛鳥藤原京木簡』の略記である。

城二一―21上（一九四）は、奈良国立文化財研究所『平城宮発掘調査出土木簡概報』二十一、一九八九年の二一頁上段に掲載されていることを示し、括弧内の一九四は、同概報における通し番号を表す。同様に飛一九は㈱文化財研究所奈良文化財研究所『飛鳥・藤原宮発掘調査出土木簡概報』十九、二〇〇五年の略記である。

荷札集成―七二は、㈱文化財研究所奈良文化財研究所『評制下荷札木簡集成』二〇〇六年の番号七二の木簡を表す。

木研一五―29―（二）は木簡学会『木簡研究』十五の二九頁の（二）の釈文を表す。

日本古代木簡選（四三六）は、木簡学会『日本古代木簡選』（岩波書店、一九九〇年）の番号四三六の木簡を表す。

奈良県『藤原宮』―（六八）は、奈良県教育委員会『藤原宮』一九六九年の木簡番号六八を表す。

長岡京一―五七は、向日市教育委員会『長岡京木簡』一、一九八四年の木簡番号五七を表す。

長岡左京木簡一―一一八は、㈶京都市埋蔵文化財研究所『長岡京左京出土木簡』一、一九九七年の木簡番号一一八を表す。

屋代総論編六〇、屋代木簡編七四は、それぞれ屋代総論編の六〇号木簡、屋代木簡編の七四号木簡を表す。

（2）平城京一の総論編。

（3）直木孝次郎「古事記の国名表記について」（『飛鳥奈良時代の研究』塙書房、一九七五年、初出は一九七二年）。舘野和己「『古事記』と木簡に見える国名表記の対比」（奈良女子大学古代学学術研究センター『古代学』四、二〇一二年）。

（4）笠井倭人「欽明朝における百済の対倭外交―特に日系百済官僚を中心として―」（『古代の日朝関係と日本書紀』吉川弘文館、二〇〇〇年、初出は一九六四年）。坂本太郎「古代信濃人の百済における活躍」（『坂本太郎著作集』一一、吉川弘文館、一九八九年、初出は一九六六年）。金鉉球「対百済一面外交の時代―傭兵と日系百済官僚を中心に―」（『大和政権の対外関係研究』吉川弘文館、一九八五年）。

（5）坂本前掲注（4）論文。長野県史通史一。

（6）荷札集成―七二・七三・七四、飛鳥藤原京二―二三〇八・二三〇九。

（7）野村忠夫「律令的行政地名の確立過程―ミノ関係の木簡を手掛りに―」（『律令政治と官人制』吉川弘文館、一九九三年、初出は一九七八年）。
（8）鎌田元一「律令制国名表記の成立」（『律令公民制の研究』塙書房、二〇〇一年、初出は一九九五年）。
（9）正倉院宝物の布類には大宝四年初鋳のものと天平宝字年間に改鋳されたと推定される二種類の字体の異なる信濃国印の印影がみられる。福島正樹「信濃国印の復原制作について」（『長野県立歴史館研究紀要』一、一九九五年）参照。
（10）「ケノ（毛野）」に由来する「上野」「下野」については、「ミノ」「シナノ」と同じく東山道に連なる国でありながら、大宝四年の国名表記の公定時に「ノ」の表記を「野」から「濃」に変更しなかったということになる。
（11）奈良市埋蔵文化財調査センター『西大寺旧境内発掘調査報告書一―西大寺旧境内第二五次調査―』（奈良市教育委員会、二〇一三年）。なお、釈文は第六章に掲げた。
（12）本章では、史資料からの表記の引用を除き、郡名は原則として虎尾俊哉編『延喜式』中（集英社、二〇〇七年）の『延喜式』巻二十二民部省上の表記を用いる。
（13）36と40の出典は㈶長野県埋蔵文化財センター『飯田古屋敷遺跡・玄照寺跡・がまん淵遺跡・沢田鍋土遺跡・清水山窯跡・池田端窯跡・牛出古窯遺跡』一九九七年による。41の出典は倉沢正幸「ヘラ描き文字・出土瓦の考察」（上田市・上田市教育委員会『史跡信濃国分寺跡』二〇〇六年）による。
（14）年紀のないもので各報告書の所見により時期比定がある程度の幅に絞れるものについてはその想定時期を掲げた。
（15）野村前掲注（7）論文。
（16）屋代木簡編および屋代総論編。
（17）七世紀末から八世紀初頭の藤原宮木簡は、年紀が記されていないものでも「評」表記のあるものはA大宝以前へ、「郡」表記のあるものはB大宝元年～和銅七年の対象数のなかへ入れた。
（18）一つの文書のなかに、同一年に同じ表記の郡名が複数みられるような場合は、原則として一例と数えた。ただし同郡について異なった表記がみられる場合はそれぞれ一例と数えた。

(19) 異体字が用いられている場合は同表記の用字の例とし、また、舟と船、埼と崎、智と知、小と少のように同音で、かつほぼ同義の文字も同表記の用字の例とした。異同の判断を保留としたのは、加と賀、詫と託、古と胡、播と幡、城と成、摩と麻などの用字である。

(20) 藤原宮一―一四六・一四七・一四八・一八二、藤原宮三―一一六五・一一六八、飛鳥藤原京一―一八、荷札集成―一二一・一三一。

(21) 天平十九年二月十一日の年紀がある『大安寺伽藍縁起幷流記資財帳』に「乎入郡」(大日古二―652)の表記がある。

(22) 福井県『福井県史』通史編一、一九九三年。

(23) 前掲注(16)。

(24) 表16では同一郡について同表記の例が複数ある場合は原則として年代が古いもの一例のみを掲げ他の例は省いた。表17では、同一郡について同じ用字の異表記例が複数ある場合、原則として年代が新しいもの一例のみを掲げ他の例は省いた。

(25) 42の出典は殿村遺跡発掘調査団『殿村遺跡』(長野県松本地方事務所・山形村教育委員会、一九八七年)による。53の出典は㈶長野県文化振興事業団長野県埋蔵文化財センター『更埴条里遺跡・屋代遺跡群(含む大境遺跡・窪河原遺跡)―古代一編―』一九九九年。55の出典は佐久市教育委員会(『榛名平・坪の内遺跡群　榛名平遺跡』二〇〇一年)、佐久市教育委員会『周防畑遺跡群　大豆用遺跡Ⅰ・Ⅱ』二〇〇八年。佐久市教育委員会『周防畑遺跡群　若宮遺跡Ⅳ　道常遺跡　南近津遺跡Ⅲ　宮の前遺跡Ⅰ・Ⅱ』二〇一二年、(一財)長野県文化振興事業団長野県埋蔵文化財センター『西近津遺跡群』二〇一五年などによる。56の出典は佐久市教育委員会『曽根新城遺跡Ⅰ・Ⅱ・Ⅲ・Ⅳ・Ⅵ　上久保田向遺跡Ⅰ・Ⅱ・Ⅴ・Ⅵ・Ⅶ　西曽根遺跡Ⅱ・Ⅲ』一九九五年、佐久市教育委員会『周防畑遺跡群　南下北原遺跡』二〇一一年による。

(26) 『和名類聚抄』の表記は高山寺本と大日本東急文庫本により、郷名の異表記、同表記、保留の基準は原則として郡名に準ずる。ただし、高山寺本と大日本東急文庫本の表記が異なる場合はそのどちらとも異なるものを異表記とし、どちらか一方と一致するものは同表記とした。

(27) 郡郷里制の下限は天平十一年(七三九)末ごろから天平十二年はじめごろと考えられているので、表では天平十一年以前と天平十二年以後で区分した。岸俊男「古代村落と郷里制」（『日本古代籍帳の研究』塙書房、一九七三年、初出は一九五一年）参照。

（28）　池邊彌『和名類聚抄郡郷里驛名考證』（吉川弘文館、一九八一年）。

第六章　信濃国の地域と官衙

一　東山道と国府

序章で述べたように、「信濃国」の国境は必ずしも明確ではないが、少なくとも他国に比べて広大、とくに南北方向に長大であり、またその領域は、中部山岳地帯の複雑な地形が作り出す多くの小地域で構成されており、郡（評）の境界も山河などの自然地形によって画されていたと考えられる。このような特色をもった信濃の地域が、中央政府が七世紀後半以降より目指した中央集権体制のなかで、どのような形で支配体制に組みこまれていたのかという問題については、いまだに解明されていない部分が多い。本章では、この課題のうち、とくに国府や郡家等の問題について、律令行政支配に求められたであろう機能や構造といった視点から論じていく。

古代信濃国の国府の所在地については、十世紀前半の承平年間ごろに編纂されたとされる『和名類聚抄』の筑摩郡についての記載(1)などから、九世紀後半には筑摩郡に信濃国府があったとされる。所在地に関するそれ以前の記録はないが、信濃国では国分僧寺・尼寺が小県郡に存在したことが確定している。このことから、両寺が造立された奈良時代のこの時期には小県郡に国府があり、その後、筑摩郡に移転したという見解が長野県史通史一を含めほぼ定説とされていることは周知のとおりである。

ここでは、この国府の所在地の問題について、あらためて別の側面から考えてみたいと思う。まず官道との関係から考えてみたい。古代の律令国家にとって官道は中央集権体制の根幹を支えるものであり、都からの地方への命令や、四度使などによる地方から都への報告など、情報伝達や人・物資の移動を円滑に行うために整備された。とくに急使が利用する駅路は、駅が置かれ、古くからの中心地や集落などに関係なく、国府と国府の間を確実にできる限り短時間で結ぶという原理のもとで計画的に設定されたことが知られている。国府が置かれた地についても、当然、同様の原理が働いたと考えられ、国府と国府、国府と郡家といった官衙間の連絡の便が考慮されたと考えられる。[2]

『延喜式』巻二十八によれば、信濃国には、幹線駅路として信濃国府と西の美濃国府、東の上野国府を結ぶ東山道が通り、松本盆地の東山道から長野盆地を経て上越地域の越後国府や北陸道とを結ぶ駅路があった。このほかに和銅六年（七一三）に開通したとみられる木曽路がある。[3]木曽路の事業は、そもそもは「吉蘇」地域に対する美濃国の行政のためにはじまった可能性も考えられるが、最終的には東山道の難所中の難所である「美濃・信濃二国之堺」すなわち神坂峠を越える経路とは別に、木曽谷を経由して美濃国府と信濃国府を結ぶ経路を開くことによって、先に述べた駅路の原理を補完的に貫徹させる目的があったことは間違いない。竣工までに一〇年以上の年月を要し、[4]この工事を完成させた美濃国守笠朝臣麻呂らの功績が律令政府において高く評価されていること、さらには、序章に掲げた『日本三代実録』元慶三年（八七九）九月四日辛卯条にみる信濃・美濃国境論争で、その木曽路の開削を主たる理由として、美濃国恵那郡と信濃国筑摩郡の境界を「県坂山岑」（現在の鳥居峠）と定めていることなどから、その経路は相応の距離・行程を要するもので、大まかには木曽谷を南北に貫く近世の中山道の経路に近いものであったと考えられる。[5]

このように、東山道の往来が伊那郡を経由しない木曽路によって行われることが、八世紀初頭から想定され、また実際に利用されていたとすれば、伊那郡は信濃国府の地としてはふさわしくないということになろう。また、『延喜式』巻二十八の規定によって想定される東山道の経路が、それ以前の段階でも同じであったのか必ずしも判然としないが、少なくとも木曽路が筑摩郡に通じていたとすると、安曇郡に信濃国府があったとは考えにくい。筑摩・安曇両郡の境は、梓川・犀川によって画されていたと想定されているので、国府に向かう官道は渡河を必要とし、なおかつ松本盆地を西に迂回することになるからである。筑摩郡の北方に位置する更級・水内・高井・埴科の信濃国北部四郡は、後に述べるように信濃国にあって長野盆地を中心とする生産力の高い重要な地域であったと考えられるが、この地域を信濃国府とした場合も、東山道は大きく北に迂回する経路となるため、やはり先に述べた駅路の原理という観点からはふさわしいとは考えにくい。

以上から考えると、信濃国一〇郡のうち国府が置かれた地として残るのは、諏方・筑摩・小県・佐久の四郡ということになる。このうち諏方郡については、後に述べるように、養老五年（七二一）から天平三年（七三一）にかけて存在した諏方国を構成する郡であったと考えられる。諏方国は信濃国府が統括する一〇郡から、いくつかの郡を割いて新たな国としたものなので、信濃国府はやはりそれら分割の対象となった郡ではなく、分割前後を通して信濃国であった郡にあったと考えるべきであろう。そこで、残る筑摩・小県・佐久の三郡について、次にみていくことにする。

二　信濃国における筑摩・小県・佐久三郡の位置

美濃・信濃両国の境である神坂峠から信濃・上野両国の境である碓氷峠を結ぶ最短の経路は、一志茂樹らが指摘するとおり、伊那郡から諏方郡を経て佐久郡を結ぶ経路である。(6)したがって、佐久郡は、先に述べた駅路の原理の上では、信濃国府が置かれるのには最もかなった地であるといえる。しかし、筑摩・小県・佐久の三郡と信濃国府の関係については、今まで述べてきたような経路の原理だけではなく、信濃国内の現実的な行政支配ともいうべき別の論理もまた考慮されるべきであると考える。

序章の表1によれば、『和名類聚抄』に記載された信濃国の郷は高山寺本六二郷、大日本東急文庫本では六七郷である。地域別には更級・水内・高井・埴科からなる北信四郡の二九郷が最多で全体の約四割を占め、最少は筑摩・安曇の中信二郡の一〇郷で全体の一割五分である。『和名類聚抄』所載の郡郷は、民部省関係の資料としてまとめられていたものを用いたと考えられ、時期的には九世紀ごろのものである可能性が高いことが指摘されている。(7)郷数はともかくとして、その地域別の割合については、それ以前の八世紀の段階でも大きな違いはないと考えてよいと思われる。また、令の規定によれば、一郷は「五十戸」を原則として編成されることになっているので、地域の郷数は、ほぼその地域の人口と正の相関関係にあると考えられる。以上からすれば、古代の信濃国において最多の人口を擁するのは北信地域であり、それは長野盆地周辺地域の信濃国内における相対的な生産力の高さを示しているといえる。したがって、土地の管理、税の収受、財政の運用などあらゆる行政面において、北信四郡の地域のそれを円滑に行うことは、信濃国の行政支配にとって相応の重みをもっていたと考えてよいと思われる。こうした点から、筑摩・小県・佐久三郡について考えた場合、北信地域との位置関係では、佐久郡よりは小県郡がより信濃国府の地としてはふさわしく、また小県郡と筑摩郡との関係においても同様のことがいえるのではないだろうか。

先に述べたように、小県郡に国府が置かれていたことは従来からの定説的な見解であり、その最も主たる根拠は国分寺が存在することである。全国的にみて、国分寺の九割以上が国府から八キロ以内に造立されているという指摘は、(8)

国分寺造立が国府主体で実施され、またその管轄も国府の機能の一つであったことを裏付ける重要な事実である。しかし時系列で考えれば、まず小県郡に国府があり、その後に国分寺が造立されたということになる。小県郡に国府が置かれたというそもそもの理由については、これまでにも、有力な豪族が存在する伝統的な政治的中心地、あるいは交通の要衝などといった説明がなされてきた。しかし、信濃国の場合、これらの条件は小県郡のみが適しているのではなく、他郡にもあてはまりうるものである。国府の位置については、これまで述べてきたように、律令体制にもとづく行政支配のなかでの国府の機能といった視点からの説明がなされるべきである。実際に国分寺の造営地はそうした論理を主として選定されたと考えられる。出土瓦などの研究から、信濃国分寺の造営・完成は七六〇年代後半であった可能性が高いといわれているので、(9)そのころには、小県郡に国府があったと考えられ、その状況はおそらく東山道や「吉蘇路」が整備された八世紀のかなり早い時期にさかのぼるものと考えたい。

三　諏方国と須芳山嶺道

『続日本紀』によれば、養老五年（七二一）に信濃国を割いて諏方国を置き、美濃按察使の管轄国としたが、その約一〇年後の天平三年（七三一）に諏方国を廃止して信濃国に併合したとある。(10)この諏方国については、ほかに神亀元年（七二四）に罪人を配流する場合の中流の国とするという記事がみえるのみで、(11)詳細はわからないことが多い。しかし、従来からいわれているように、諏方国には少なくとも諏方・伊那両郡が含まれていたと考えられ、こうした諏方国が東山道に属する一国として分立されたということは、それまでの東山道が美濃国府―信濃国府―上野国府を結ぶ経路であったのに対して、美濃国府―諏方国府―信濃国府―上野国府の経路に変わったということを意味している。

これは先に述べた「吉蘇路」を経由する場合も同様である。こうした道の経路の変更という点で注目されるのは、『令集解』の考課令殊功異行条に引用される古記の次の記述である。

古記云、殊功、謂笠大夫作㆓伎蘇道㆒、増㆓封戸㆒。須芳郡主帳作㆓須芳山嶺道㆒、授㆓正八位㆒之類也。

考課令殊功異行条は、国司や郡司の政の勤務評定に関する記録を官人の人事を司る式部省に報告することを定めたものであるが、その条文の「殊功」についての古記の解釈が上に掲げたものである。古記は「殊功」の実例として、「伎蘇道」（木曽路）を開いた「笠大夫」（美濃国守笠朝臣麻呂）をあげ、次に「須芳山嶺道」を開いた「須芳郡主帳」すなわち諏方郡司の場合をあげている。笠朝臣麻呂の功績が賞されたのは、『続日本紀』和銅七年（七一四）閏二月戊午朔条に「賜㆓美濃守従四位下笠朝臣麻呂封七十戸、田六町㆒。少掾正七位下門部連御立、大目従八位上山口忌寸兄人、各進㆓位階㆒。匠従六位上伊福部君荒当賜㆓田二町㆒。以㆑通㆓吉蘇路㆒也。」とある記事などにより、木曽路の開通の翌年である和銅七年であることがわかっているが、「須芳郡主帳」の件については、これ以外の史料にみえないので、いつの出来事か明確ではない。古記は大宝令の注釈書で天平十年（七三八）ごろに成立したものだといわれているので[12]、それ以前の出来事であると考えられる。

この「須芳山嶺道」についての従来の説では、『延喜式』にみられる東山道駅路に先行して存在していた山道に沿ったもので、蓼科山北西の高原地帯の雨境峠を経て諏方郡と佐久郡とを結ぶ経路であったとする見解が有力とされている[13]（図7のD経路）。しかし、ここではこの「須芳山嶺道」は諏方国の分立に必要な諏方国府と信濃国府を結ぶ東山道の新たな経路ともいうべき道であったと考えたい[14]。その理由は、木曽路が美濃国府と信濃国府とを結ぶ新たな東山道ともいうべき、いわば国家的な重要性をもつ道であり、そのことからすれば、古記に並んであげられている「須芳山嶺道」の場合も、木曽路と同様の重要度をもった性格のものであったと考えるからである。

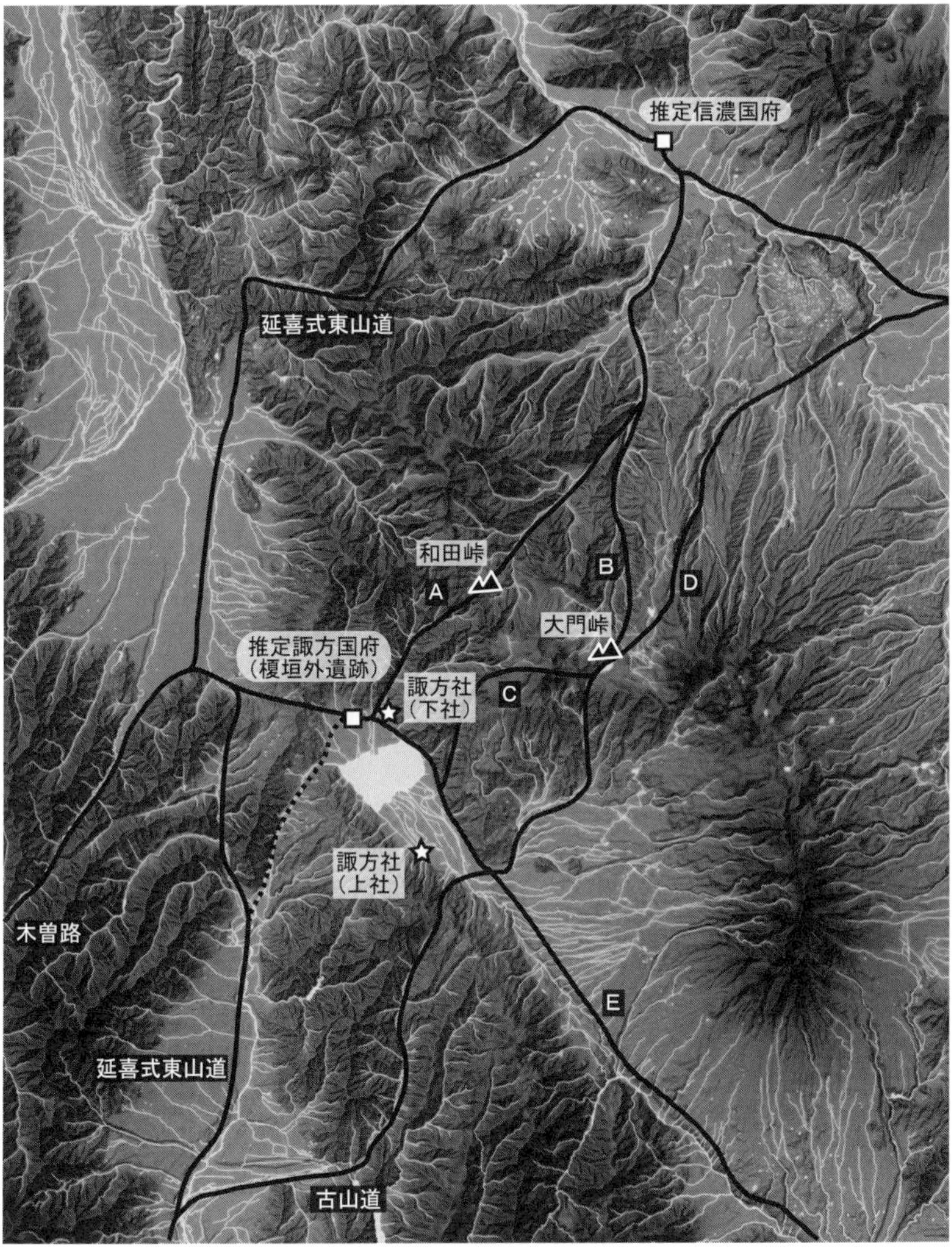

図７　諏方国と「須芳山嶺道」推定経路

ただし、両者には相違点がある。それは木曽路の事業の場合、「殊功」の実例として美濃国守である笠朝臣麻呂があげられているのに対して、「須芳山嶺道」の事業では諏方郡司の主帳があげられていることである。この点については、古記の注釈が令条文の「得㆔国郡司政、有㆓殊功異行㆒」に対するものであるので、国郡司の最上位である守の笠朝臣麻呂の例と、最下位である主帳の「須芳郡主帳」の例をあげることにより、令条文の「国郡司」の対象が国司の守から郡司の主帳に至るまでであることを具体的に説明したものと理解することができる。事実として、木曽路の場合は、美濃国府をあげての事業であり、上記の『続日本紀』の記事にみられるように、笠朝臣麻呂だけではなく少掾から匠まで賞されている。したがって、「須芳山嶺道」の事業も、古記には郡司の「殊功」の例として諏方郡司の主帳のみがあげられているだけであって、実際には諏方郡のみならず信濃国府あるいは諏方国府がかかわる事業であった可能性が高いと考える。この時も主帳より上位の郡司や国司たちもまた「殊功」の対象者とされたと考えるべきであろう。そのような国家的な重要性をもつ道が諏方地域に開かれた契機としては、この時期の史料をみる限り、諏方国の分立が該当しうるものとしてあげられる。おそらく、それに伴い新たな東山道の経路が必要となったものと考える。またこの考え方にしたがえば、この事業には諏方郡司がかかわっており、諏訪郡を経由していることは確かであるので、諏方国府は諏方郡にあったとみるのが自然であろう。

いずれにせよ推測の域を出るものではないが、先に述べたようにこの時期の信濃国府が小県郡にあり、もし「須芳山嶺道」がその信濃国府と諏方国府とを結ぶ道であったとすると、その経路はどのように想定できるであろうか。諏訪郡と信濃国東部である小県郡や佐久郡を結ぶ経路は、先述した従来の有力とされる見解にしたがえば、古い山道の経路である池ノ平（白樺湖）から大門峠を越えていく経路（図7のB・D経路）となる。しかし、東山道や木曽路[15]は諏方郡の西方に通じており、また、諏方郡家あるいは諏方国府とも推定されている岡谷市の榎垣外官衙遺跡の位置にも注目すると、この経路では諏方国府と小県国府の間は大きく東へ迂回することになる。それより、ここでも木曽路を参考にすれば、近世の中山道に近い経路、すなわち現在の諏訪大社の下社付近から和田峠を越えて小県郡を結ぶ経路（図7のA経路）が想定できないだろうか。

「東山道」の「山道」は「センドウ」と読み、東山道の経路と推定される地に「仙道」あるいは「先道」の地名が残ることが明らかにされている。(16) また、奈良市の西大寺旧境内の発掘調査によって次のような木簡が出土している。(17)

・「　伊賀　尾張　遠江　伊豆　上総　常陸　近江　火太　甲斐　下野
　東海道『内』志麻　武蔵　東巽道　『錦』　□
　　伊勢　□河　駿河　相武　下総　阿波　美濃　信野　上野　常奥□□

・「　伊刀　海麻　牟呂　淡路国　阿波国□□□□土左国　阿川　『人　人』
　紀国　那賀　安□　『金』　御原　板野　□□□□□□　□　『茎足□〔芹〕□〔芹カ〕芋芋□』
　　名草　日高　津名　三間　□□□□長岡　□　土左『合』□
　　　土左

ここにみえる武蔵国は、宝亀二年（七七一）に東山道から東海道に移管されていることから、(18) この木簡が記されたのはそれ以降であると考えられているが、注目されるのは「東海道」とともに「東巽道」の記載がある点である。「巽道」は「センドウ」と読まれることから、この木簡の記載によって「山道」を「センドウ」と読むとする説が八世紀においても正しいことが裏付けられた。(19) 時代は下るが、「山道」＝「センドウ」の名称は近世の中山道に継承されていると考えるべきであり、古代の東山道の経路を考える場合、中山道の存在はこれまでより重視されるべきではないかと考える。諏方国は約一〇年で廃止され、それに伴うか、あるいは筑摩郡に国府が移った段階で、「須芳山嶺道」は国府と国府を結ぶ東山道の経路ではなくなったと考えられる。しかし諏方郡と信濃国東部とを結ぶ要路としてこの経路は後まで利用され続けたと考えるべきであろう。

四　地域社会構造からみた官衙研究の課題

本章では、主に古代信濃国における国府の位置について述べたが、その趣旨は、従来の研究にみられるような、国府や郡家などの官衙の位置を点として明らかにしようとすることにあるのではない。行政機関としての機能・構造の面から、これら官衙の問題について考えることの意義を明らかにすることにある。官衙には、政務・儀式・饗宴など政治の機能、財政・交易など経済の機能、仏教・神祇など宗教・祭祀の機能など多種多様にわたる機能があり、それらが円滑に働くような構成がとられていたはずである。それらを明らかにする上で、地域にとって点に過ぎない中心的な政庁の位置を明らかにすることは、重要ではあるがそれだけでは不十分であり、それらの機能を分散するような形で官衙施設が設置されたことも想定されなければならない。広域な信濃国の場合、例えば、行政支配にとって重要であったと考えられる長野盆地周辺地域や、人・物資の出入りを集約的に把握できる下伊那地域には、他地域と異なる役割を担った官衙的施設が存在した可能性も考えられる。こうした官衙的施設の問題を、地域の点としてではなく地域社会のまとまりとしての拡がりをもつ一定の範囲のなかでの存在としてとらえ、その機能・構造を明らかにすることによって、はじめて信濃国の行政全体の様相を明らかにすることができるのではないだろうか。

このことは一つの郡内においても同様である。第Ⅱ部第四章では、埴科郡にある屋代遺跡群を中心に、出土した木簡などによって郡内の構造について考察した。その意図は一郡内はいくつかの小地域によって構成されており、それらがそれぞれ必要な役割を担いながら行政支配が行われたのではないかということを明らかにしようとするところにあった。この論証は、遺構を伴う官衙的施設の存在によって裏付けられたものではなかったが、一郡内に複数の官衙施設が存在したことは、他国の例ではあるが氷上郡の山垣遺跡（兵庫県丹波市）・七日市遺跡（同）と市辺遺跡（同）[20]など、いくつかの地域で明らかになっている[21]。このような場合、その官衙施設の性格を明らかにしていくためには、近隣の他の官衙遺跡だけではなく、当該地域の集落遺跡の様相、出土遺物・遺構さらには自然環境など総合的な見地からの検討が必要である。

　序章で述べたように、そもそも地域史の検討とは、限定した地域の歴史性を明らかにすることであり、具体的に実施されるべきなのは、当該地域の自然的立地条件に規定され、居住域、生産域、墓域などで構成される景観を明らかにすること、当該地域における政治的・経済的諸関係を含む人間生活の諸相を明らかにすることの二点である[22]。考古学においても、地域についての総合的な研究という視点から遺跡・遺物の分析を行い、地域社会の構造を明らかにしようとする試みあるいは提起がなされている[23]。信濃国の国府や郡家などの官衙の問題についても。これまでの各地域における調査研究の蓄積と成果をもとに、こうした原点に立ち返って再検討が進められていくべきであると考える。

注

（1）和名抄に「国府在二筑摩郡一」、続く筑摩の項の注記に「豆加萬　国府」とある。なお、この引用部分は元和古活字本による。

（2）藤岡謙二郎『国府』（吉川弘文館、一九六九年）。

（3）『続日本紀』和銅六年七月戊辰条に「美濃・信濃二国之堺、径道険隘、往還艱難。仍通二吉蘇路一。」とある。

（4）『続日本紀』大宝二年（七〇二）十二月壬寅条に「始開二美濃国岐蘇山道一。」とあり、一志茂樹『古代東山道の研究』（信毎書籍出版センター、一九九三年）は、これを駅路としての「東山道」がはじめて信濃坂を越えて信濃に入ったと解した。しかし、この「岐蘇山道」と、和銅六年七月戊辰条の「吉蘇路」とを別のものとする解釈には、やはり無理があるといわざるをえないので、本章では大宝二年を木曽路の着工年、和銅六年をその竣工年と考えたい。
（5）　黒坂周平「東山道」（長野県史通史編一）。
（6）　一志前掲注（4）書。
（7）　池邊彌『和名類聚抄郡郷里驛名考證』（吉川弘文館、一九八一年）。
（8）　木下良『国府―その変遷を主にして』（教育社、一九八八年）。
（9）　山崎信二「平城京内出土軒瓦と信濃国分寺出土軒瓦」（『古代信濃と東山道諸国の国分寺』上田市立信濃国分寺資料館展示図録、二〇〇六年）。
（10）『続日本紀』養老五年六月辛丑条、同年八月癸巳条、天平三年三月乙卯条。
（11）『続日本紀』神亀元年三月庚申条。
（12）　井上光貞「日本律令の成立とその注釈書」（『律令』日本思想大系三、岩波書店、一九七六年）。
（13）　一志前掲注（4）書。黒坂前掲注（5）論文においてもこの見解にしたがっている。なお、押野谷美智子「『須芳山嶺道』の一考察」および「古東山道と須芳山嶺道の発見」（『信濃国に於ける幻の古東山道と須芳山嶺道を求めて　実地調査による研究の記録写真と東峯道の発見の記録』二〇〇〇年、前者の初出は一九八六年、後者の初出は一九九七年）は、「須芳山嶺道」は諏訪市の御幣平または四賀地区から霧ヶ峰を越えて池ノ平に達する経路（例えば図7のC経路）であったとする。木下良「古代の交通体系」（『岩波講座日本通史』五　古代四、岩波書店、一九九五年）および同「『信濃の東山道』監修にあたって」（長野県文化財保護協会編『信濃の東山道』二〇〇五年）も、押野谷論文を参考に、「須芳山嶺道」は諏訪湖北岸から霧ヶ峰を越えて池ノ平に達する経路であったとし、諏訪郡と佐久郡を結ぶ「伝路」の一部として霧ヶ峰の尾根筋を選んで新たに開かれた道であるとする（図7のC・D経路）。
（14）　井原今朝男「律令体制と諏訪」（『諏訪市史』上、諏訪市、一九九五年）は、「須芳山嶺道」は諏訪郡衙と小県郡の信濃国府を直結するものであり、その経路は和田峠か大門峠であった可能性が高いとしている（図7のAまたはB経路）。北村安裕「和銅～養老期の地方政策の特質―キソヂ・スハヂと諏方国を中心に―」（『飯田市歴史研究所年報』一一、二〇一三年）は、「須芳山嶺道」（スハヂ）の開削が諏方国の分立の前提であったとする。ただし、諏方国が東海道と東山道を結びつける役割を有していたという観点から、「須芳山嶺道」は諏方国と甲斐国とを結ぶ道であったとする（図7のE経路）。

（15）岡谷市教育委員会（『榎垣外官衙遺跡』二〇〇八年）。山田武文「榎垣外官衙遺跡にみる諏訪郡衙の構造」（『長野県考古学会誌』一三四、二〇一〇年）。

（16）黒坂周平『東山道の実証的研究』（吉川弘文館、一九九二年）。同「『海道』と『山道（仙道）』」（『日本歴史』六六一、二〇〇三年）。

（17）奈良市埋蔵文化財調査センター『西大寺旧境内発掘調査報告書一―西大寺旧境内第二五次調査―』（奈良市教育委員会、二〇一三年）。

（18）『続日本紀』宝亀二年十月己卯条。

（19）平川南「『東山道』の呼称―奈良県西大寺旧境内出土木簡」（『律令国郡里制の実像』上、吉川弘文館、二〇一四年）。

（20）兵庫県教育委員会埋蔵文化財調査事務所『山垣遺跡』（兵庫県教育委員会、一九九〇年）。兵庫県教育委員会埋蔵文化財調査事務所『市辺遺跡』（兵庫県教育委員会、二〇〇六年）。

（21）これらの官衙施設の性格については以下による。山中敏史『古代地方官衙遺跡の研究』（塙書房、一九九四年）、平川南「郡家関連施設と木簡―兵庫県氷上町市辺遺跡」（『古代地方木簡の研究』吉川弘文館、二〇〇三年）。同「古代の郡家と所在郷」（『律令国郡里制の実像』上、吉川弘文館、二〇一四年、初出は二〇一三年）。

（22）木村礎「日本村落史を考える」（『日本村落史講座』一、雄山閣出版、一九九二年）、同「村落史研究の方法―景観と生活―」（『木村礎著作集』Ⅵ、名著出版、一九九六年、初出は一九九四年）、同「郷土史・地方史・地域史研究の歴史と課題」（『木村礎著作集』Ⅳ、名著出版、一九九七年、初出は一九九四年）。

（23）宇野隆夫『律令社会の考古学的研究―北陸を舞台として』（桂書房、一九九一年）。坂井秀弥『古代地域社会の考古学』（同成社、二〇〇八年）。

第Ⅲ部　信濃国の災害と地域変動

第七章　八世紀から九世紀前半の災害

一　信濃の自然環境と災害

日本列島は、二〇一一年三月十一日の東日本大震災（東北地方太平洋沖地震）を逼近として、大きな自然災害に幾度も見舞われてきた。(1) その日本列島の本州中部に位置する信濃国の領域には、南北に糸魚川―静岡構造線、東西に中央構造線という大断層系が存在する。糸魚川―静岡構造線は東北日本と西南日本を分けるフッサマグナとよばれる大地溝帯の西縁にあたるため、信濃国は伊那郡や諏訪郡、筑摩郡の一部を除き、大部分はそのフッサマグナに含まれている。大規模な地殻変動により隆起した山岳地帯に位置している信濃国では、そうした地質上、自然地理上の特色もあって自然災害が繰り返し起きている。(2) 近年でも、東日本大震災直後の同年三月十二日に長野県・新潟県県境付近地下で発生した地震、同年六月三十日に松本市地下で発生した地震、二〇一四年九月二十七日に発生した御嶽山噴火、同年十一月十四日に糸魚川―静岡構造線断層帯の一部である神城断層で発生した地震などが大きな被害をもたらした災害として記憶に新しい。

これからの将来において、さまざまな形の自然災害が日本列島上のどのような地点においても起こりうるであろう

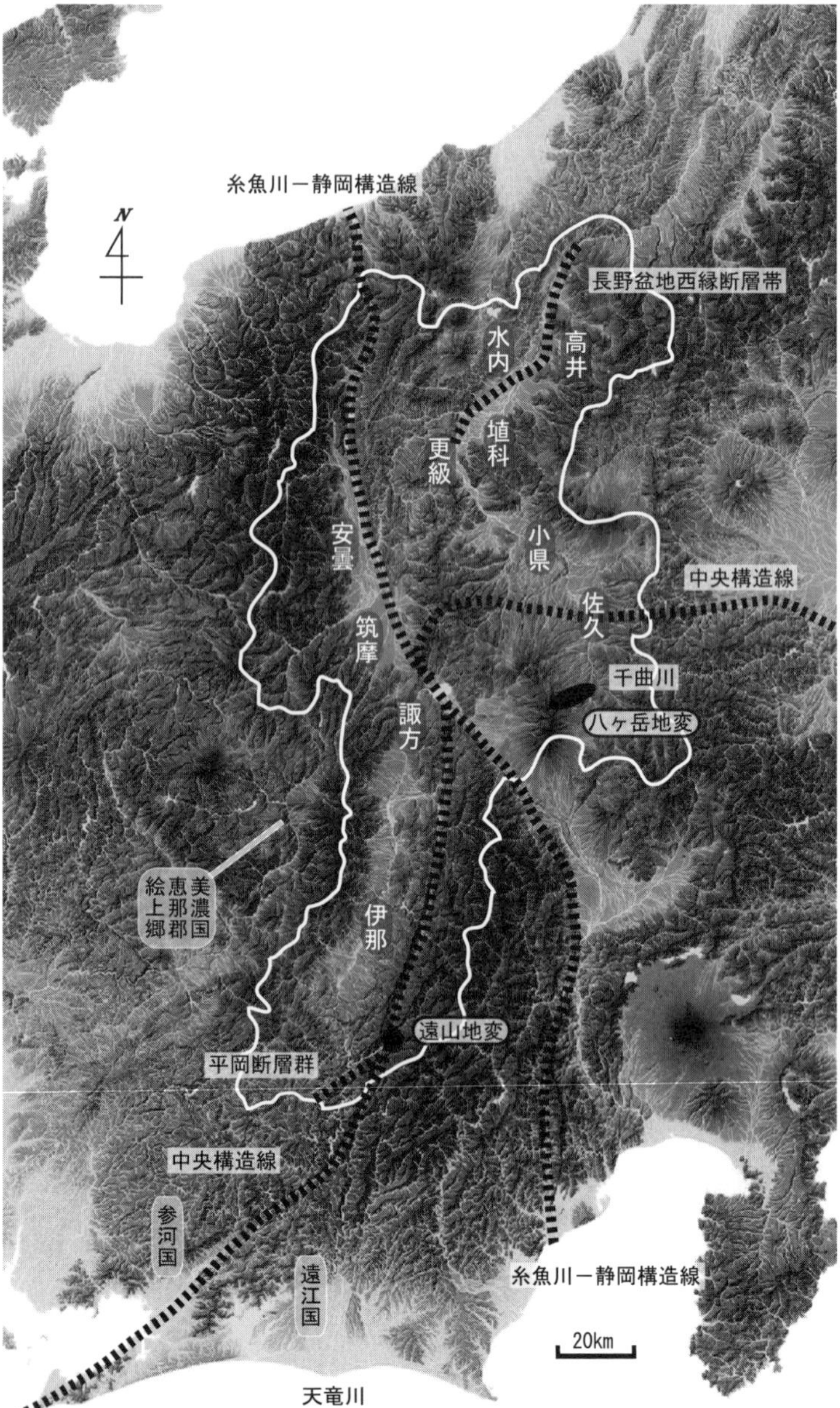

図 8　古代信濃国災害関係図

ことを考える時、過去の災害の実態やそれが人間社会におよぼした影響などを、関連諸学の成果とともに資史料からできるだけ詳細に明らかにしていくことは、歴史学に課せられた重要な使命の一つであるといえよう。その一環として、本章では、古代の信濃国を襲った災害をとりあげる。これまで明らかになったその実態とともに、それを契機として信濃国に生じたとみられる地域変動について考察を試みていきたい。

二　古代信濃国の地震

七世紀末から九世紀末は歴史史料からみて地震活動の「旺盛期」であったとされる(3)。この「旺盛期」に発生した災害のうち、史料から明らかに信濃国にかかわるとみられるものとしては、まず次の二件があげられる。

美濃・飛騨・信濃等国地震。賜二被レ損者穀家二斛一。

信濃国言、地震、其声如レ雷。一夜間凡十四度、墻屋倒頽、公私共損。

いずれも地震の記事であるが、前者は『続日本紀』天平宝字六年五月丁亥条で、ユリウス暦七六二年六月五日、後者は『続日本後紀』承和八年二月甲寅条で、同八四一年三月九日にあたる(4)。前者はその記述から被害等の具体的な様相をうかがうことはできず、また、地震の発生日時についても明確ではない。後者の地震についても発生日時は明確ではないが、その記事からは、余震も含むであろう一連の地震が数多く継続的に発生したことや、建物等の被害があったことをうかがうことができる。

近年の糸魚川―静岡構造線断層帯の調査観測によると、同断層帯中部区間の神城断層から牛伏寺断層に至る約六〇キロの区間（長野県安曇野市～松本市）において、七六二年もしくは八四一年の地震による地震断層を伴う破壊が生じた可能性が高いとされている。[5] また、同断層帯では、長野県茅野市の大沢断層や同諏訪郡富士見町の若宮断層・下蔦木断層でも同時期のものとみられる断層の最新活動が確認されている。[6] 同断層帯を震源とする地震が発生した場合、松本・諏訪・甲府・伊那各盆地の地震動がとくに強く、また、新潟平野や長野盆地など本断層帯から遠く離れた地震基盤が深い地域では、長周期地震動が生じると推測されている。このため、地表での震度分布では、これらの地域での大震度が予想されている。[7]

また、長野県飯山市北方から長野市南方にかけて、長野盆地の西縁に沿ってのびている長さ約五八キロの長野盆地西縁断層帯が存在する。この断層帯の最新活動は弘化四年三月二十四日（一八四七年五月八日）に発生したいわゆる善光寺地震であるが、その一回前の活動時期は六九〇～一一六〇年であった可能性が指摘されている。[8]

一方、長野盆地南部に位置する長野市篠ノ井塩崎の篠ノ井遺跡群や千曲市雨宮の屋代遺跡群では、発掘調査によって液状化現象による砂脈・噴砂跡が確認されている。これらの状況をみると、篠ノ井遺跡群では、中央自動車道建設に伴う調査で、古代の竪穴住居跡の埋土を噴砂の砂脈が切っており、この竪穴住居の床面からは八三五年（承和二年）初鋳の承和昌宝が出土している。つまり、噴砂の発生は、八三五年以降とみることができる。また、同遺跡群の北陸新幹線建設に伴う調査でも、九世紀前半から中ごろにかけてとみられる竪穴住居跡を噴砂の砂脈が貫いている。[9] 篠ノ井遺跡群の千曲川対岸にある屋代遺跡群では、上信越自動車道建設に伴う発掘調査により、⑥区の旧河道から③区の水田跡にかけて九世紀中ごろから後半にかけての時期に比定される砂脈・噴砂跡が確認されている。[10] 屋代遺跡群や篠ノ井遺跡群の砂脈・噴砂跡の上層には、第八章で述べる仁和四年（八八八）の洪水による洪水砂層が存在するので、これらの液状化現象を生じさせた地震はそれ以前のものということになる。

以上の篠ノ井遺跡群や屋代遺跡群の遺構・遺物の状況からみて、液状化現象を生じさせたのは、『続日本後紀』承和八年二月甲寅条にみられる八四一年の地震であった可能性が高い。そしてその地震は両遺跡群に近い長野盆地西縁断層帯を震源とするものと考えるのが自然である。屋代遺跡群およびその近くの窪河原遺跡では、同断層帯を震源として一八四七年（弘化四）に発生したいわゆる善光寺地震の際にも液状化現象が生じ、その砂脈・噴砂が検出されている。[11] このように考えると、『続日本紀』天平宝字六年五月丁亥条にみられる七六二年の地震は、糸魚川―静岡構造線断層帯を震源とする地震であったとも考えられる。しかし、前述したように、糸魚川―静岡構造線断層帯を震源とする地震の場合も、信濃国の主な盆地では大震度が予想されているので、[12] 長野盆地でも液状化現象の痕跡が残される可能性は考えられる。したがって、七六二年と八四一年の地震の震源がいずれの断層帯であったかということについては、今後の当該地域の活断層調査のさらなる成果を待ちたい。しかし、どちらの断層帯であったとしても、その活動による地震はいずれもかなりの大震度をひき起こしたとみられるので、その被害も甚大であったと考えられる。

三　遠山地変

前節で述べた地震のほかに、信濃、遠江、三河の三国にかけての地域を中心として発生したとみられる地震とそれに関する災害がある。『続日本紀』霊亀元年五月乙巳（七一五年六月三十日）条に、

遠江国地震。山崩壅二麁玉河一。水為レ之不レ流。経二数十日一潰、没二敷智・長下・石田三郡民家百七十余区一、幷損レ苗。

とあり、さらに同年同月丙午（同年七月一日）条には、

参河国地震。壊二正倉卌七一。又百姓廬舎、往々陥没。

とある。このうち遠江国の地震は中央構造線あるいは平岡断層の活動によるもの、三河国の地震は中央構造線の活動

によるものと推定されている。[13] 中央構造線は日本列島の関東―九州間を縦断する長大な断層系であるが、このうち五月乙巳条の「遠江国地震」にかかわるとみられるのは、伊那盆地東側の伊那山地と赤石山脈の間に位置する赤石西断層帯である。[14] また平岡断層は、長野県下伊那郡天龍村付近にあって、木曽山脈とその東側の伊那盆地の境界に位置する伊那谷断層帯南東部の東側に近接する。いずれにせよ、「遠江国地震」として記されている地震は、現在の三遠南信地域とよばれている三河、遠江、信濃三国の国境地帯である山間地が震源であった可能性が高い。したがって、『続日本紀』霊亀元年五月乙巳条には記されていないが、この地震では、信濃国や三河国の地域にもその影響があったとみられるのである。『続日本紀』の記事は、おそらくとくに甚大な被害があった遠江国からの報告をもとに編集されたものであるので、「遠江国地震」とのみ記しているのであろう。その証左となる地変は、遠江国に大きな被害をもたらした「麁玉河」、すなわち現在の天竜川の上流にある長野県飯田市で確認されている。

天竜川の支流である遠山川は、赤石山脈の標高三〇一三メートルの聖岳、同二八一八メートルの兎岳を水源とし、ほかにも大沢岳、光岳など三〇〇〇～二〇〇〇メートル級の山岳の沢水を集める。飯田市南信濃から下伊那郡天龍村の山間地を流れ、標高四〇〇メートルの同村羽衣崎で天竜川に合流する幹川流路延長三五・八キロの一級河川である。飯田市南信濃では、遠山川とその支流である池口川の合流地点周辺に埋没木が多数存在することが知られていたが、埋没木と、埋没木が存在する一帯の地形地質についての調査によって、これらが、『続日本紀』霊亀元年五月乙巳条がいう「遠江国地震」によって発生した地変によるものである可能性が高いことが明らかにされている。[15] 調査によれば、遠山川と池口川の合流地点の南東、池口川左岸にある標高一四四一メートルの日陰山が山頂付近から幅七〇〇メートル、落差八〇〇メートルにわたって崩壊し、岩屑なだれとなって池口川と遠山川をせき止め、それぞれに天然ダムを形成したとみられる。その後、池口川の天然ダムが崩れはじめ、その土石流が遠山川の閉塞部にさらに岩屑を堆積さ

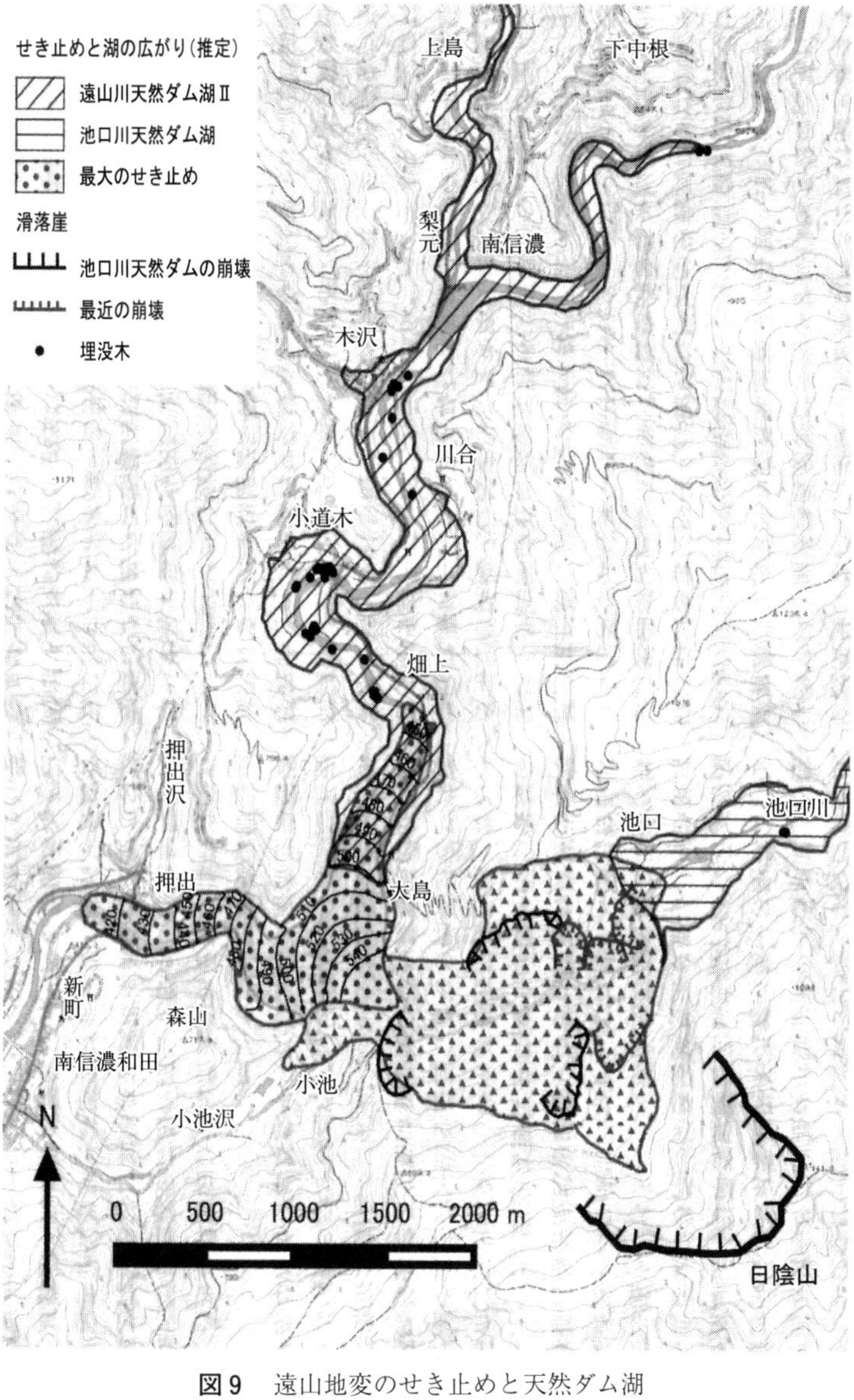

図９　遠山地変のせき止めと天然ダム湖

せた結果、遠山川の天然ダムの閉塞部は湛水高七〇メートル、ダム湖は上流五・六キロに広がったと推定されている。(16)この時の池口川と遠山川それぞれの天然ダムに沈んだ流域の林の樹木が、埋没木として現在みられるものである。これらの埋没木について年輪年代測定と観察を実施した結果、そのうちの一本である樹皮付のヒノキが七一四年の十月ごろから七一五年四月下旬ごろまでの間に枯死したという結論が得られた。(17)これにより、日陰山の崩壊と、それによる池口川と遠山川の天然ダムの形成は、『続日本紀』霊亀元年五月乙巳条の「遠江国地震」を契機とするものであるとする見解が裏付けられることとなった。これらの地変が起きた一帯は、「遠江国地震」の震源として推定されている赤石西断層帯および平岡断層の直上といってよい地点にあたる。また、約一〇〇〇年後の享保三年七月二十六日（一七一八年八月二十二日）(18)に発生した地震でも、遠山川と池口川の合流地点では、日陰山とは別の箇所で崩壊が起き、遠山川を閉塞している。これらの点からも、遠山川流域で確認されている八世紀前半に起きた地変が、地震に起因するものである可能性は高いと考えられる。

しかし、この見解にしたがった場合、埋没木の調査結果と『続日本紀』霊亀元年五月乙巳条の記述との間に整合性の問題が残る。埋没木のヒノキ材の調査結果は「七一四年の一〇月ごろから七一五年四月下旬ごろまでの間に枯死した」であり、またこの埋没木は地変があった時点では立木の状態で樹幹部の上部は埋没を免れ、樹幹を覆う枝葉はそのままとなった結果、数カ月は生きていたと想定されている。(19)すなわち、地震の発生日は、遅くとも七一五年四月下旬より数カ月前、あるいはそれ以前であったということになる。一方、『続日本紀』の記事の五月乙巳（七月四日）は、その後にある同丙午条の「参河国地震」についての記し方から考えて、地震が発生した日付であるとみるのが自然であるように思われるが、そうすると、埋没木のヒノキ材から得られた調査結果に合致しない。また、後に述べる仁和四年（八八八）の洪水について記した詔のように、五月乙巳が天然ダムが決壊して洪水の被害に襲われた日付、あるいはその報告が遠江国から中央に届いた日付であるとすると、地震の発生は、五月乙巳（七月四日）より「数十日」前、あるいは「数十日」＋α日前（αは報告に要する日数）ということになる。この地震の発生から天然ダム決壊までの「数十日」をどのように解するかであるが、埋没木のヒノキから推定される地震発生日から五月乙巳（七月四日）までの期間は、ヒノキが枯死した下限である四月下旬からの約二カ月に、地震が発生してからヒノキが枯死するまでの数カ月を加えた「二カ月＋数カ月」あるいはそれ以上の期間ということになり、「数十日」がそうした何カ月にもわたる期間を表しているとは考えにくい。さらに、当時の儀鳳暦の干支にしたがえば、『続日本紀』の霊亀元年五月乙巳条前後の記事の掲載順は、甲午（十四日）条―乙巳（二十五日）条―己亥（十九日）条―壬寅（二十二日）条―丙午（二十六日）条となっており、「遠江国地震」の記事を含む乙巳（二十五日）条は、本来、壬寅（二十二日）条と丙午（二十六日）条の間に入るべきである。(20)『続日本紀』の記事の錯簡の可能性も含め、この整合性の問題はさらに検討が必要である。(21)

『続日本紀』霊亀元年五月乙巳条については、もう一つ明らかにされなければならない点がある。それは「山崩壅二麁玉河一。水為レ之不レ流。経二数十日一潰、」という地点がどこであったかという問題である。この地震で生じた遠山川の天然ダムは長く湖の形態を保ったと推定されているが、湖の存続期間や天然ダムが解体するプロセスは不明であるとされる。(22)また、天然ダムが遠山川をせき止めたとしても天竜川本流は「水為レ之不レ流」という状況にはならない。したがって、この時の地震では遠山川流域だけではなく、他の箇所でも山地が崩壊して河道を塞ぐような事態が発生した可能性を考えなければならない。前に述べた享保三年（一七一八）に発生した地震でも、遠山川と池口川の合流地点のほかに、天竜川沿いに山崩れが多発したとされる。(23)『続日本紀』霊亀元年五月乙巳条がいう「遠江国地震」でも同様なことが起こり、そのうちの一カ所あるいは複数箇所が天竜川本流の河道を閉塞し、それが「数十日」後に崩壊して下流の遠江国の三郡を襲ったともみることができる。『続日本紀』霊亀元年五月乙巳条の地震で生じた崩壊・閉塞箇所は、前述した遠山川流域のものしか明らかでないが、天竜川を塞ぐような大規模な崩壊・閉塞箇所があったとすれば、それは地形地質から考えて、飯田市の天竜峡から、静岡県浜松市天竜区二俣町までの約六〇キロの峡谷部のいずれかの地点であったと考えられる。[24] 今後の防災のためにも天竜川沿いの調査分析が望まれる。

注

（1）国会資料編纂会『日本の自然災害』一九九八年。
（2）長野県立歴史館『信濃の風土と歴史⑲　わざわい＋　人びとのくらしと災害』（長野県立歴史館、二〇一三年）。
（3）今村明恒「日本に於ける過去の地震活動について」（『地震　第一輯』八―三および一二、一九三六年）。
（4）内田正雄編『日本暦日原典〔第四版〕』（雄山閣出版、一九九二年）による。ここでは、和暦の太陽暦への換算は、早川由起夫・小山真人「一五八二年以前の火山噴火の日付をいかに記述するか―グレゴリオ暦かユリウス暦か？―」（『地学雑誌』一〇六―一、一九九七年）にしたがい、一五八二年のグレゴリオ暦の発布以前はユリウス暦とし、それ以降は現行のグレゴリオ暦で表記する。なお、ここで主として取り扱う八～九世紀については、ユリウス暦の月日に四日加算したものがグレゴリオ暦での月日となる。また、文中の括弧内の年月日は、とくにことわらない限り、以上の太陽暦を表すものとし、近代以降は、原則として元号は記さず太陽暦のみを記す。
（5）文部科学省研究開発局・国土交通省国土地理院・国立大学法人東京大学地震研究所『糸魚川―静岡構造線断層帯における重点的な調査観測　平成一七～二一年度成果報告書』二〇一〇年。
（6）東郷正美「一九八三年糸静線活断層系（茅野地区）トレンチ調査」（『活断層研究』五、一九八八年）。糸静線活断層系発掘調査研究グループ「糸静線活断層系中部、若宮、大沢断層の性格と第四紀後期における活動―富士見、茅野における発掘調査―」（『東京大学地震研究所彙報』六三、一九八八年）。近藤久雄・奥村晃史・杉下一郎・中田高「糸魚川―静岡構造線活断層系・

下蔦木断層の活動履歴と平均変位速度の再検討」（『活断層研究』二五、二〇〇五年）。遠田晋次・丸山正・奥村晃史・小俣雅志・郡谷順英・岩崎孝明「糸静線活断層系釜無山断層群の完新世断層活動」（『日本地球惑星科学連合二〇〇九年大会予稿集』二〇〇九年）。

（7）前掲注（5）書。長野県『第三次長野県地震被害想定調査報告書』二〇一五年。

（8）杉戸信彦・岡田篤正「長野盆地西縁断層帯北―中部の最近二回の活動時期」（『活断層研究』二六、二〇〇六年）。

（9）㈶長野県埋蔵文化財センター『篠ノ井遺跡群―成果と課題編―』一九九七年。㈶長野県埋蔵文化財センター『篠ノ井遺跡群・石川条里遺跡・築地遺跡・於下遺跡・今里遺跡』一九九八年。

（10）㈶長野県文化振興事業団長野県埋蔵文化財センター『更埴条里遺跡・屋代遺跡群（含む大境遺跡・窪河原遺跡）―古代一編―』一九九九年。

（11）前掲注（10）報告書。

（12）前掲注（7）。

（13）萩原尊禮・藤田和夫・山本武夫・松田時彦・大長昭雄『続　古地震―実像と虚像』（東京大学出版会、一九八九年）。小田切聡子・島崎邦彦「歴史地震と起震断層との対応」（『地震　第二輯』五四―一、二〇〇一年）。

（14）松田時彦「最大地震規模による日本列島の地震分帯図」（『地震研究所彙報』六五、一九九〇年）。

（15）寺岡義治「古代史記述と埋没木の検証」（『伊那』八六三、二〇〇〇年）。同「遠山川埋没林の検証」（『伊那』八八三、二〇〇一年）、同「続　遠山川埋没林の検証」（『伊那』九〇三、二〇〇三年）。寺岡義治・松島信幸・村松武『遠山川の埋没林―古代の地変を未来の警鐘に―』（南信濃自治振興センター・飯田市美術博物館、二〇〇六年）。村松武・寺岡義治「遠山川のせき止めと埋没林―遠江地震が引き起こした地変とその影響―」（『信濃』六七―四、二〇一五年）。

（16）村松・寺岡前掲注（15）二〇一五年論文。図9は同論文の図3・4に加筆して作成した。

（17）光谷拓実「年輪年代法と自然災害」（『埋蔵文化財ニュース』一二八、二〇〇七年）。

（18）日下部新一「伊那谷記録文書に見る地震資料」（『伊那』六八一、一九八五年）。大澤和夫「遠山地震について」（『伊那』六

八一、一九八五年）。国立防災科学技術センター『長野県における被害地震史料集』一九八七年。
(19)　光谷前掲注（17）論文。
(20)　『続日本紀一　新日本古典文学大系一二』（岩波書店、一九八九年）二二八頁の注。
(21)　霊亀元年五月乙巳条は、『続日本紀』のほか、これをもとにする『類聚国史』、『日本紀略』にみえるが、『続日本紀』と『日本紀略』の写本の一部に日付を乙未（十五日）とするものがある。萩原ほか前掲注（13）書がいうように、乙未（十五日）とすれば、『続日本紀』の同部分の干支の並びは整合する。また、『扶桑略記』では和銅七年五月の同月条として載せる。同条の問題については、これらの文献の検討とともに、「遠江国地震」についての関連諸学のさらなる知見の積み重ねが必要である。
(22)　村松・寺岡前掲注（15）二〇一五年論文。
(23)　前掲注（18）。
(24)　萩原ほか前掲注（13）書。

第八章　仁和の大災害

一　仁和四年五月二十八日詔とその性格

前章で述べた地震活動の「旺盛期」のなかでも、とりわけ九世紀は大規模な地震や火山噴火が重なった日本列島の「大地動乱」の時期であったとみられる。(1) 表20はその主な災害を一覧にしたものである。信濃国でも甚大な被害が生じたとみられる災害が発生したことが、次にあげる仁和四年五月二十八日（八八八年七月十日）の日付をもつ詔（以下仁和四年五月二十八日詔と記す）によって知られる(2)（表20―25）。なお、詔文中のA～Eの記号は、論を進める都合で付したものである。

詔、A陶二均庶類一、本資二覆載之功一。司二牧黎元一、実頼二皇王之化一。故枯腊在レ容、大舜之憂労弥切、駢胝成レ病、伯禹之利導既深。伏惟先帝陛下、敬授二人時一、欽二若天道一、脩二五紀之宜一、考二六官之化一、将レ令下陰陽無レ爽、災変不レ生、積二紅腐於京坻一、駆中蒼生於富寿上。然而数鍾二恒会一、理帰二寡期一。豫占二震動一、晏嬰雖レ候二其星芒一、既遭二懐衰一、伊堯猶艱二其昏墊一。B去年七月卅日、坤徳失レ静、地震成レ災。C八月廿日亦有二大風洪水之沴一、D前後遭二重害一者卅有余国、或海水泛溢、人民帰二魚鼈之国一、或邑野陥没、廨宇変二蛟龍之家一。呼嗟猪沢之功未レ成、象耕之期奄至。顧二念辺氓一、誠軫二中懐一。朕忝以二薄徳一不二承洪基一、内纏二陟岵之慟一、外惕二臨谷之危一。E重今月八日信濃国山頽河溢、唐二突六郡一、城廬払レ地而流標、戸口随レ波而没溺。百姓何事辜、頻罹二此禍一、徒発二沈首之歎一。宜レ降二援手之恩一。故分二遣使者一、就存二慰撫一。宜下詳加二実覈一、勤施中優恤上。其被レ災尤甚者、勿レ輸二今年租調一。所在開レ倉賑貸、給二其生業一。若有二屍骸未レ斂者、官為二埋葬一。播二此洪沢之美一、協二朕納隍之心一。主者施行。

仁和四年五月廿八日

出典（主なもの）
『日本紀略』延暦 19 年 6 月癸酉条・同延暦 21 年正月乙丑条・同年五月甲戌条
『日本紀略』弘仁 8 年 7 月甲辰条
『類聚国史』弘仁 9 年 7 月条・同年 8 月庚午条
『類聚国史』天長 7 年正月癸卯条・同年 4 月戊辰条
『続日本後紀』承和 5 年 7 月癸酉条・同月乙亥条・同年九月甲申条・承和 7 年 9 月乙未条
『続日本後紀』承和 8 年 2 月甲寅条
『続日本後紀』承和 8 年 7 月癸酉条
『続日本後紀』嘉祥元年 8 月辛夘条
『日本文徳天皇実録』嘉祥 3 年 10 月庚申条・同年 11 月丙申条
『日本三代実録』仁和 3 年 5 月 20 日条
『日本三代実録』貞観 5 年 6 月 17 日条
『日本三代実録』貞観 6 年 5 月 25 日・同年 7 月 17 日条・同 7 年 12 月 9 日条
『日本三代実録』貞觀 9 年 2 月 26 日条
『日本三代実録』貞觀 10 年 7 月 8 日条
『日本三代実録』貞観 11 年 5 月 26 日条・同年 9 月 7 日条・同年 10 月 13 日条・同年 12 月 14 日条
『日本三代実録』貞観 11 年 10 月 23 日条・同年 12 月 14 日条
『日本三代実録』貞観 13 年 5 月 16 日条
『日本三代実録』貞観 16 年 7 月 2 日条・同年 7 月 29 日条
『日本三代実録』貞観 16 年 8 月 24 日条
『日本三代実録』元慶 2 年 9 月 29 日条
『日本三代実録』元慶 4 年 10 月 27 日条
『日本三代実録』仁和元年 10 月 9 日条
『日本三代実録』仁和 2 年 5 月 26 日条・同年 8 月 4 日条
『日本紀略』仁和 3 年 11 月 2 日条
『類聚三代格』仁和 4 年 5 月 28 日詔
『日本三代実録』仁和 3 年 7 月 30 日条
『類聚三代格』仁和 4 年 5 月 28 日詔
『日本三代実録』仁和 3 年 8 月 20 日条
『類聚三代格』仁和 4 年 5 月 28 日詔
『日本紀略』仁和 4 年 5 月 8 日条・同月 15 日条

表 20　9 世紀の主な自然災害（地震・噴火・洪水）

番号	発生日時　和暦	ユリウス暦	事　項
1	延暦 19 年 3 月 14 日	800 年 4 月 11 日	富士山噴火
2	弘仁 8 年 7 月 17 日以前	817 年 9 月 1 日以前	摂津国海潮暴溢（高潮か）
3	弘仁 9 年 7 月以前	818 年 9 月 3 日以前	相模・武蔵・下総・常陸・上野・下野諸国地震
4	天長 7 年正月 3 日	830 年 1 月 30 日	出和国地震
5	承和 5 年 7 月 18 日以前	838 年 8 月 11 日以前	伊豆諸島神津島噴火
6	承和 8 年 2 月 13 日以前	841 年 3 月 9 日以前	信濃国地震
7	承和 8 年 7 月 5 日以前	841 年 7 月 26 日以前	伊豆国地震
8	嘉祥元年 8 月 5 日	848 年 9 月 5 日	畿内洪水
9	嘉祥 3 年 10 月 16 日以前	850 年 11 月 23 日以前	出和国地震・津波
10	貞観 5 年 6 月 17 日以前	863 年 7 月 6 日以前	越中・越後国地震
11	貞観 6 年 5 月 25 日以前	864 年 7 月 2 日以前	富士山噴火
12	貞観 9 年正月 20 日	867 年 2 月 28 日	鶴見岳噴火
13	貞観 10 年 7 月 8 日	868 年 7 月 30 日	播磨・山城国地震
14	貞観 11 年 5 月 26 日	869 年 7 月 9 日	陸奥国地震・津波
15	貞観 11 年 10 月 23 日以前	869 年 11 月 30 日以前	肥後国暴風雨・地震
16	貞観 13 年 4 月 8 日	871 年 5 月 1 日	鳥海山噴火
17	貞観 16 年 3 月 4 日	874 年 3 月 25 日	開聞岳噴火
18	貞観 16 年 8 月 24 日	874 年 10 月 8 日	京都大風雨
19	元慶 2 年 9 月 29 日	878 年 10 月 28 日	関東諸国地震
20	元慶 4 年 10 月 14 日	880 年 11 月 19 日	出雲国地震
21	仁和元年 7 月 12 日	885 年 8 月 25 日	開聞岳噴火
22	仁和 2 年 5 月	886 年 6 月	伊豆諸島噴火
23	仁和 3 年 7 月 30 日	887 年 8 月 22 日	南海トラフ大地震
24	仁和 3 年 8 月 20 日	887 年 9 月 11 日	大暴風雨（台風上陸か）
25	仁和 4 年 5 月 8 日	888 年 6 月 20 日	信濃国の山くずれ川あふれて 6 郡を唐突

この仁和四年五月二十八日詔は「延喜格」の臨時格に収載された格として今に伝わるものである。内容についてとりあげる前に、まず、その格としての性格についてふれておきたい。「弘仁格」「貞観格」「延喜格」のいわゆる三代格の編纂にあたっては、元となる詔、勅、符などの原文から署名部分や官符の宛所を削ったほか、編纂時で無効となった規定部分を改正削除するなど一種の立法作業が行われている。(3) また、貞観格序に「凡格者蓋以レ立レ意為レ宗、不二以レ能レ文為レ本。故省二其繁麗之文一、増二其精微之典一。」とあるように、格の主旨に直接関係のない部分や修辞的文章などを削除するといった編纂方針があったほか、法としての整合性を保つために格文の書き換えや増補などの改変が行われたことが明らかにされている。(4) しかし、この仁和四年五月二十八日詔は、災害の非常時に際して出され、「延喜格序」にあるように、法規定の新制や改正などにかかわるような重要性はないが、外すには惜しいものとして「延喜格」の臨時格二巻に収載された格である。また、Aの部分などには、詔文に格調を添える修辞的ともとれる字句もみることができる。これらの字句が削除されていないことからすれば、この詔に関しては、下された当時の原文がほぼ残されていると考えてよいと思われる。そこで、次にこの詔の内容について、A～Eの順にしたがって具体的にみていくことにする。

二　仁和三年の災害

Aはこの詔のいわば序にあたる部分ともいえる。人民を治め養うのは皇王の導きによるが、先帝（光孝天皇）の世は善政によって良く治まり平穏で、人民も豊かな生活を送り、災害などの兆しを予見することはなかった旨が述べられている。

Bは仁和三年七月三十日（八八七年八月二十二日）に発生した地震について記している（表20―23）。ここでは簡潔な文になっているが、詔の前年に発生したこの地震については、『日本三代実録』の同日条により詳しい記述がある。

申時、地大震動。経㆓歴数尅㆒震猶不㆑止。天皇出㆓仁寿殿㆒、御㆓紫震殿南庭㆒。命㆓大蔵省㆒、立㆓七丈幄二㆒、為㆓御在所㆒。諸司倉屋及東西京廬舎、往々顛覆、圧殺者衆、或有㆓失神頓死者㆒。亥時亦震三度。五畿内七道諸国、同日大震。官舎多損。海潮張㆑陸、溺死者不㆑可㆓勝計㆒。其中摂津国尤甚。夜中東西有㆑声、如㆑雷者二。

地震は申時に発生し、平安宮の諸司の建物や京内の家屋の倒壊により「圧殺者」「失神頓死者」など多くの死者が出た。このような平安京の被害の様子とともに、「五畿内七道諸国」つまり日本列島各地が大震度に襲われて、官舎などの被害があったことがうかがえる。また「海潮張㆑陸」と表現される津波によって多数の溺死者が出て、なかでも摂津国の被害が甚大であったとある。この申時の地震の後も「亥時亦震三度」とあるように、その余震とみられる地震が続く。『日本三代実録』は仁和三年八月二十六日丁卯（九月十七日）条の定省親王（後の宇多天皇）の立太子と光孝天皇の死去の記事をもって最後となるが、大地震発生の翌日である八月壬寅朔条から光孝天皇死去の前々日にあたる同二十四日乙丑条まで、連日のように余震とみられる地震の記載がみられる。

この大地震は太平洋沖の東海から南海にかけてのトラフ（舟状海盆）で発生したとみられる巨大地震で、それに続いて、地震によってひき起こされた津波が沿岸各地を襲ったものと推定される。[5] 駿河湾から九州南端の東沖まで連なるトラフを震源域とするいわゆる南海トラフ巨大地震は、この仁和三年（八八七）も含め、過去において繰り返し発生している。それらは震源域や地震規模などにおいて一様ではなく、[6] また発生した地震それぞれについての見解も必ずしも一致しているわけではないが、[7] 仁和三年の南海トラフ巨大地震は、少なくとも土佐沖から遠州灘西半部までのトラフが震源域であったと考えられている。[8] 将来、このような南海トラフ巨大地震が発生した場合、現在の長野県域では震度四から最大震度六強の震度分布が想定されており、建物、人的、ライフライン、交通などの被害の発生が予測されている。[9] 実際に発生した南海トラフ巨大地震で、史料などからある程度具体的な被害がうかがわれるものとしては、現在に近い順から、一九四四年十二月七日の昭和東南海地震、嘉永七（安政元）年十一月四・五日（一八五四年十二月二十三・二十四日）の安政東海地震・安政南海地震、宝永四年十月四日（一七〇七年十月二十八日）の宝永地震があるが、いずれも長野県内、信濃国内の各地で死傷者、建物の倒壊や破損、山崩れなどの被害があったことがわかる。[10] したがってこの仁和三年の南海トラフ巨大地震においても、信濃国でも相応の人的・物的被害が生じた可能性が考えられよう。

CはBの二〇日後にあたる仁和三年八月二十日（八八七年九月十一日）の「大風洪水」の災害について記している（表20－24）。これについても**B**と同様に『日本三代実録』の同日条に、より詳しい記述がある。

自レ卯及レ酉、大風雨、抜レ樹発レ屋。東西京中、居人廬舎、顚倒甚多、被二圧殺一者衆矣。内膳司桧皮葺屋顚仆。采女一人宿二其中一、邂逅免レ害。時人奇レ之。鴨水葛河、洪波汎溢、人馬不レ通。

卯時から酉時、つまり早朝から晩にかけて、樹木を倒すほどの強風と大雨が続き、家屋の倒壊による多数の「圧殺」者が出るとともに、京の東西

表21　台風の平年値（1981年～2010年の30年平均）

	1月	2月	3月	4月	5月	6月	7月	8月	9月	10月	11月	12月	年間
発生数	0.3	0.1	0.3	0.6	1.1	1.7	3.6	5.9	4.8	3.6	2.3	1.2	25.6
接近数（注1）				0.2	0.6	0.8	2.1	3.4	2.9	1.5	0.6	0.1	11.4
上陸数（注2）					0.0	0.2	0.5	0.9	0.8	0.2	0.0		2.7
近畿地方接近数					0.0	0.3	0.5	1.0	1.0	0.5	0.0		3.2

（注1）「接近」は台風の中心が国内のいずれかの気象官署等から300km以内に入った場合を指す。
（注2）「上陸」は台風の中心が北海道、本州、四国、九州の海岸線に達した場合を指す。
出典：気象庁ホームページ（http://www.data.jma.go.jp/fcd/yoho/typhoon/statistics/average/average.html）

を流れる鴨川と「葛河」(桂川)が氾濫したとある。この記述によれば、少なくとも瞬間風速毎秒三〇メートル以上の風が吹き荒れたと推定される。(11) これだけの強風と大雨を半日以上にわたってもたらしたのは、表21からうかがえるように時季からみて台風であった可能性が高い。瞬間風速毎秒三〇メートル以上というのは、一〇分間の平均風速がおよそ毎秒二〇メートル以上の状況であるとされるが、(12) この時はおそらく平均風速毎秒二五メートル以上とされる暴風域のなかに近畿地方が入るような進路で台風が通過したのであろう。当時の信濃国の状況は不明であるが、台風の進行方向に向かって右半円では台風自身の風と台風を移動させる周りの風が同じ方向に吹くため風が強くなるといわれる。日本列島に上陸する台風は右半円が通常東側になることが多いので、台風の進路にもよるが、京の東方に位置する信濃国でも強風と大雨に襲われた可能性が考えられる。

DはBとCの二度の災害によって、三〇余りの国、つまり全国の過半数以上の諸国で重ねて被害が生じ、そのような人民の状況に心を痛めながら宇多天皇が皇位を継承した旨が述べられている。これらの諸国からの報告が中央にもたらされ、各地の様相がある程度把握された上での記述と考えられる。地震や台風の強風による建物の倒壊などの被害も相当大きかったと思われるが、「或海水泛溢」「或邑野陥没」とあるように、南海トラフ巨大地震の地殻変動による津波、それに伴う地変、とくに浜名湖北岸、伊勢湾岸、高知平野などで想定される沈降が発生した上に、(13) さらに台風の強風と気圧の低下による高潮、大雨による河川の氾濫などで、これらの沿岸諸国を中心に、水害が甚大な被害をおよぼしたことが推測できる。

三　仁和四年の信濃国災害

Eはこの詔の主文ともいえる部分である。BとCの災害にひき続いて仁和四年五月八日（八八八年六月二十日）に「信濃国山頽河溢、唐二突六郡一」する災害が発生したことと、それに対処するための調査や救済等を命じる政府の対応策が述べられている。『日本紀略』では仁和四年五月八日条に「信濃国大水。山頽河溢。」とあり、続いて同月十五日辛亥（六月二十七日）条に「詔。被二水災一者、勿レ輸二今年租調一。所在倉賑貸、経二其生産一。若有二屍未レ斂者一、為二埋葬一。」と記す。この十五日辛亥条の文は、Eの対応策を述べた部分の文とほぼ同文であるので、同条がいう「詔」は、五月八日条に対応するものであることは間違いない。「養老公式令」国有瑞条には「凡国有二大瑞、及軍機、災異、疫疾、境外消息一者、各遣レ使馳駅申上。」とあるので、五月八日にこの災害が発生した後、おそらく当時の信濃国司らは大まかな状況を把握した上で、この規定にしたがって、第一報の文書を作成し、その報告文書を平安京に届けるために急使を送ったと思われる。その信濃国の急使が報告文書をもって平安京に到着するまでには、少なくとも六、七日は要したと考えられる[14]。そうすると、災害発生を知らせる信濃国からの第一報が中央政府に届いたのは、早くても五月十四日から翌十五日にかけてであったと推定される。『日本紀略』が一五日辛亥条に詔として記事を掲載するのは、信濃国からの第一報の到着をうけた中央政府がそれに即応して協議を行い、天皇への奏上を経て緊急の対応策を決定したのが同日であったからではないだろうか[15]。その後、A～Dの部分も含む詔文が作成され、諸手続きを経た上で正式に発せられた詔の日付が五月二十八日であったのだと考えられる。そして、この仁和四年五月二十八日詔は中央政府が派遣する使者によって信濃国にもたらされたと思われる。

Eや『日本紀略』五月十五日辛亥条にみる対応策が取り急ぎ決定された概括的なものであることは、Eの詔文に「詳加二実覈一」とあることや、被害状況に関する詳細な記述がみえないことからもうかがえる。また、対応策として①使者を派遣する②被災者の今年の租調を免除する②賑貸（借貸）を施す③死者を収納することが指示されている。これらの措置は、天長七年（八三〇）と嘉祥三年（八五〇）の出羽国の地震（表20―4・9）、貞観十一年（八六九）の陸奥国の地震（表20―14）など、災害によって甚大な被害が生じた際にとられた措置をほぼ踏襲するものである。[16]事態の重大さが認識されれば十分な討議を経なくても前例通りとして決定することは可能な施策であるといえる。当時の政府はいわゆる「阿衡の紛議」の最中であったが、この災害への初動としての対応は迅速に行われたといえるのではないだろうか。おそらくはこれ以降も、信濃国から災害に関する続報が中央政府にもたらされ、また中央政府から派遣された使者による報告がなされたものと思われるが、現在ではそれらをみることはできない。そこでこの災害の実態について史料とは別の視点からみていくことにする。

信濃国において六郡を貫流する河川は、千曲川水系に限定される。その本流に沿って上流から佐久、小県、埴科、更級、水内、高井の六郡があり、それより下流は越後国となる。これら六郡のうち、上流の佐久郡から下流の埴科・更級両郡にかけての範囲の遺跡からは、発掘調査によって大規模な洪水砂が検出されている[17]（図10）。そして、その洪水の発生年代は九世紀後半、遺跡によっては九世紀第4四半期に比定されている。千曲川流域は幾度となく洪水に襲われているが、長野盆地南部の千曲川右岸に位置する更埴条里遺跡・屋代遺跡群では、この時の洪水で堆積した洪水砂は最大で一・九メートルの厚さが計測されている。同左岸の長野市篠ノ井二ツ柳から塩崎にかけて広がる石川条里遺跡や篠ノ井遺跡群などの発掘調査の様相をもあわせて考えると、長野盆地南部一帯の遺跡を覆うこの時の洪水砂の堆積量と範囲は、縄文時代晩期以降において群を抜いて大規模であるとされる[18]。

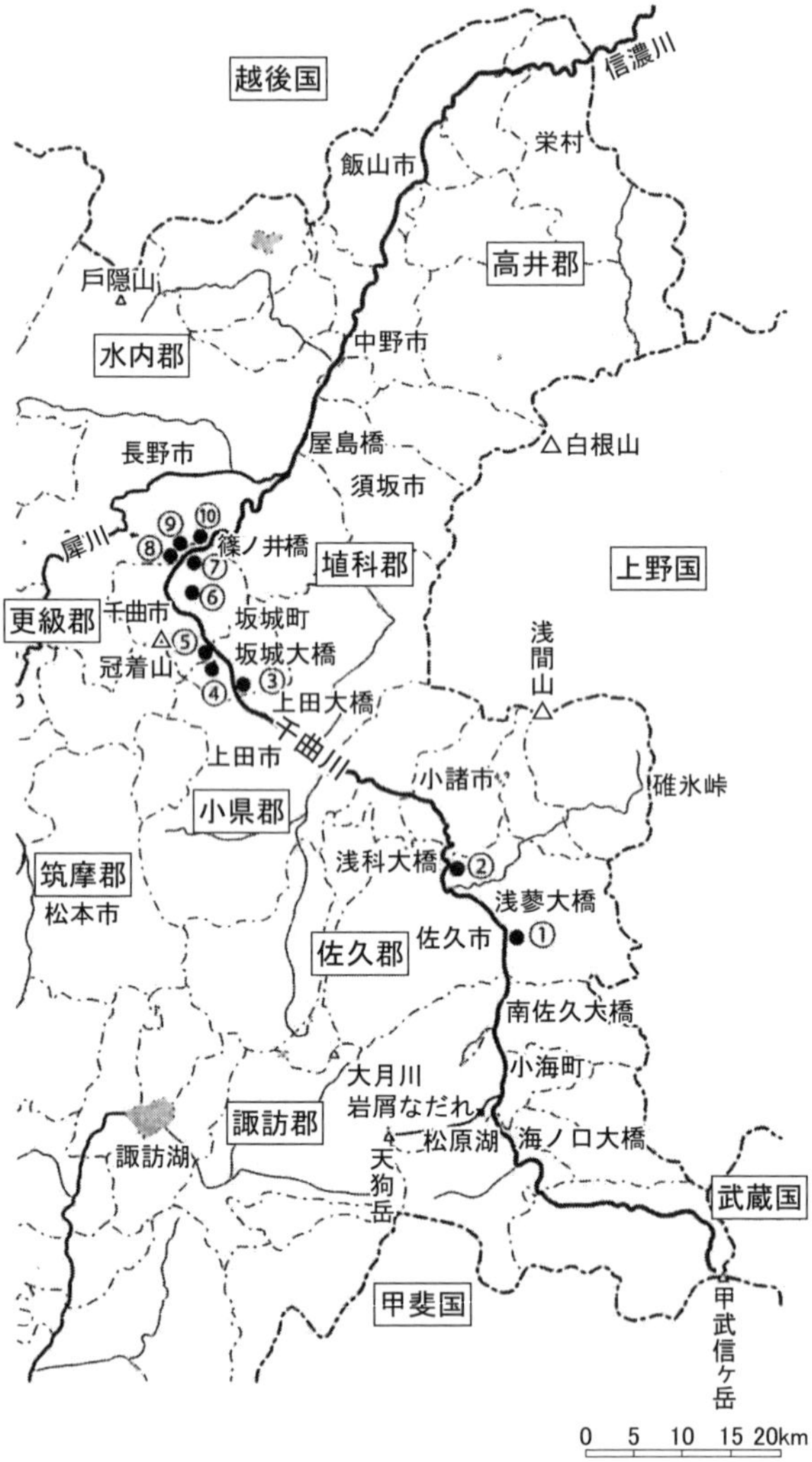

①離山遺跡
（佐久市臼田）

②砂原遺跡
（佐久市塩名田）

③青木下遺跡
（坂城町南条）

④上五明条里水田址
（坂城町上五明）

⑤力石条里遺跡群
（千曲市力石）

⑥更埴条里遺跡
（千曲市屋代）

⑦屋代遺跡群
（千曲市雨宮）

⑧塩崎遺跡群
（長野市篠ノ井塩崎）

⑨石川条里遺跡
（長野市篠ノ井塩崎）

⑩篠ノ井遺跡群
（長野市篠ノ井塩崎）

図 10　9 世紀後半の洪水砂が検出された遺跡

また、これらの遺跡では、激流ではなく比較的緩やかな溢流氾濫の増水によって洪水砂が沈降堆積したと考えられており、洪水砂によって洪水が発生する直前の地表面の状態が良好に保たれている。更埴条里遺跡・屋代遺跡群では、荒起こしや、犂や馬鍬等での代掻き跡が認められる水田面があり、田植え前の春から初夏の季節であったことが想定されている。石川条里遺跡では、水田面で人の足跡や牛のヒヅメ状の足跡が認められ、また人の足跡が畦畔とほぼ同一方向の歩行列として検出されたことから、田植え・除草の作業が想定されている。長野盆地より上流の佐久市塩名田の砂原遺跡でも二メートルを超える洪水砂が検出されている。その直下の水田面には全面に牛の足跡が残されていたものがあることから、牛に犂や馬鍬等を引かせた耕起作業の段階で、田ごしらえの初期状態の時季であったと考えられている。(19) 以上の遺跡の発掘調査による所見、とくに水田面の状況から、これらの遺跡を襲った大規模洪水は田植えあるいはその直前の時期に発生したと推測される。Eの災害が発生したとされる仁和四年五月八日は現行のグレゴリオ暦では八八八年六月二十四日にあたる。一方、一九六四年の調査によれば、更埴条里遺跡・屋代遺跡群の地域の田植えは六月二十七日にはじまり七月十日に終了している。(20) 一九六〇年代の農事暦をそのまま九世紀後半のそれとすることはできないが、五月八日（グレゴリオ暦六月二十四日）に発生した洪水が、田植えあるいはその直前の状況であった長野盆地南部の水田を水没させたとして、少なくともこの地域の現在の農事暦における田植えの時季とは齟齬しない。このように、Eが「河溢」と記す洪水の災害については、千曲川流域の諸遺跡によってその発生の事実が裏付けられ、またその様相をうかがうことができる。

「河溢」の原因となったのは、第七章で述べた「遠江国地震」の場合と同様に、「山頽」と記される地変であったと考えられる。現時点で九世紀第4四半期の洪水砂が検出されている遺跡のうち千曲川の最上流部に位置するのは佐久市臼田の離山遺跡であるが、(21) さらにその上流にあたる佐久郡の小海町から南牧村海尻にかけての千曲川両岸には、岩屑なだれによる堆積物をみることができる。このあたりの左岸には八ヶ岳が望めるが、岩屑なだれの発生源は、北八ヶ岳山系の標高二六四六メートルの天狗岳から同二三八〇メートルの稲子岳にかけての東壁であると考えられている。ここには高さ最大三五〇メートル、経四キロの馬蹄形カルデラが存在する。このカルデラは山体崩壊（深層崩壊）の跡であり、崩壊で発生した岩屑なだれによる堆積物は大月川岩屑なだれ堆積物と名付けられている。八ヶ岳東麓の松原湖の湖沼群もこの時に生じたと考えられており、また、千曲川まで到達した大月川岩屑なだれは河道を閉塞し天然ダムを形成したと考えられている。(22)現在の大月川は海尻で千曲川に合流しているが、その合流地点の千曲川右岸の岩屑なだれ堆積物中から採取された木片（材化石）の放射性炭素年代の測定値として、九五〇±九〇ＹＢＰ（ＡＤ一〇〇〇年）が得られている。(23)また、大月川岩屑なだれ堆積物から採取された樹皮付のヒノキ材の年輪年代測定と最終年輪の木材組織の観察から、このヒノキ材が八八七年の秋口までは成長していたという結論が得られた。(24)**Ｅ**の「山頽」の地変とは、この北八ヶ岳山系の山体崩壊と大月川岩屑なだれのことではないかとする見解は、すでに一九六〇年代に出されていたが、(25)以上の調査とその所見により、それが裏付けられることになった。

さらに、この地変の発生については、**Ｂ**で述べられている「五畿内七道諸国」を襲った地震、つまり南海トラフ大地震によってひき起こされたとする見解が出されている。(26)前述したように、**Ｂ**の地震の発生は仁和三年七月三十日（八八七年八月二十二日）であるので、この見解は、大月川岩屑なだれ堆積物中にあったヒノキ材が八八七年の秋口までは成長していたという調査結果の結論とおおよそ合致する。**Ｄ**の記述からうかがえるように、仁和四年五月二十八日詔が作成された段階では、前年の災害による諸国の被害等の様相は、諸国からの報告によってある程度把握されていたと考えられる。そうすると、仁和四年五月二十八日詔では、ただ単に前年に発生した大災害の一つとして**Ｂ**の地震がとりあげられているのではなく、**Ｅ**の災害発生にも関連性があるもの、さらにいえばその起因となったものとして記述されている可能性が考えられる。しかし、この点で留意しなければならないのは、前節で述べた「遠江国地震」について記した『続日本紀』霊亀元年五月乙巳条とは異なり、仁和四年五月二十八日詔では「重今月八日信濃国山頽河溢」と記すだけであって、それとBの地震との直接的な関連性を示すような記述にはなっていないことである。また、「遠江国地震」にしても史料からその発生した日時を確定できないことはすでに述べたが、北八ヶ岳山系の山体崩壊と大月川岩屑なだれ、それによって生じたとされる千曲川水系の天然ダムについてもそれが発生した日時を史料から明確にすることはできない[27]。その日時に直接結びつく判断材料として提示されているのは、大月川岩屑なだれ堆積物中のヒノキ材の調査から得られた「八八七年の秋口」という時季だけである。

　ところが、この地変に関する論考の多くは、その発生日を南海トラフ大地震と同じ仁和三年七月三十日（八八七年八月二十二日）とする。先に述べたように、直接的な関連性を示すような記述ではないが、仁和四年五月二十八日詔が、前年に発生した大災害をEの災害発生の起因となったものとしてとりあげたという可能性を考えるならば、Bの地震とともに、Cの台風とみられる暴風雨も無視することはできない。そもそも、河道を閉塞して天然ダムを形成するような山体崩壊が発生する原因としては、地震、豪雨、火山噴火が考えられるが[28]、仁和四年五月二十八日詔はそのうちの前二者の災害に言及しているわけであるから、Bの地震のみをその発生誘因として確定的に扱うのは論理上の不備というべきであろう。Cのような豪雨が山体崩落の大災害をもたらすことは、一九六一年のいわゆる「三六災害」の一つとして六月二十九日に発生した長野県下伊那郡大鹿村の大西山崩落など[29]、信濃国内、長野県内をはじめ全国に多くの事例がある。また、仮に仁和三年七月三十日の南海トラフ地震がその発生誘因であったとしても、地震の発生と同時ではなく期間をおいて山崩れ災害が発生した事例がある[30]。さらに、東日本大震災の発生翌日である二〇一一年三月十二日に長野県北部地震が発生したように、史料の記録としては明確に残されていないが、南海トラフ大地震後

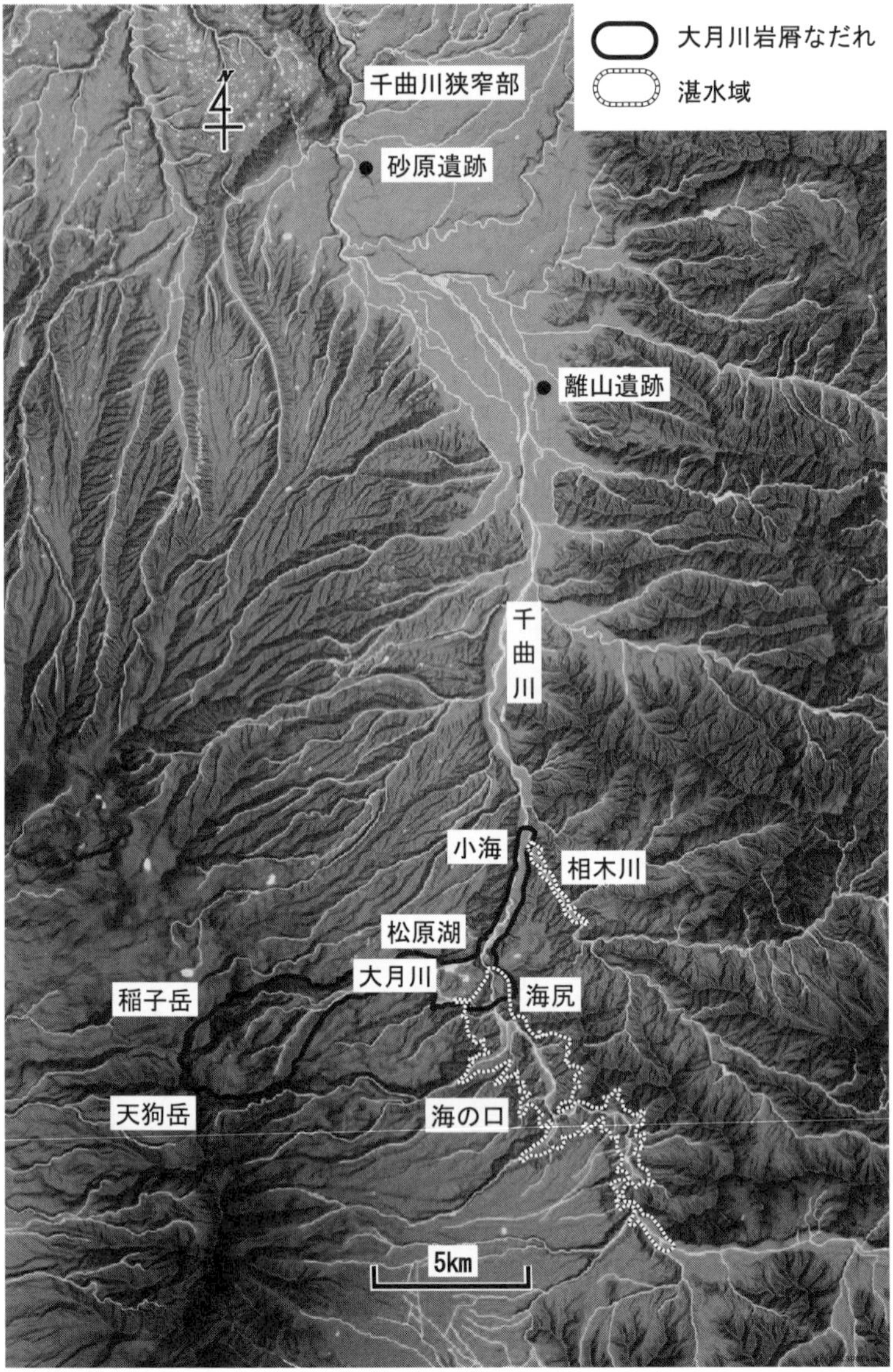

図 11　大月川岩屑なだれと千曲川の天然ダム

の「八八七年の秋口」ごろに、八ヶ岳直近を震源地とする地震が発生した可能性も考えられないことはない。したがって、北八ヶ岳山系の山体崩壊と大月川岩屑なだれ、千曲川水系の天然ダムの発生日時については、南海トラフ大地震と同日の仁和三年七月三十日（八八七年八月二十二日）と確定することはできない。(31)

とはいえ、この地変の発生の時季として、大月川岩屑なだれ堆積物中のヒノキ材から「八八七年の秋口」という結論が得られていることからすれば、その発生誘因は、Bがいう仁和三年七月三十日（八八七年八月二十二日）の南海トラフ大地震、Cがいう仁和三年八月二十日（八八七年九月十一日）前後の台風による暴風雨、あるいはこれらの複合的原因によるものであった可能性が最も高いといえよう。したがって、その発生日時については、現時点では、仁和三年七月三十日（八八七年八月二十二日）からそれ以降の秋口にかけてのいずれかの日時とするのが妥当であると考える。

大月川岩屑なだれが千曲川河道を閉塞した地点は、現在のＪＲ松原湖駅付近で、湛水高一三〇メートルの天然ダムが形成されたと推定されている。(32)Eがいう「今月八日」すなわち仁和四年五月八日（八八八年六月二十日）は、この天然ダムが決壊して「河溢」と記される洪水が発生した日時と解することができる。前述したように千曲川河道が閉塞された日時は確定できないが、仮に最長の想定となる南海トラフ大地震の発生日、仁和三年七月三十日（八八七年八月二十二日）から起算すると、天然ダムは形成から三〇四日目で決壊したということになる。決壊した時季は梅雨にあたり、湛水した膨大な水量が下流に向かって流出したとすれば、文字通り「河溢」状況となり、奔流が六郡を「唐突」したと考えられる。天然ダムが解体したプロセスは必ずしも明確ではないが、天然ダムの決壊は一回のみではなく数回にわたって発生し、その後も湛水高五〇メートルほどの天然ダムが残ったと推定されている。また、この決壊によって二次岩屑なだれが発生し、下流で千曲川と合流する相木川をせき止めてここにも天然ダムを形成したと考えられている。

同様に、さらにその下流でも二次的な天然ダムが形成された可能性が考えられる。前述した砂原遺跡では、水田、畑、竪穴建物を洪水砂が覆い、その厚さは最大で二メートル以上であるとされている。これだけの量の洪水砂の堆積は、奔流によるものというより、相当量の湛水が継続したと考えた方が合理的に説明できる。佐久市の下流である小諸市域では、砂原遺跡より約三キロ下流の地点から急激に千曲川の河道が狭くなり、千曲川はその段丘崖の間を蛇行しながら流れている。上流の巨大天然ダムが決壊した後、この地点を通過する大量の岩屑などを含む奔流によってこの狭窄部にも河道閉塞が発生し、その天然ダムが砂原遺跡を含む佐久盆地を水面下に沈めたのではないかという推定がなされている。[33] 仁和四年五月二十八日詔には六郡を「唐突」したとあるので、大月川岩屑なだれが形成した天然ダムの決壊によって発生した奔流は、少なくとも一〇〇キロ以上下流の高井郡まで到達したと考えられるが、流域各地における洪水発生のプロセスや、災害の様相についてはさらなる解明が必要であるといえよう。

四　長野盆地南部の集落遺跡にみる変動

仁和三年から仁和四年にかけての災害は、その規模といい、範囲といい信濃国に甚大な被害をもたらしたと推定される。『和名類聚抄』に掲載される信濃国の郷のうち、千曲川流域の六郡の郷数は総郷数の約三分の二を占める（序章の表1）。これらの郷のすべてが仁和四年五月二十八日詔に「城廬払〻地而流標、戸口随〻波而没溺。」といわれるような直接的な被害をうけたわけではないと考えられるが、災害は発生時の直接的な被害だけではなく、発生後のかなりの期間にわたって継続するものである。とくに仁和四年の洪水は、千曲川流域の地域社会に深刻な打撃を与えたもの

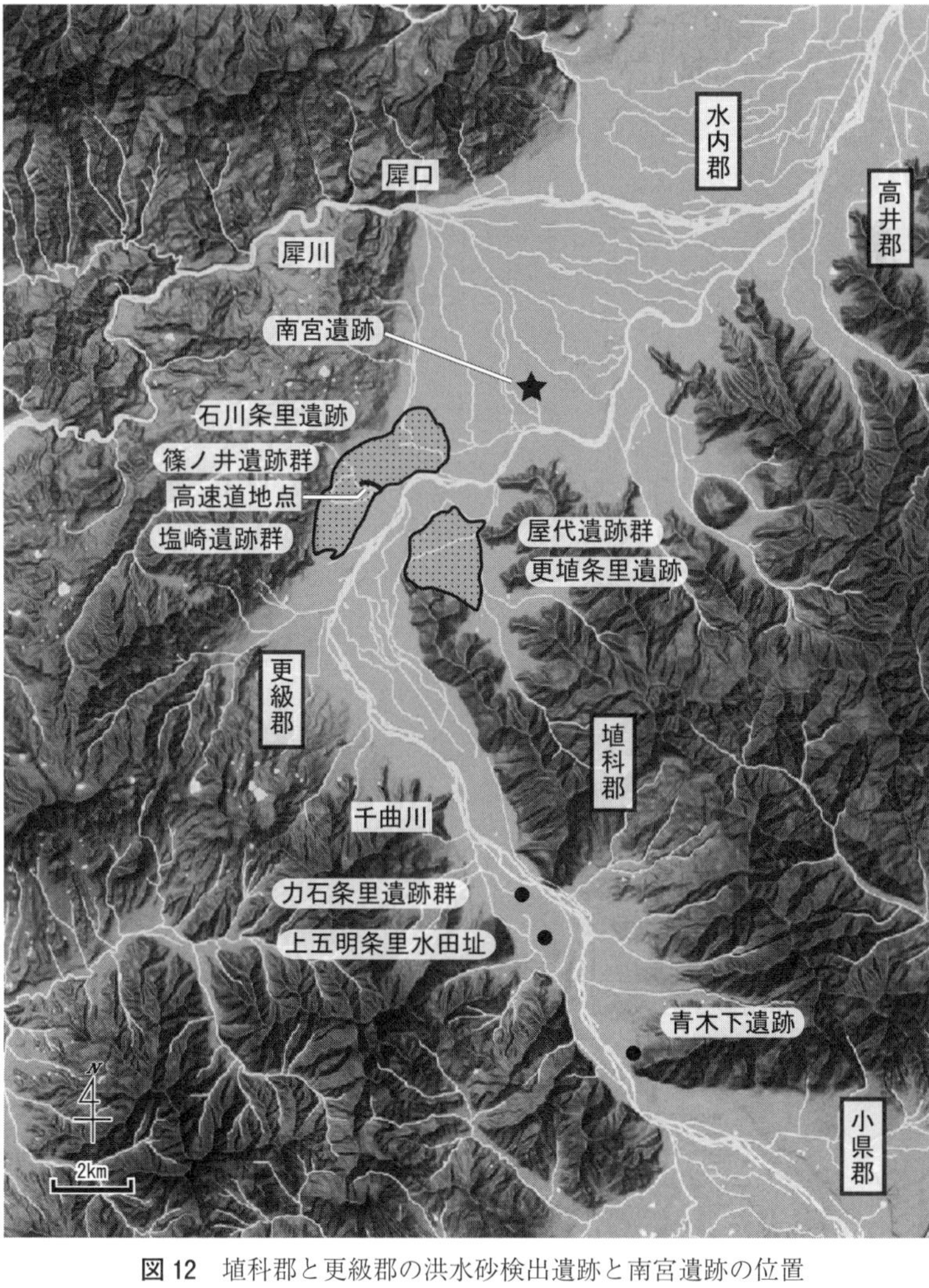

図 12　埴科郡と更級郡の洪水砂検出遺跡と南宮遺跡の位置

と考えられる。信濃国諸郡のなかでも、更級・埴科両郡は郷数からみて人口が多い郡であったと考えられるが、その主要な生産域のある長野盆地南部地域については、諸遺跡の当該時期の様相から、そうした地域社会の変動の一端をうかがうことができる。(34)

千曲川右岸の埴科郡域に含まれる更埴条里遺跡・屋代遺跡群では、九世紀前半にはじまった条里型地割の施工が洪水前の九世紀後半には完成し、地割に則した道路、畦畔、水路が広がる景観であったことが判明している。千曲川の河道に沿った自然堤防上は、弥生時代以来継続して集落域として利用されてきたが、洪水前の九世紀後半にはすでに集落の小規模化や廃絶が進みつつあった。仁和四年の洪水によって一帯は広く洪水砂に覆われ、以後、自然堤防上では約一〇〇年近く集落が途絶えている。十世紀末以降、ようやく竪穴建物が点在するようになり、洪水砂によって埋没した古い用水路の再整備や新たな掘削が行われるが、条里地割には則しておらず水田面や耕土も確認されていない。小規模な畠地開発が進んでいったとみられている。これに対して比較的洪水の被害が少なかった後背湿地では洪水後も集落が存在する。洪水砂に埋没した条里地割に沿って溝を掘削した跡があり、その一部では水田の復旧が可能であったとみられる。十世紀以降は後背湿地を中心に集落が拡大していったものと考えられる。(35)

更級郡域に含まれる千曲川左岸の自然堤防上には、上流側から塩崎遺跡群、篠ノ井遺跡群が存在し、その後背湿地に石川条里遺跡がある。千曲川の流路はこのあたりで北西方向から北東方向へと大きく変わり、河川勾配も約九〇〇分の一以下となる。塩崎遺跡群、篠ノ井遺跡群は弥生時代以来の集落域であり、その生産域である石川条里遺跡では九世紀中ごろ以前には条里地割が成立したとみられている。洪水砂はこの一帯にも広く堆積したと考えられる。石川条里遺跡の水田に水を供給していたのは塩崎遺跡群からの水路と考えられるが、洪水砂によって埋没したまま放棄されている。篠ノ井遺跡群の北陸新幹線用地の発掘では、洪水前の九世紀中ごろにそれまであった集落にかわって上部幅四・五メートル前後の大型水路が掘削されたことが確認されている。この水路は自然堤防上に新たに開かれた水田を灌漑するとともに、千曲川から直接取水した水を石川条里遺跡の水田に供給する幹線水路であったと考えられており、この時期に自然堤防から後背湿地までも含む大規模な開発が行われたのではないかと推定されている。しかし、これらの水路や水田も洪水砂に埋没し、洪水後の新たな水路の掘削や復興の痕跡はほとんどみられない。図13は篠ノ井遺跡群の高速道用地の発掘調査で確認された竪穴住居跡数を、時期別のグラフにしたものである。(36) 八世紀末から九世紀後半にかけてとされる古代5～7期に集落が発展し、とくに洪水前の古代7期には大集落の景観がみられたと思われる。洪水が発生した古代8期には集落は存在するが建物数が激減し、十世紀以降の遺構はごくわずかとなり、多くの人びとがこの地からの移動を余儀なくされたものと考えられる。(37)

これに対し、十世紀前半から中ごろにかけて集落が急激に発展したとみられるのが、篠ノ井遺跡群と同じ更級郡域に含まれる南宮遺跡である。千曲川は長野盆地で支流の犀川と合流するが、犀川は松本盆地から山間部を抜け、現在の長野市小市付近の犀口で長野盆地に出る。犀川によって運ばれた土砂は犀口を扇頂とする川中島扇状地を形成し、千曲川はこの川中島扇状地の堆積におされる形で盆地の南東縁の山地に沿って流れる。長野市篠ノ井東福寺から同川中島町御厨にかけて広がる南宮遺跡は、この川中島扇状地の扇端近くに位置し、南宮遺跡の南に千曲川がある。図14は南宮遺跡の竪穴住居跡数を時期別のグラフにしたものである。南宮遺跡では八世紀末まで全く集落がみられないが、九世紀に集落があらわれ、洪水後の古代9・10期に大集落へと発展する。この時期の集落内には、有力者の支配の拠点と思われる約一〇〇メートル四方の溝に囲まれた空間が存在し（図15）、そのなかにさらに有力者の寝食のための母屋があった空間が存在している。この中心区画からは九・十世紀の大量の土師器の食器類に混じって緑釉陶器、灰釉陶器のほか中国越州窯系の青磁などの高級陶磁器や、八稜鏡、火熨、帯金具（石銙）や転用硯、私印などが出土

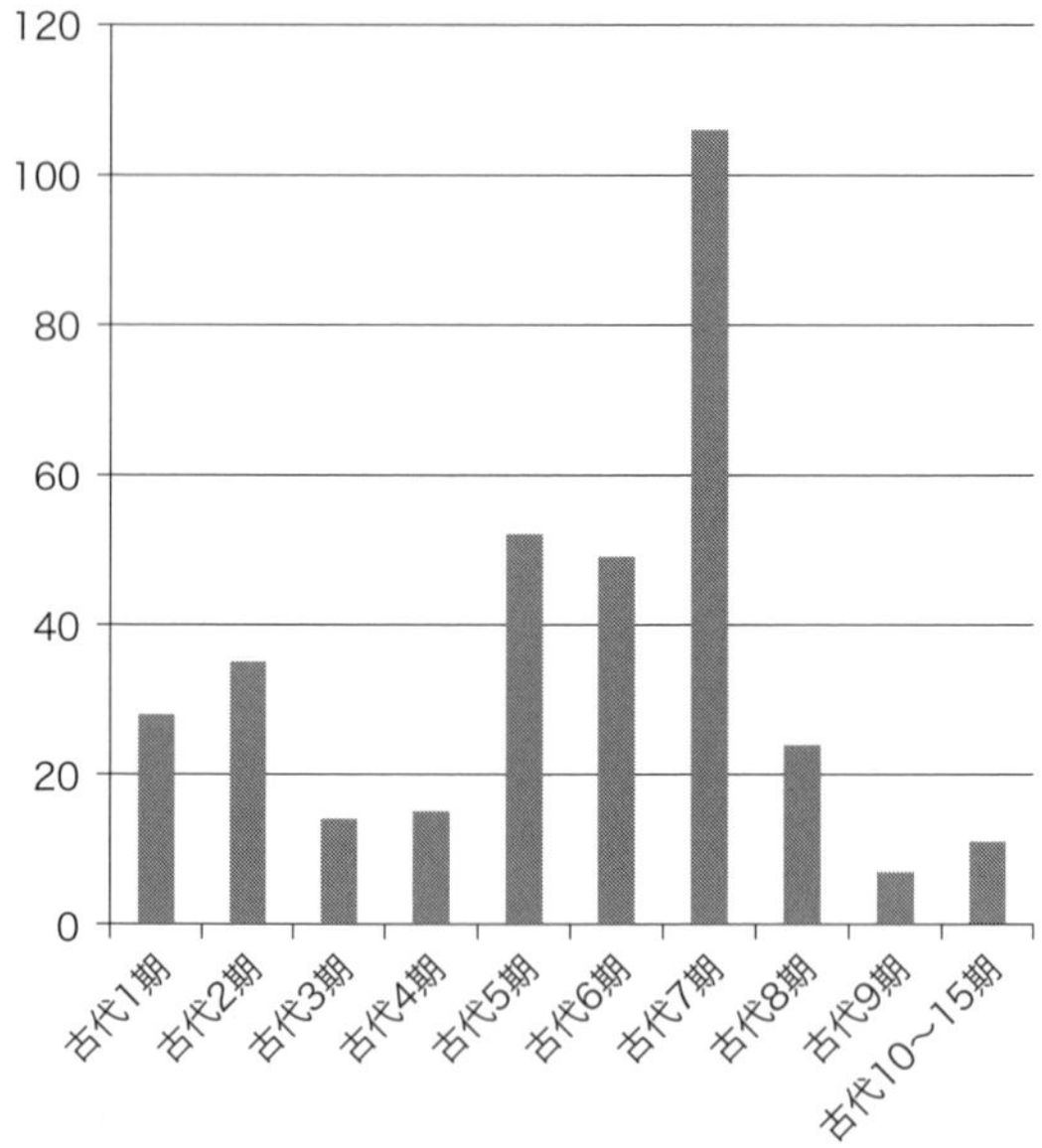

図 13　篠ノ井遺跡群の竪穴住居数

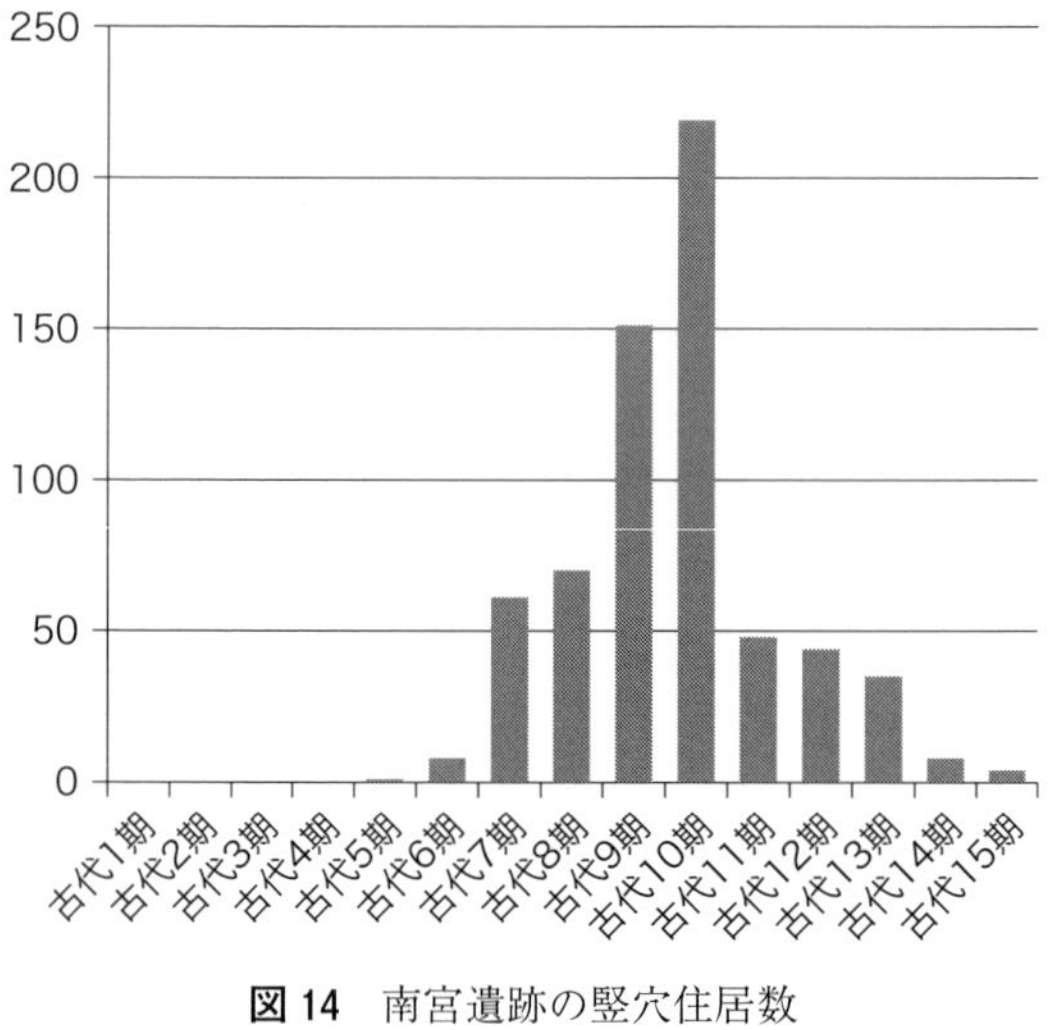

図 14　南宮遺跡の竪穴住居数

区　分	年　代
古代 1 期	7C 後～末
古代 2 期	7C最末～8C初
古代 3 期	8C 中
古代 4 期	8C 後
古代 5 期	8C 末～9C 初
古代 6 期	9C1/4
古代 7 期	9C 中～後
古代 8 期	9C 後～末
古代 9 期	10C 前
古代10期	10C 中
古代11期	10C 後
古代12期	10C 後～末
古代13期	10C末～11C初
古代14期	11C 前
古代15期	11C 後

している。また羽口、鉄滓のほか、金鉗、鏃、鉄鎌、刀子など多数の鉄製品が出土しており、鍛冶をはじめとした工房もあったと考えられる[38]。

以上のように、更埴条里遺跡・屋代遺跡群の自然堤防上や、その対岸の篠ノ井遺跡群、石川条里遺跡では、集落は洪水直前に衰退傾向に

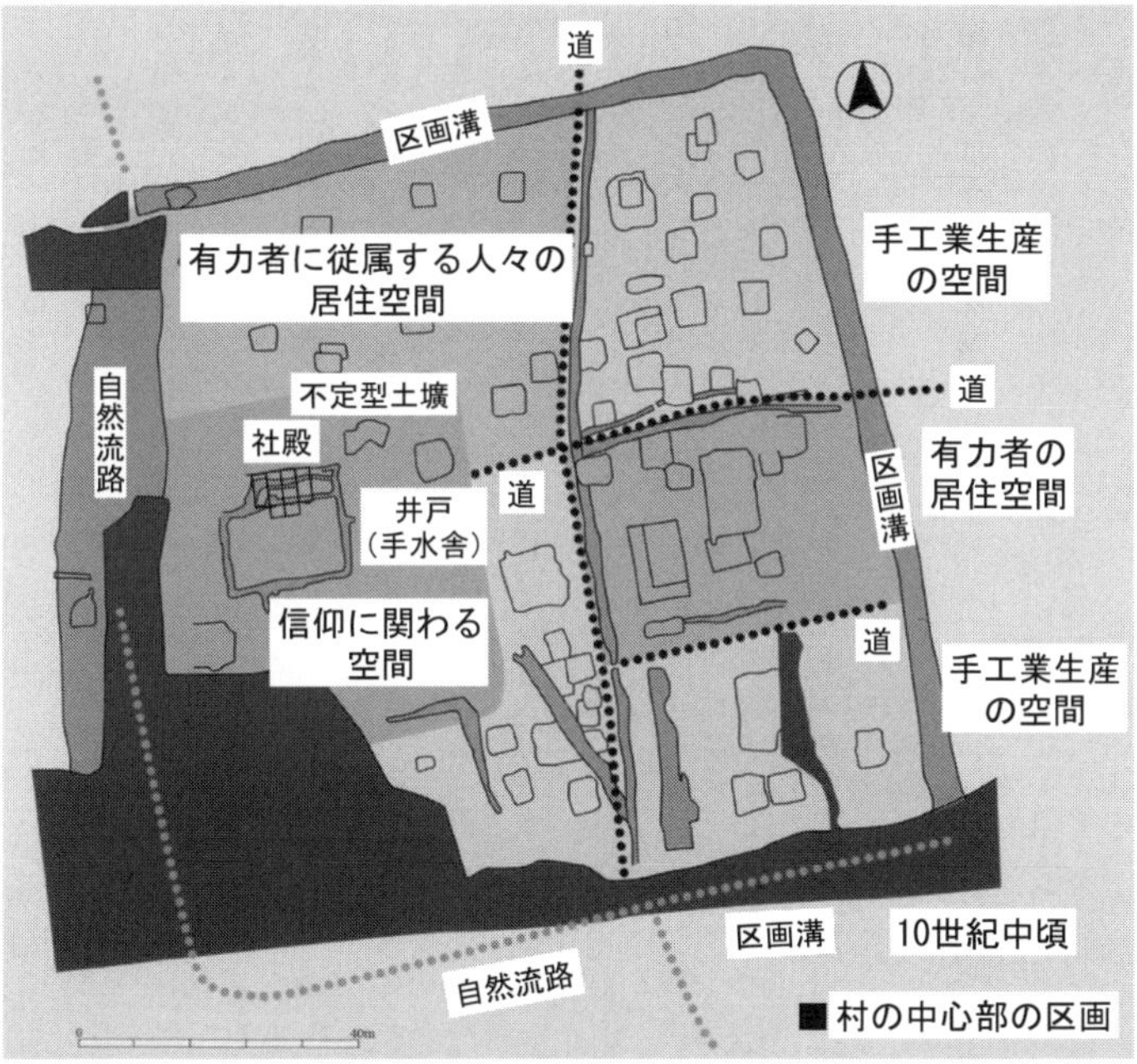

図 15　南宮遺跡の中心区画

あったものの一貫して存続していたが、洪水後にはほとんど消えてしまうような顕著な変化がある。一方、それより下流の南宮遺跡では洪水後に集落が大きく発展する状況がみられる。この相違は、仁和四年の洪水による被害の度合いの差が大きく関係していると考えられる。千曲川の長野盆地の入口にあたる更埴条里遺跡・屋代遺跡群、塩崎遺跡群、篠ノ井遺跡群、石川条里遺跡ではすでに述べたように相当量の洪水砂の堆積がみられるのに対して、南宮遺跡も含め、これより下流の遺跡では明確にこの時のものとみられる洪水砂は確認されていない。このため下流の遺跡では、洪水の発生時において洪水砂が堆積するような状況にはなかったと考えられている[39]。もちろん、洪水砂が検出されないからといって洪水の被害をうけなかったということにはならない[40]。しかし、水田や基幹水路の埋没などにより生産域が壊滅的な打撃をうけた塩崎遺跡群、篠ノ井遺跡群、石川条里遺跡に比べれば、洪水の影響は少なかったということができるであろう。

加えて、塩崎遺跡群、篠ノ井遺跡群、石川条里遺跡では溢流氾濫の増水だけではなく、天然ダムの決壊によって生じた奔流の直撃をうけた可能性がある。前述したようにこれらの遺跡群は千曲川がほぼ直角に流れを変える屈曲部の外縁(左岸)に位置している。このため千曲川の水流は左岸に強くあたり、篠ノ井遺跡群の自然堤防はその浸食によって削られてきた形跡がある。千曲市の稲荷山付近には、右へ曲がる現在の河道とは異なり、直進して塩崎方面に向かう千曲川の旧河道跡があり、寛保二年(一七四二)の「戌の満水」をはじめ、この旧河道跡から入り込んだ洪水によって幾度となく大きな被害が出ている。仁和四年の洪水の際にも、千曲川河道から篠ノ井遺跡群の自然堤防を越えて石川条里遺跡の後背湿地に水が流れ込むとともに、旧河道跡を直進して塩崎遺跡群の山際から石川条里遺跡に水が流れ込んだのではないかという見解が出されている。(41) いずれにせよ上流の天然ダムの決壊により生じた奔流のエネルギーが失われていなければ、塩崎遺跡群、篠ノ井遺跡群、石川条里遺跡では、緩やかな溢流氾濫のみではなく、かなりの流速の洪水に襲われた可能性が高いと考えられる。

前述したように、大月川岩屑なだれによって生じた天然ダムが仁和四年五月八日に決壊した後も、なお同地に天然ダムが残り、加えて、新たに相木川の天然ダムや小諸市の河道狭窄部にも河道閉塞が発生した可能性が考えられている。この想定が正しいとすれば、その情報は当然下流にも伝えられ、当時の人びとは洪水の再襲来を予想したはずである。加えて生産域の回復が見込めない状況であれば、洪水被害が甚大であった地域の人びとは、安全とこれからの生活維持を求めて他所へ移動したとみるのが自然であろう。おそらく、そのような人びとの移動先の一つが南宮遺跡であったのではないかと考えられる。同遺跡の洪水後の十世紀の集落景観は、同時期の他地域の遺跡の様相と比べても特異である。南宮遺跡は川中島扇状地内の微高地にあり、千曲川に近い扇端部でありながら、洪水による浸水があってもそれによる被害が比較的軽微な地であると推定される。その生産域は明確ではないが、仁和四年の洪水によって生産域、生産手段を失った人びとを吸収していったのではないだろうか。十世紀に入って急激な発展をみせた背景には、このような災害を契機とした在地社会の大きな変動があったと考える。

五　信濃国府の移転について

序章および第Ⅱ部第六章で述べたように、信濃国の行政の中心となる国府の所在地については、奈良時代の国分僧寺・尼寺が建立された時期には小県郡にあり、その後、筑摩郡に移転したという見解がほぼ定説とされており、ここでも基本的にこの見解にしたがいたい。しかし、その移転した時期やその理由については、史料が限定されることもあり、これを深く論じた論考はいまだにないといってよい(42)。ここでは、これまで述べてきた仁和三年から四年にかけて発生した災害が、その後の信濃国に大きな変動をもたらしたであろうという想定を前提にして、この問題について考えていくことにする。

国府が移転する原因としてあげられるのは、遷都による山城国府の移転のほか、国域の変更によるもの、駅路の変更によるもの、自然災害によるものがあるとされる(43)。このうち、移転にはあたらないが、国域の変更あるいは駅路の変更に関わるものの一つとして第Ⅱ部第六章で述べた諏訪国の例があげられる。しかし、ここで考えたいのは自然災害による信濃国府の移転である。そのように考える理由の一つは、前節で述べたように、仁和四年の洪水の被害が広範囲にわたり、信濃国のかなりの人口や経済に甚大な影響をおよぼしたと考えられることである。すでにみたように、洪水によって佐久盆地から長野盆地に至る千曲川流域の生産域は少なからぬ打撃をうけたと考えられる。なかでも長野盆地南部の石川条里遺跡や更埴条里遺跡は、面積からしてもその中心的な生産域の一つであったことは間違いない。洪水によってこの千曲川流域の生産力を失ったとすれば、信濃国や国内の郡の施策としては、災害後にその早急な回復を図る必要がある。しかし、石川条里遺跡や更埴条里遺跡を含む諸遺跡の様相をみる限り、国郡司の主導によるような洪水砂の除去や水路の再掘削が行われた様子はうかがえない。そうすると、これらとは別の地域での新たな開発が志向された可能性が考えられる。

もう一つの理由は、やはり前節でふれたように、災害が一過性のものではなく、天然ダムの残存や、新たな天然ダムの発生によって、ある程度の長期にわたって洪水等の再襲来が想定されていた可能性があることである。自然災害による移転の場合、十世紀初頭までは、立地条件が悪化するような災害でなければ被災後も同じ地に再建され、移転することはなかったとされる[44]。仁和四年の時点で、信濃国府が八世紀にひき続き小県郡にあったとした場合、国府が小県郡のいずれにあったかにもよるが、大洪水が発生し、さらにその再襲来の可能性がある状況は、国府の立地条件が悪化する事態に十分相当すると考えられる。これに関して参考となるのは、次にあげる『日本三代実録』仁和三年五月二十日癸巳（八八七年六月十五日）条にみえる出羽国府の例である。

先レ是、出羽守従五位下坂上大宿禰茂樹上言、国府在二出羽郡井口地一。即是去延暦年中、陸奥守従五位上小野朝臣岑守、拠二大将軍従三位坂上大宿禰田村麻呂論奏一所レ建也。去嘉祥三年、地大震動、形勢変改、既成二窪泥一。加之、海水漲移、迫二府六里所一。大川崩壊、去レ隍一町余、両端受レ害。無レ力二隄塞一、堙没之期、在二於旦暮一。望請、遷二建最上郡大山郷保宝士野一、拠二其険固一、避二彼危殆一者。太政大臣、右大臣、中納言兼左衛門督源朝臣能有、参議左大弁兼行勘解由長官文章博士橘朝臣広相、於二左仗頭一、召二民部大輔惟良宿禰高尚、大膳大夫小野朝臣春風、左京亮藤原朝臣高松等一、問二彼国遷レ府之利害一。所レ言参差、同異難レ定。更召二伊予守藤原朝臣保則一、以二高尚等詞一問レ之。

保則言。国司所レ請、非レ無二理致一。保則・高尚等、元任二彼国吏一、応レ知二土地之形勢一。故召二問之一。太政官因二国宰解状一、討二覈事情一曰。避レ水遷レ府之議、雖レ得二其宜一、去レ中出レ外之謀、未レ見二其便一。何者、最上郡地、在二国南辺一、山有而隔、自レ河而通。夏水浮レ舟、纔有二運漕之利一。寒風結レ凍、曾无二向レ路之期一。況復秋田雄勝城、相去已遥、烽候不レ接。又挙納秋饗、国司上下、必有二分レ頭入レ部、率レ衆赴レ城、若沿レ水而往、泝レ水而還者一。徴発之煩更倍二於尋常一。逓送之費将レ加二於黎庶一。晏然無事之時、縦能兼済、警急不虞之日、何得二周施一。以レ此論レ之、南遷之事、難レ可二聴許一。須下択二旧府近側高敞之地一、閑月遷造、不レ妨二農務一、用二其旧材一、勿上レ労二新採一。官帳之数、不レ得二増減一。勅、宜下依二官議一、早令上レ行レ之。

右の記事で述べられている「去嘉祥三年、地大震動」とは、仁和三年の三七年前の出羽国の大地震である（表20―9）。この地震については、『日本文徳天皇実録』嘉祥三年十月庚申（八五〇年十一月二十三日）条に「出羽国言上。地大震裂、山谷易レ処、圧死者衆。」と記されている。[45] 近年の調査により、山形県酒田市飛島西海岸製塩遺跡で、この地震によるものと比定される津波堆積層が確認されている。[46] 飛島は酒田港より約三九キロ沖合にある小島であるが、ここで津波堆積層が確認されたということは、嘉祥三年の地震は日本海の海底断層を震源とするものであったということになろう。「地大震動、形勢変改、既成二窪泥一」「地大震裂、山谷易レ処」あるいは「大川崩壊」とあるように大きな地変が生じるとともに、「海水漲移」と記される津波が発生したものと思われる。地震や津波などによって少なくとも庄内平野一帯が大きな被害をうけたことは間違いない。[47] 前にふれたように同年の翌月には使者の派遣、租調の免除、賑貸、死者の埋葬などの対応策を定めた詔が出されている。

このような災害の状況をふまえた上で、出羽国司は津波が「六里」、約三・二キロの所にまで迫った国府の移転を中央政府に願い出たのである。「出羽郡井口地」とされる当時の出羽国府は、現在の酒田市城輪の城輪柵跡とするのが大方の見解である。[48] また、出羽国司らが移転先の候補地とした「最上郡大山郷保宝士野」は、沿岸の庄内平野から最上川をさかのぼった中流域の山形盆地、現在の山形市付近と考えられている。[49] この国府の移転申請が災害の発生から三七年後の仁和三年であるからといって、出羽国府の立地条件に関してそれまでの国司たちの危機感が薄かったということにはならない。災害が頻発する九世紀にあってとくに陸奥・出羽両国では大災害が重なっている（表20―4・9・14・16）。仁和三年五月二十日条でも、出羽国司の解状に対する太政官の議論のなかで「避レ水遷レ府」あるいは「高敞之地」という文言が用いられているように、とくに津波などの水害の脅威は、現地の国司たちはもとより、都の官人たちにおいても十分認識されていたと思われる。それにもかかわらず、国府の移転の申請が嘉祥三年の災害発生後の短期間のうちになされなかったのは、出羽国司の解状中にあるように、国府には津波が到達せず、おそらく多くの建造物の再建を必要とするような状況にならなかったためであろう。国府の移転は多大な経費を必要とし、また災害後の地域社会への負担を強いることになる。このため、経年などによる建造物の建て替えが現実的な問題となる段階に至った仁和三年の時点で申請がなされたのだと思われる。この出羽国司の申請に対し、中央政府では元出羽国司ら地方行政の実務経験者の意見を聴取した上で、国司から提起された現実の危機と、行政・軍事上の利便性・合理性との兼ね合いを検討している。その結果、出羽国司が願い出た「最上郡大山郷保宝士野」への移転は却下とし、「出羽郡井口地」近くの「高敞之地」への移転を命じた。移転先の「高敞之地」の出羽国府については、城輪遺跡から三キロほど東にある酒田市市条の八森遺跡に比定する説が有力である。[50]

　出羽国司らが内陸への移転を考え、またそれに対して中央政府が「高敞之地」への移転を命じたのは、「拠二其険固一、避二彼危殆一」とあるように、津波などの水害に備えて出羽国府の安全性を確保することが第一であったことは間違いない。しかし、同時に「堙没之期、在二於旦暮一」とあるように、庄内平野にある国府周辺の集落が大きな被害をうけ、その回復が困難な状況にあったということも、出羽国司の献策の理由の一つとして考えられるのではないだろうか。先にあげた飛島西海岸製塩遺跡では嘉祥三年（八五〇）に比定される津波堆積層の下層にさらに津波堆積層があり、この堆積層は天長七年正月三日（八三〇年一月三十日）の出羽国の地震の際に発生した津波によるものではないかとする指摘がある。(51)この時の地震は『類聚国史』の記事にあり、そこでは秋田城の被害などは記されるが、津波の発生をうかがわせるような記述はみえない。(52)しかし、もしもこの時にも津波が発生していたとするならば、出和国沿岸は天長七年、嘉祥三年と短期間で二度も津波に襲われたことになる。津波の直撃による被害と、津波によって運ばれた海水による塩害などによって、庄内平野をはじめとする出和国沿岸部の生産域は壊滅的な打撃をうけたことが想定される。一方、『日本三代実録』仁和二年十一月十一日丙戌（八八六年十二月十日）条によれば「勅、分二出羽国最上郡一、為二二郡一。」とあって、国府移転の申請の前年に、移転先候補地とされた最上郡の分割が行われている。最上郡の分割と、ここへの国府の移転申請は全く無関係であるとは思われない。その背景には出羽国沿岸部の集落や生産域の衰退により、出羽国内において山形盆地など出羽国の内陸部の人口や経済の比重が相対的に高まったということがあるのではないかと思われる。出羽国の官人たちの施策として、国府の移転とともに内陸部の開発をより進めることによって、災害で失われた庄内平野など沿岸部の生産力を補おうとする目的もあったのではないだろうか。

さて、このような出羽国府の移転の申請について、中央政府が検討を行い、その決定をみたのが仁和三年五月であるが、その数カ月後に、出羽国の申請でも危惧されていた災害の脅威が重ねて現実のものとなったことはすでにみたとおりである。一方で、これまで述べてきた仁和三年から四年にかけての災害の様相をみる限り、信濃国府をとりまく状況は、災害の発生から三七年後に国府移転の申請を行った出羽国と比べて、より切迫したものであった可能性が高い。早急な国府の移転によってその安全を確保するとともに、松本盆地をはじめ洪水による大きな影響がなかったと思われる地域の開発を進め、民政と経済の立て直しを官人たちが図ろうとすることは十分に考えられるのではないだろうか。信濃国府については関心も高く、調査が行われてきたにもかかわらず、その所在にかかわると思われるような遺構や遺物はいまだ明らかにはなっていない。また、朝廷の編纂による国史も仁和三年八月までの記述を最後とするので史料上の制約もある。したがって、仁和三年から四年にかけての災害と信濃国府との関係を明確に論じることは難しい。しかし、以上から、本章では小県郡から筑摩郡へ信濃国府が移転する契機として、仁和の大災害がそれに該当するのではないかという可能性について提起したいと思う。

六　災害における地域社会研究の意義と課題

第Ⅲ部では、八・九世紀の信濃国にかかわる災害について史料を中心に述べてきた。それぞれの災害について論を進めていくなかで、あらためて認識したことがいくつかある。まず、いうまでもないことではあるが「災害は繰り返される」ということである。地殻の歪みによって発生する地震の周期性はもちろんであるが、地震などの誘因でひき起こされる河道閉塞は、本章でとりあげた遠山地変、八ヶ岳地変と、古代でわかっているだけでも二度、しかも信濃国の二大水系である千曲川水系と天竜川水系で発生している。古代以降でも、弘化四年三月二十四日（一八四七年五月八日）に発生したいわゆる善光寺地震の際には、犀川の河道閉塞とその決壊が長野盆地を中心に多大な被害をもたらしている。これらをみる限り、こうした災害は、大断層帯が走る山岳地帯の信濃国の宿命であるかのようにさえ思われる。今後も同じように大規模な災害が発生する可能性があることを心しておかなければならない。

また、災害や戦争は、人間社会にとっては負の価値をもつものであるといえるが、社会のさまざまな分野を個別的にみれば、それらの諸分野に大きな変化をもたらす契機となることもまた事実である。地域社会研究を進めるなかで、かねてより、地域社会という概念の重層性の認識が重要であることや、歴史学をはじめとする社会科学系の諸学とともに自然科学系の諸学を含めた情報の共有や相互連携が必要であることを実感してきた。地域の災害の歴史を明らかにすることは、もとよりそうした地域社会研究の一面にほかならないが、災害に関する分野ではそのような地域にかかわる研究における課題について大きな進展がみられる。二〇一一年三月十一日の東日本大震災を契機に、災害が人間社会に多大な影響をおよぼすということもあって、巨大地震や津波の発生メカニズムなどに直接関係する自然科学系諸学だけではなく、社会学、経済学など社会科学系諸学を含む総合的な調査研究が進められている。歴史学としての地域社会研究もまたそうした総合的な調査研究のなかに加わるようになってきている。それは過去に発生した災害が地域の歴史として記録されているという事実が、大災害を契機にあらためて社会的に認知されたことによる。しかしそれは反面で、地域社会研究を含む歴史学が、社会に対してそうした情報を強く発信できていなかったということでもある。現在では災害に関する調査研究の成果は簡便に入手できるような形で広く公開されるようになってきている。本章を含む第Ⅲ部の論考もそうした成果による部分が大きい。地域社会研究も本来そうあるべきだという思いをあらためて強く感じるところである。

災害が現代社会に多大な影響をおよぼすことを経験し、今もその脅威にさらされている私たちにとって、過去の災害について明らかにすることは、その今ある脅威についての貴重な情報を手に入れるということであり、その点で大きな意義がある。しかし、災害そのものの分析はもちろんであるが、災害後の地域社会の変動とその影響については、これから明らかにしていかなければならない課題もまだまだ多く残されている。本論考がそのための一助となることを切に願うものである。

注

（1）保立道久『歴史のなかの大地動乱─奈良・平安の地震と天皇』（岩波書店、二〇一二年）。
（2）仁和四年五月二十八日詔は『類聚三代格』巻十七赦除事のほか、『政事要略』巻六十交替雑事二十（損不堪佃田事）にも延喜臨時格として引用収載されている。同詔の格文については、『尊経閣善本影印集成三九　類聚三代格三　巻十二上～巻十八』（八木書店、二〇〇六年）をもとに、『尊経閣善本影印集成三六　政治要略』（八木書店、二〇〇六年）によって校勘し、『新訂増補国史大系二五　類聚三代格・弘仁格抄』（吉川弘文館、一九六五年）を参考に、衍字、欠字、誤字と判断される部分を修正して掲載した。
（3）吉田孝「類聚三代格」（『国史大系書目解題』上、吉川弘文館、一九七一年）。
（4）川尻秋生「三代の格の格文改変とその淵源─書き換え・増補を中心として─」（『日本古代の格と資材帳』吉川弘文館、二〇〇三年、初出は一九九五年）。
（5）石橋克彦「文献史料からみた東海・南海巨大地震─一、一四世紀前半までのまとめ─」（『地学雑誌』一〇八、一九九九年）。同「八八七年仁和地震が東海・南海巨大地震であったことの確からしさ」（日本地球惑星科学連合『地球惑星科学関連学会二〇〇〇年合同大会予稿集』二〇〇〇年）。同『南海トラフ巨大地震─歴史・科学・社会』（岩波書店、二〇一四年）。
（6）地震調査研究推進本部地震調査委員会『南海トラフの地震活動の長期評価（第二版）』二〇一三年。
（7）例えば、石橋前掲注（5）論文の見解と、瀬野徹三「南海トラフ巨大地震─その破壊の様態とシリーズについての新たな考え─」（『地震　第二輯』六四─二、二〇一二年）の見解など。
（8）前掲注（5）。
（9）中央防災会議防災対策推進検討会議南海トラフ巨大地震対策検討ワーキンググループ『南海トラフ巨大地震の被害想定について（第二次報告）』二〇一三年。同『南海トラフ巨大地震対策について（最終報告）』二〇一三年。長野県『第三次長野県地震被害想定調査報告書』二〇一五年。

(10) 東京大学地震研究所編『新収日本地震史料』一九八一～九四年および宇佐見龍夫編『「日本の歴史地震史料」拾遺』一九九八年の該当巻。国立防災科学技術センター『長野県における被害地震史料集』一九八七年。宇佐見龍夫・石井寿・今村隆正・武村雅之・松浦律子『日本被害地震総覧　五九九―二〇一二』(東京大学出版会、二〇一三年)。宮坂五郎・飯田悦司・伊藤和明「一九九四年東南海地震における長野県諏訪の被害について」(『歴史地震』三、一九八七年)。宮坂五郎・市川一雄『戦争が消した諏訪〝震度六〟　昭和一九年東南海地震を追う』(信濃毎日新聞社、一九九二年)。東南海地震体験者の会『東南海大地震記録集』(東南海地震体験者の会、一九九四年)。中央防災会議災害教訓の継承に関する専門調査会『一八五四　安政東海地震・安政南海地震報告書』二〇〇五年。同『一九四四東南海・一九四五三河地震報告書』二〇〇七年。内閣府(防災担当)『一七〇七宝永地震報告書』二〇一四年。

(11) 風災害研究会「瞬間風速と人や街の様子との関係」Ver. 一・二、二〇〇八年。

(12) 気象庁「雨と風　雨と風の階級表」二〇一四年。

(13) 前掲注(5)。

(14) 信濃国の急使が京へ報告をもたらすのに要する期日を推定するにあたって、平将門の乱の際の情報伝達が参考になると思われる。『日本紀略』天慶三年二月二十五日辛酉(九四〇年四月五日)条によれば、平将門が「下総国幸島」で討死したという報告が「信濃国馳駅」によって京にもたらされている。『将門記』は平将門が討たれた合戦は同月「十四日未申剋」にはじまったとするので、これにしたがえば、その情報は十四日午後から二十五日にかけて都まで伝えられたということになる。信濃国の飛駅使が京に到着した時刻は不明であるが、一応、この情報伝達が約一一日間で行われたとする。下総国猿島郡(茨城県坂東市岩井)から当時の信濃国府の所在地と考えられる筑摩郡まで、「延喜式」東山道の推定路に近い現在の経路で約二二五キロである。筑摩郡から京まで、近世の中山道の経路で約三一五キロである。一一日間を地形の高低を考慮せずに単純にこれらの距離の比によって計算すれば、下総国猿島郡から信濃国府まで約四・六日、信濃国府から京まで約六・四日を要することになる。また、信濃国府から京まで「延喜式」の神坂峠越えの経路を通るとした場合、前章でふれたようにこの経路は、中山道にほぼ重なると思われる木曽路よりも難路とされており、また距離も長くなるので、信濃から京の間は六・四日以上の日時を要することになる。

(15) 緊急事態への対応であるので、おそらく同日に、『養老公式令』飛駅式条および『貞観儀式』飛駅儀が定める勅符の下達が行われたのではないだろうか。『日本紀略』仁和四年五月十五日辛亥条の記事はこれを詔と記しているのではないかと思われる。

(16) 『類聚国史』巻百七十一（災異五地震）天長七年四月戊辰（八三〇年五月二十日）条。『日本文徳天皇実録』嘉祥三年十一月丙申（八五〇年十二月七日）条。『日本三代実録』貞観十一年十月十三日丁酉（八六九年十一月二十日）条。

(17) この洪水にかかわる遺跡の発掘調査とその様相や分析については以下の論文などにまとめられている。原明芳「発掘調査からみた仁和の洪水」（『長野県立歴史館研究紀要』一八、二〇一二年）。同「仁和の洪水と地域社会」（『信濃』六七―四、二〇一五年）。柳澤亮「千曲川流域を襲った古代の洪水」（高橋一夫・田中広明編『古代の災害復興と考古学』高志書院、二〇一三年）。なお図10は柳澤論文第1図による。

(18) ㈶長野県埋蔵文化財センター『篠ノ井遺跡群―成果と課題編―』一九九七年。㈶長野県埋蔵文化財センター『篠ノ井遺跡群・石川条里遺跡・築地遺跡・於下遺跡・今里遺跡』一九九八年。㈶長野県文化振興事業団長野県埋蔵文化財センター『更埴条里遺跡・屋代遺跡群（含む大境遺跡・窪河原遺跡）―古代一編―』一九九九年。長野市教育委員会『石川条里遺跡（四）』一九八九年。同『石川条里遺跡（七）』一九九三年。㈶長野県文化振興事業団長野県埋蔵文化財センター『更埴条里遺跡・屋代遺跡群（含む大境遺跡・窪河原遺跡）―古代二・中世・近世編―』二〇〇〇年。屋代総論編。寺内隆夫「更埴条里遺跡・屋代遺跡群に見る災害と開発」（『国立歴史民俗博物館研究報告』九六、二〇〇二年）。同「九世紀後半の洪水被害と復興への道のり―屋代遺跡群・更埴条里遺跡の発掘調査から」（『信濃』五四―八、二〇〇二年）。以下、篠ノ井遺跡群、石川条里遺跡、更埴条里遺跡・屋代遺跡群の洪水に関する所見はこれらによる。

(19) ㈶長野県埋蔵文化財センター『北陸新幹線埋蔵文化財発掘調査報告書一―軽井沢町内・御代田町内・佐久市内・浅科村内―』一九九八年。

(20)　長野県教育委員会『地下に発見された更埴市条里遺構の研究』(信毎書籍印刷、一九六八年)。なお、砂原遺跡のある佐久市塩名田近辺では、現在、五月下旬から六月初旬に田植えが行われているようである。

(21)　㈶長野県文化振興事業団長野県埋蔵文化財センター『国補緊急地方道路整備B業務(主)川上佐久線発掘調査報告書─臼田町内─離山遺跡』二〇〇四年。

(22)　河内晋平「八ガ岳大月川岩屑流」(『地質学雑誌』八九─三、一九八三年)。同「八ガ岳八八八年の大月川岩屑流」(『地質と調査』二三、一九八五年)。同「千百年前の八ヶ岳崩壊と〝信濃北部地震〟の否定」(『UP』二二四、一九九〇年)。同「松原湖(群)をつくった八八八年の八ヶ岳大崩壊─八ヶ岳の地質見学案内・二─一・二」(『信州大学教育学部紀要』八三・八四、一九九四・九五年)。なお、この地変についての研究史は、以下の論文などにまとめられている。早川由紀夫「平安時代に起こった八ヶ岳崩壊と千曲川洪水」(『歴史地震』二六、二〇一一年)。川崎保「平安時代の千曲川の大洪水─いわゆる『仁和の洪水』について─」(『第二回東海学シンポジウム資料集』NPO法人東海学センター、二〇一四年)。また、これに関する河内以降の文献については、水山高久監修／森俊勇・坂口哲夫・井上公夫編著『日本の天然ダムと対応策』(古今書院、二〇一一年)にまとめられている。

(23)　河内晋平「八ガ岳大月川岩屑流の^{14}C年代」(『地質学雑誌』八九─一〇、一九八三年)。その後、大月川岩屑なだれ堆積物中から掘り出され小海町教育委員会が保管していた埋没木から採取した木片について、名古屋大学年代測定資料研究センターのタンデトロン加速器質量分析計による測定が行われた。奥田陽介・川上紳一・中村俊夫・小田寛貴・池田晃子「八ヶ岳崩壊で発生した大月川岩屑流堆積物中の埋れ木の^{14}C年代測定」(『名古屋大学加速器質量分析計業績報告書XI(一九九九年度)』名古屋大学宇宙地球環境研究所年代測定研究部、二〇〇〇年)によれば、埋没木表面から採取した試料の測定結果は、一一八七±七六YBP(cal AD八四九±八三年)と一一二四±四一YBP(cal AD八一二±五七年)である。

(24)　光谷拓実「自然災害　長野県八ヶ岳崩落は八八七年と確定」(『埋蔵文化財ニュース』一〇〇、二〇〇〇年)。同「自然災害と年輪年代法」(『日本の美術』四二一、二〇〇一年)。

(25)　鷹野一弥「長野県南佐久郡松原湖湖沼群の生成年代の考察」(『信濃』一七─一一、一九六五年)。

(26) 前掲注（5）。

(27) 『扶桑略記』仁和三年七月三十日辛丑（八八七年八月二十四日）条は「申時、地大震。数刻不レ止。天皇出二仁寿殿一、御二紫震殿南庭一。命二大蔵省一、立二七丈幄二一、為二御在所一。諸司舎屋、及東西京廬舎、往々顚覆、圧殺者衆、或有二失神頓死者一。同日亥時、又震三度。五畿内七道諸国、同日大振。官舎多損。海潮漲レ陸、溺死者不レ可二勝計一。其中摂津国尤甚。信乃国大山頽崩、巨河溢流、六郡城廬払レ地漂流、牛馬男女流死成レ丘。」と記す。若干の字句の相違はあるが、この記事は明らかに『日本三代実録』仁和三年七月三十日辛丑条と『日本紀略』仁和四年五月八日条および仁和四年五月二十八日詔のEの部分を同日条上にあわせたものである。これは、『扶桑略記』の編纂における史料引用のあり方によるものであり、この記事をもって、災害発生の日時を論じることはできない。

(28) 水山ほか前掲注（22）書。井上公夫「形成原因別（豪雨、地震・火山噴火）にみた天然ダムの比較」（『砂防と治水』二〇七、二〇一二年）。

(29) 奥田穣『昭和三六年伊那谷大水害の気象』（建設省中部地方建設局天竜川上流工事事務所、一九九一年）。『伊那谷の土石流と満水―三六災害三〇周年―』（飯田市美術博物館、一九九一年）。『大西山崩壊と大鹿村の復興』（国土交通省中部地方整備局天竜川上流河川事務所、二〇〇六年）。

(30) 石橋克彦『大地動乱の時代―地震学者は警告する―』（岩波書店、一九九四年）。同前掲注（5）一九九九年論文。

(31) 仁和三年の南海トラフ大地震と北八ヶ岳山系の山体崩壊との関係についてはじめて言及した石橋は、前掲（5）の一九九九年論文・二〇〇〇年論文で、仁和東海地震によって仁和三年七月三十日（八八七年八月二十二日）にこれらの地変が発生したことを仮説として提示した。この地変に関するそれ以降の論考は、光谷前掲注（24）論文を除けば、この石橋の仮説を前提として行われた調査・分析が主であり、管見の限りでは発生日時そのものについて検証したものはない。石橋前掲注（5）二〇一四年書は「この仮説は、その後の年輪年代学・考古学・地質学・砂防学などの調査や研究史の総括などによって、ほぼ実証された。」とするが、少なくとも地変の発生日時については実証されたとすることはできない。

(32) 井上公夫・服部聡子・町田尚久「八ヶ岳大月川岩屑なだれによる天然ダムの形成（八八七）と三〇三日後の決壊」（水山ほ

か前掲注（22）書）。井上らを中心に二〇〇九年以降行われた大月川岩屑なだれとそれに伴う天然ダムの調査検討の結果はここにまとめられており、以下、図11で示した岩屑なだれと湛水域の想定をはじめ、この天然ダムについての見解はこれによる。

(33)　原前掲注（17）二〇一二年論文。柳澤前掲注（17）論文。

(34)　前掲注（17）。

(35)　前掲注（18）『更埴条里遺跡・屋代遺跡群（含む大境遺跡・窪河原遺跡）―古代二・中世・近世編―』、屋代総論編および寺内論文。

(36)　㈶長野県埋蔵文化財センター前掲注（18）『篠ノ井遺跡群―成果と課題編―』により作成した。なお、時期区分については、屋代総論編による。

(37)　前掲注（18）『篠ノ井遺跡群―成果と課題編―』および『篠ノ井遺跡群・石川条里遺跡・築地遺跡・於下遺跡・今里遺跡』。市川隆之「善光寺平南部の条里遺構」（『国立歴史民俗博物館研究報告』九六、二〇〇二年）。

(38)　長野市教育委員会『南宮遺跡』一九九二年。同『南宮遺跡Ⅱ』二〇〇〇～〇二年。鳥羽英継「南宮遺跡に発見された古代の神社―十世紀における神社遺構の抽出と分析―」（『長野県考古学会誌』一〇九、二〇〇五年）。同「古代における川中島扇状地の開発―長野市南宮遺跡発見のほぼ一町単位の空白帯を手がかりにして―」（『長野県考古学会誌』一一四、二〇〇六年）。同「古代集落　南宮遺跡の分析一―金属製品・金属生産関連の遺構・遺物の分析を通して―」（『長野県考古学会誌』一二一、二〇〇七年）。同「南宮遺跡と古代の豪族居宅」（『ちょうま』二九、二〇〇九年）。同「古代における豪族居宅の構造―長野市南宮遺跡の分析を通して、南宮遺跡の分析二―」（『長野県考古学会誌』一二六・一二七、二〇〇八・〇九年）。なお、図14は『南宮遺跡Ⅱ』により作成した。また図15は鳥羽各論文にもとづき作成した。

(39)　長野県埋蔵文化財センター『川田条里遺跡』二〇〇〇年。

(40)　原前掲注（17）二〇一五年論文。

(41)　原前掲注（17）二〇一二年論文。

（42）長野県史通史一は、序章に掲げた『日本三代実録』元慶三年九月四日辛卯（八七九年九月二十三日）条の記述により、それ以前の九世紀後半に移転していたとするが、移転するに至った理由についてはふれていない。
（43）木下良『国府　その変遷を主にして』（教育社、一九八八年）。
（44）木下良「災害による国府の移転」（『歴史地理学紀要』一八、一九七六年）、同前掲注（43）書。
（45）『類聚国史』および『日本紀略』の同日条のほか、前掲注（16）の『日本文徳天皇実録』嘉祥三年十一月丙申条にも関連記事がある。
（46）平川一臣「日本海東縁の古津波堆積物」（『地震予知連絡会会報』九〇、二〇一三年）。相原淳一・駒木野智寛・大畑雅彦「山形県酒田市飛島西海岸製塩遺跡の調査―特に、遺跡と古津波堆積層の関係について―」（『山形攷古』四三、二〇一三年）。同「山形県飛島の津波堆積層と遺跡との関係―特に考古学的な視点から―」（『歴史地震』二九、二〇一四年）。
（47）前掲注（16）『日本文徳天皇実録』嘉祥三年十一月丙申条。
（48）出羽国府の変遷については以下の論文などに研究史がまとめられている。佐藤禎宏「仁和三年条の出羽国府移転に関する覚書」（『庄内考古学』一六、一九七九年）。荒木志伸「城輪柵政庁に関する一考察」（『日本古代学』二、二〇一〇年）。
（49）『古代地名大辞典　本編』（角川書店、一九九九年）三七〇頁。
（50）前掲注（48）。
（51）相原ほか前掲注（46）二〇一三年および二〇一四年論文。
（52）『類聚国史』巻一七一（災異五地震）天長七年正月癸卯（八三〇年一月三十日）条および前掲注（16）同年四月戊辰条。

第Ⅳ部　地域社会の生産と貢納

第九章　牧と馬—馬の生産をめぐる諸文化の伝来と交流—

一　河内の牧

大陸の騎馬文化のなかではぐくまれた乗馬の風習やその前提となる馬の生産が、日本列島で本格的にはじめられたのは五世紀だといわれる。この馬の文化の受容が、朝鮮半島からの馬および馬の文化を保持した人の移住によりはじまったことは、次にあげる『日本書紀』応神天皇十五年八月丁卯条などからうかがえる。

百済王遣㆓阿直伎㆒、貢㆓良馬二匹㆒。即養㆓於軽坂上厩㆒。因以㆓阿直岐㆒令㆓掌飼㆒。故号㆓其養㆑馬之処㆒、曰㆓厩坂㆒也。（中略）其阿直岐者、阿直岐史之始祖也。

『古事記』応神天皇段にも「亦百済国主照古王、以㆓牡馬壱疋、牝馬壱疋㆒、付㆓阿知吉師㆒以貢上。此阿知吉師者、阿直史等之祖。」とある。応神紀にみえる「軽」の地とは、現在の奈良県橿原市大軽町あたりとされる。これらの記事に象徴されるように、畿内において大和は馬の飼育の中心地域であったが、すでに指摘があるとおり、古代の文献に散見される馬に関係する史料から、大和とならんであるいはそれ以上に馬の飼育の中心地域であったと考えられるのは河内である。河内では、讃良郡、古市郡の地域を中心に、馬飼部が設置され、馬氏や馬飼氏などの氏族が多く居住していた(1)。近年、この河内地域の発掘調査によって、馬の文化を受容する過程の実相が明らかになってきている。

河内国讃良郡にあたる河内平野北東部の生駒山地西麓の氾濫原には、大阪府寝屋川市長保寺遺跡、讃良郡条里遺跡、四条畷市蔀屋北遺跡、中野遺跡、奈良井遺跡、鎌田遺跡などの諸遺跡が存在している。これらの諸遺跡からは、五世紀中ごろから六世紀末までの集落跡に伴って、韓式系土器（朝鮮半島から舶載された土器、もしくは朝鮮半島の技術で日本で製作された土器）、馬具など馬に関連した資料、さらには馬の骨そのものなどが出土している。これらの諸遺跡の分布から、河内北部にあたる現在の寝屋川市南部から四条畷市全域にかけての地域に馬を飼育する牧が形成されていたと考えられている。当時の河内平野には、大阪湾から入江状に拡がる河内湖とよばれる大きな湖が存在していた。牧は生駒山地の西麓部から、この山麓部へ湾入していた河内湖の最奥部沿岸に至る地域に立地していたと考えられ、その具体的な範囲は、北は讃良川、

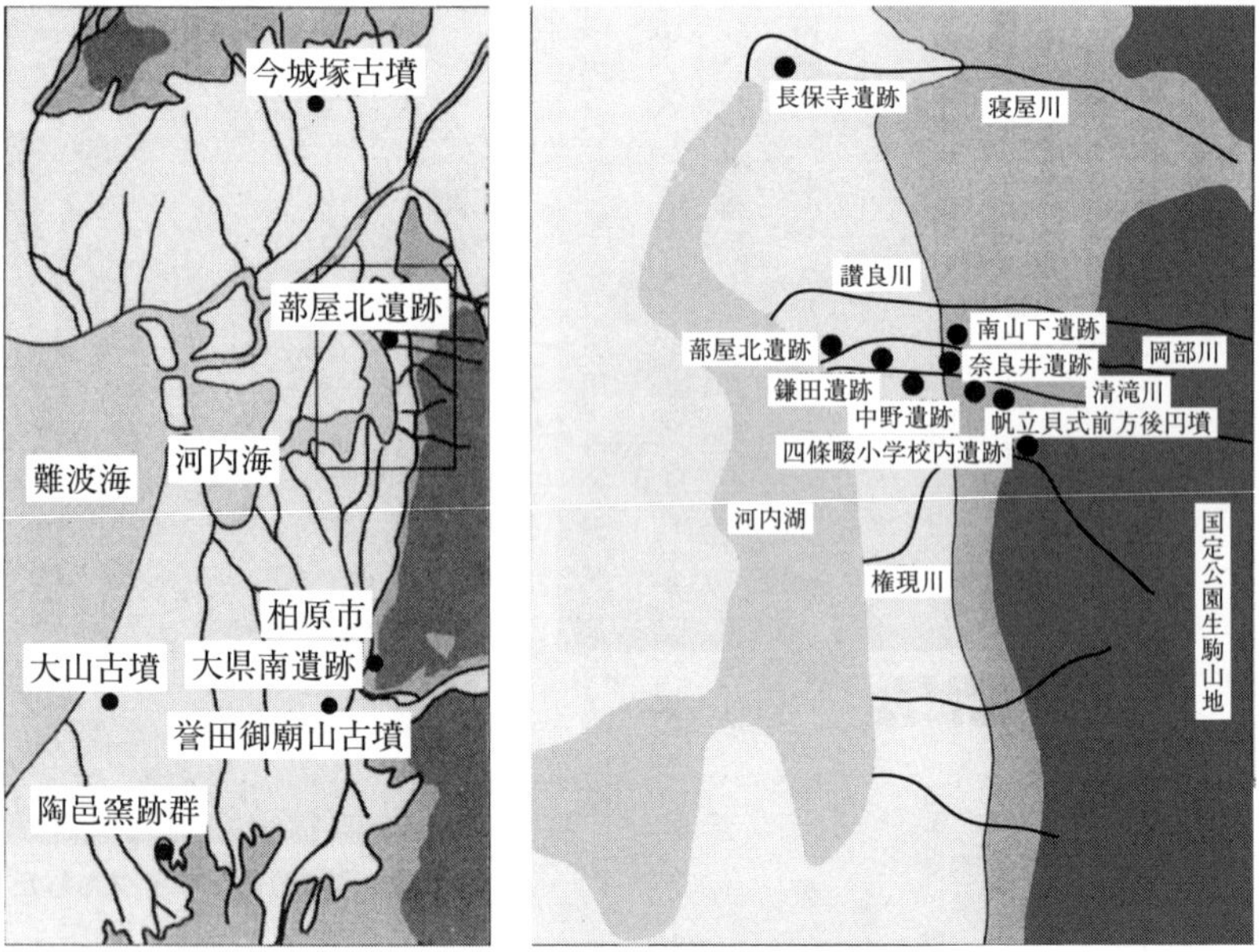

図 16　蔀屋北遺跡周辺の遺跡分布図

南は権現川、東は飯盛山麓、西は河内湖に至る南北三キロ、東西二キロと推定されている。

この牧の形成過程については、主要な遺跡の一つである蔀屋北遺跡の様相が手がかりになる。蔀屋北遺跡は、牧と推定される地域の北西部に位置し、河内湖沿岸の湿地帯に形成された自然堤防上に立地していた。報告書(2)によれば、蔀屋北遺跡で出土した土器は一期から五期までの五段階に分けられ、この区分にしたがって約一五〇年にわたる遺跡の様相を以下のように時系列に概観することができる。

一期（五世紀初頭から前半）：渡来人を含む少数の人びとが散在して居住していたと考えられる。

二期（五世紀中ごろ）：建物遺構が検出されるようになり、渡来人の集団居住による集落の形成がみられるようになる。

三期（五世紀後半から六世紀初頭）：一期・二期とは異なる渡来人の集団が新たに移住し、この人びとによって牧の経営が拡大されたと考えられる。この新来の集団は独自の統一された韓式系土器を使用し、また出土がほとんど大阪府下に限られるU字形板状土製品も二〇個体弱がみつかっている。このU字形板状土製品は竈の焚き口部分を保護する枠であり、大韓民国の出土類例との対比から、三期に新たに移住した集団は、朝鮮半島全羅南道栄山江流域と強いつながりをもつ人びとの集団であったと考えられている。

四期（六世紀前半から中ごろ）：集落全体の規模が若干縮小し、出土土器も韓式系土器の消滅と在地土器への同化が進む。

五期（六世紀後半から末）：韓式系土器は土師器の器種として型式変化する。北東居住域に建物構成、遺物等すべての面で遺跡内の他域とは隔絶した屋敷地が出現し、三期以来の渡来人集団の指導者が在地支配層へと成長した姿を体現しているとされる。集落は六世紀末に出水により消滅したと推定されている。

次に、蔀屋北遺跡から出土した遺物のうち、とくに牧の形成や経営にかかわると思われる特徴的なものについてみていくことにする。蔀屋北遺跡では集落内で二七基の井戸が検出されているが、そのうち八基に井戸枠があり、さらにそのうちの七基の井戸枠には船材が転用されていた。このように井戸枠に転用された船材は、前述した牧の範囲内にあって蔀屋北遺跡と同様に河内湖沿岸地域に立地していたと考えられる讃良郡条里遺跡、長保寺遺跡でも出土している。船材が出土した蔀屋北遺跡の七基の井戸は、井戸枠内や井戸枠下土坑から出土した土器などから、いずれも牧が拡大発展する二期・三期のものであることが判明している。出土した船材がもともと構成していた船は、丸太を半円柱状に割って刳り貫いた部材に竪板や舷側板などの部材を取り付ける準構造船とよばれる船である。古墳時代の準構造船は、船形埴輪や古墳石室・土器などに描かれたものからその姿を推しはかることができるが、蔀屋北遺跡の三期の井戸一基から出土した船材は船底部にあたり、その構造上の特徴から宮崎県西都原古墳群出土の船形埴輪などにみられるゴンドラ状の準構造船の唯一の実物資料として貴重なものだとされる。部材から想定される船は全長一〇メートルを超えるかという大型船であり、これらの大型の準構造船は外洋航海が可能であったと考えられている。前述のように当時の河内湖は大阪湾と水路で結ばれていたので、蔀屋北遺跡などを含むこの北河内の牧と、朝鮮半島の間は、大型の準構造船によって直接航行することが可能であった。蔀屋北遺跡から出土した船材には五世紀中ごろに廃棄・埋没した井戸の井戸枠として転用されていたものもあるので、それ以前より準構造船による航行が行われ、それが牧の形成・発展に大きくかかわっていたと考えられる。とくに三期の新来の渡来人集団の移住は、朝鮮半島全羅南道栄山江流域から準構造船による航海を経て直接北河内の牧に移り住む形で行われた可能性が高い。また、次に述べる遺跡の様相から、当該期のこれらの人びとに馬飼いとしての性格が色濃いことからすれば、前掲の『日本書紀』応神天皇十五年八月丁卯条にみられるように、人の集団とともに、牧にとって最も重要な馬そのものもまた準構造船によって朝鮮半島から当地の牧へ運ばれることがあったと想定することができよう。

蔀屋北遺跡では弥生時代から近世までの動物遺体が出土しているが、多くは五～六世紀の時期のものであり、そのなかで圧倒的多数を占めているのが馬歯骨である。前述した牧の範囲の中央部に位置する奈良井遺跡では、一辺四〇メートルほどの溝に囲まれた祭祀場とみられる遺構がみつかっているが、その溝から六頭以上の馬歯骨が出土し、なかには切断された頭骨のみのものもあった。蔀屋北遺跡でも五世紀中ごろから後半にかけて馬の全身または頭骨を埋めたとみられるものが四例確認されており、あるいは祭祀に起因するものかと考えられている。その一つである五世紀中ごろから後半とみられる土坑には、左側を下にして横臥した状態のほぼ全身骨格が遺存していた。計測、分析から、この埋葬馬の年齢は五～六歳、体高は一二七センチで、宮崎県串間市の在来馬である御崎馬の小さい体格の個体に相当するとされている。このような蔀屋北遺跡および周辺遺跡における馬骨の出土状況は、牧で相当数の馬が飼育されていたことを示す直接的な証左であるといえよう。

蔀屋北遺跡の集落の西を限る大溝からは、鑣轡、輪鐙、鞍などが出土している。鑣轡は鉄製で左右一対の左半分の部分と右側の一部が出土した。轡は馬の口にかませ手綱をつけて馬を制御するための金具であり、鑣は馬の口にかませる轡の銜の部分を固定するもので鹿角が用いられている。出土した鑣轡は銜と引手が遊環でつながれており、これは百済および伽耶の轡にみられる特徴であることから、朝鮮半島南西部からの移入品もしくは移入品を模倣制作したものと考えられている。また破損によって五世紀中ごろに廃棄されたとみられることから、五世紀前半ごろの作例と想定されている。輪鐙は木製のものが二点出土している。鐙は鞍にまたがった際に足をのせる部分であるが、残存状況のよい一点には皮紐が結ばれて実際に使用された跡が認められ、磨り減りぐあいから右足用と考えられる。出土層位から三期、すなわち五世紀後半から六世紀初頭のものとされる。鞍は後輪の部分で、輪鐙と同じく木製であるが、内外面に黒漆が塗られ丁寧に仕上げられている。鑣轡と同じく二期以前、五世紀前半のものと想定されている。これらの出土した馬具はいずれも装飾品あるいはその部材ではなく、乗馬に必要な実用品であることが注目される。またこれら馬具を含む手工業品の製作に関連して、蔀屋北遺跡の出土遺物のなかには、鉄鏃の未製品、鉄滓、羽口、筋砥石、大量の木屑、使い込まれた刀子などがみられ、集落のなかに鍛冶、木工などの各種工人が存在していたことにも注目しておきたい。

そのほか特徴的な遺物として、大量に出土する製塩土器があげられる。蔀屋北遺跡では小型製塩土器が大量に出土した製塩土器廃棄土坑がみつかっている。こうした製塩土器廃棄土坑は二期からあらわれ、三期には一五カ所にものぼる廃棄土坑が検出されている。なかには製塩土器の破片とともに大量の炭を検出した土坑があり、ここでは製塩の最終段階である焼き塩の作業が行われたと想定されている。このように大量に製塩土器が廃棄されているということは、ここで塩が大量に消費されていたことを示している。塩の一部は集落の人びとの食用に、あるいは他所へ流通することがあったとも考えられるが、大量の塩を必要とした第一の理由は、やはり馬の飼育のためであったと考えるべきであろう。

動物にとって、体液の浸透圧の維持、体液量の調整、食物の消化吸収、神経伝達など生理的役割をはたす塩の摂取は不可欠のものである。馬の場合、塩が欠乏すると食欲低下から成長不良を起こし、毛並みが荒れる。馬は他の動物と比べて発汗量が多く、気温や運動量によっては多くの塩が失われる。このため、不断に必要量の塩を摂取しなければならない。(3) 先にふれた在来馬の御崎馬には、人為的管理がほとんど加えられていないが、その成馬は一日に約四〇キロの草を食べる。都井岬の自然環境に適応したあり方で必要な塩、ミネラルの摂取量を確保しているものと思われる。しかし、閉鎖的な空間で繁殖と育成を行う牧の場合、飼い葉や塩を人間の手で与える必要がある。厩牧令厩細馬

条には、

凡厩、細馬一疋、中馬二疋、駑馬三疋、各給二丁一人一。穫丁毎レ馬一人。日給二細馬、粟一升、稲三升、豆二升、塩二夕一。中馬、稲若豆二升、塩一夕。駑馬、稲一升。乾草各五囲、木葉二囲。周三尺為レ囲。青草倍之。皆起二十一月上旬一飼レ乾。四月上旬給レ青。（後略）

とあって、厩での馬や厩務員の数、飼料などが定められている。これによれば、飼料である穀物、草などとともに、細馬（＝上馬）と中馬には塩が与えられることになっていた。[4]令に規定される量を、近代量の約四割とし、古代の製塩で得られる塩の比重（ゆるみ比重）をほぼ一・〇二と考えると、細馬に与えられる二夕は約一四・九グラム、ほぼ大さじ一杯であり、中馬に与えられる一夕は約七・四五グラム、小さじ一杯半ほどになる。現代の厩舎では固形塩を置いて自由に舐めさせることが多いが、西洋系大型馬に飼料に混ぜて塩を与える場合は、一日あたり三〇～五〇グラム添加することで要求量を満足させることができるとされている。[5]いずれにせよ、牧で相当数の良馬を円滑に飼育しようとすれば大量の塩を確保しなければならない。蔀屋北遺跡において、製塩土器が大量に廃棄された多数の土坑が存在する状況は、まさに牧の経営での塩の重要性を如実に示しているということができるのである。

以上、報告書などにしたがって蔀屋北遺跡の様相について述べてきたが、それによって得られた五～六世紀の牧の知見についてあらためて確認しておきたい。まず第一には、準構造船の船材の出土からうかがわれるように、牧の形成、発展が、朝鮮半島からの人びとの直接的な集団移住によるものであることである。ただし、蔀屋北遺跡などから出土する船材が必ずしも同時期のものばかりではなく、時期差がみられることからすれば、牧のある北河内の地域と朝鮮半島の地域との間の関係は、移住という一方向のみで語られるものではなく、これら準構造船によって人や物が両地域を往来する双方向の関係であったと考えるべきであろう。

次に、移住した渡来人の集団には、馬の繁殖、育成の知識・技術をもつ、いわゆる馬飼とよばれる人びとが含まれるとともに、馬そのものも搬送されてきたと考えられる。また、乗馬には轡、鞍、鐙などの馬具が必要であり、馬の生産だけではなく、育成や人が乗るための馴致も牧において行うとすればこれらの馬具は日常的消耗品である。したがって、こうした手工業品の知識・技術も、広い意味での馬に関する知識・技術に含まれるものであり、渡来してきた集団のなかには、これらを供給するための鍛冶、金工、木工などの知識・技術をもつ工人が含まれていたと考えるべきであろう。したがって当時にあって牧の形成とは、その地域における手工業生産の新しい知識・技術の伝来、普及をも意味していたと考えられる。

次に、おびただしい数の製塩土器の廃棄からうかがわれるように、馬の飼育、牧の経営において、塩を確保することがきわめて重要であったと考えられることである。前述の手工業品の原材料や部材などは他地域で調達されたものも多かったと考えられるが、塩もまた同様のことが想定される。蔀屋北遺跡では製塩の最終段階の焼き塩が行われていたことは間違いないが、製塩土器のなかには当遺跡特有の北河内周辺のもののほかに、紀淡海峡産など他地域のものも出土している(6)。牧では相当量の塩が必要であり、牧での製塩に加え、他地域からも塩・製塩土器を搬入していたのであろう。したがって牧の経営の実際を考える場合には、人の移動や物の流通など他地域との関係を考えていく必要があるといえよう。

蔀屋北遺跡では、馬に関わる遺物は集落跡から出土しており、この集落が朝鮮半島から移り住んだ馬飼およびそれにかかわる人びとのものであったことが明らかになった。また馬飼の集落としての最盛期は五世紀中ごろから六世紀初頭にかけてであり、この時期に牧での馬の本格的な生産およびその利用がはじめられたことを示している。この河内の牧の様相をふまえた上で、次に朝鮮半島からより離れた東の地域である信濃の様相についてみていきたい。

二　信濃の牧

信濃の地域には、蔀屋北遺跡のように遺構、遺物によって五〜六世紀の牧の形成、発展の様相をうかがうことのできる遺跡は今のところない。したがって、当該時期の馬にかかわる全体的な様相を述べていくことにする。信濃では馬具の出土や馬の埋葬例が少なからず確認されているが、五世紀後半代では千曲川水系の長野盆地と天竜川水系の飯田盆地の二地域に馬具の分布が認められる。したがって信濃のなかでも、馬の生産がはじめられたのは、まずはこの両地域であったと考えられる。

なかでもその分布の核を形成しているのは、後の信濃国伊那郡の南部、下伊那地域である。下伊那地域では五世紀後半からある意味で唐突に多くの古墳築造がはじまり、六世紀前半には横穴式石室を内蔵する前方後円墳に引き継がれていく。また、前方後円墳のみならず、古墳時代中期の特徴的な副葬品である小型仿製鏡や短甲なども、五世紀中ごろを境として下伊那地域に集中している。(7)このような地域の激しい社会変動ともいえる状況の変化のもとで、五世紀中ごろから後半において馬骨等が出土するようになる。これまでの調査によれば、馬の埋葬は飯田市の座光寺地区、上郷地区、松尾地区に存在する五世紀中ごろから後半を中心とする四古墳（墳丘墓）群で三〇例確認されており、そのうち六例に金属製の馬具が伴う。これらの古墳群はすべて天竜川右岸の地域にあるが、長野県埋蔵文化財センターの二〇一一年の発掘調査により、天竜川左岸の飯田市上久堅地区でも、六世紀と推定される鬼釜古墳の周溝内の土坑から鞍金具、雲珠が出土し、この土坑が「馬の埋葬土坑」であると判断された。天竜川左岸では初例ということで注目されるが、これは六世紀以降に馬の生産地が天竜川右岸地域から左岸地域に拡大した可能性を示すものと考えられ

ている。(8)

そこで、天竜川右岸地域の報告例にしたがって、この地域の古墳時代の馬の生産について概観していくこととしたい。(9)座光寺地区の新井原・高岡古墳群では、新井原2号古墳の周溝内から三頭、高岡4号古墳の周溝内から一頭、単独土坑三基から各一頭、計七頭の馬の埋葬が確認されている。新井原2号古墳の周溝内からは木芯鉄板張輪鐙、鞍覆輪とみられる鉄製品が出土し、高岡4号古墳の周溝内からは鑣轡が出土している。また、4号土坑では馬具を装着した形で馬が埋められており、鉄地金銅張f字型鏡板付轡、剣菱形杏葉、辻金具が出土している。

上郷地区の宮外垣遺跡は低墳丘墓群であるが、墳丘墓二基の周溝から各一頭、単独の土坑四基から各一頭、計六頭の馬の埋葬が確認されている。このうち墳丘墓（ＳＭ〇三）の周溝に掘りこまれた土坑からは、馬歯骨とともに、鉄製のf字型鏡板付轡、剣菱形杏葉、辻金具、鞍金具、環状雲珠、木芯鉄板張輪鐙が出土しており、馬一頭の全身と、その脚元にこれらの馬具をまとめて埋葬した可能性が考えられている。なお、同遺跡のＳＫ一〇で検出された馬歯骨は比較的残存状態がよく、年齢一一歳前後の牡で、体高は前述した蔀屋北遺跡の土坑の全身骨格と同じ約一二七センチメートルとされている。

松尾地区にある物見塚古墳は五世紀中ごろの円墳で、周溝内に馬一頭の埋葬が確認され、鑣轡が出土している。物見塚古墳に近接する位置にある茶柄山古墳群では、9号古墳の周溝内と墳裾から七頭、単独の土坑三基から各一頭、計一〇頭の馬の埋葬が確認され、その一つである土坑一〇から三環鈴が出土している。

このほか川路地区の月の木1号古墳では、馬歯骨は確認されていないが、周溝内から鉄製楕円形鏡板付轡が出土している。これらの馬の埋葬に伴う馬具のうち、最も古い時期のものは物見塚古墳と高岡4号古墳の鑣轡で、新井原2号古墳から出土した木芯鉄板張輪鐙もこれらに相前後する時期のものとみられている。それに次ぐ段階のものと考えられるのが、新井原・高岡古墳群4号土坑、宮外垣遺跡墳丘墓（SM〇三）、茶柄山古墳群土坑一〇から出土した馬具である。新井原・高岡古墳群4号土坑と宮外垣遺跡墳丘墓（SM〇三）のf字型鏡板付轡、茶柄山古墳群土坑一〇の三環鈴は、いずれも他地域の同種のものと比較した上では古式の様相をもつものとみられている。月の木1号古墳出土の鉄製楕円形鏡板付轡は、五世紀代でもさらにその次の段階の時期のものとみられている。

以上のように、下伊那地域の五世紀代の馬具は、下伊那地域の古墳の主たる埋葬施設から埋葬者の副葬品として出土した例はなく、埋葬された馬に伴う形での出土が多い。また、馬も墳丘内に埋葬された例はなく、いずれも周溝内、墳裾、古墳（墓）周辺の土坑で検出されている。さらに、馬の埋葬にかかわると思われる古墳（墓）自体も、円墳もしくは低墳丘墓であり、地域の首長墓に比定される前方後円墳や帆立貝形古墳に伴う馬の埋葬例は確認されていない。このことは、当該時期の下伊那地域において、馬や馬具が首長などの特定個人の威信材であったのではないことを示している。人や馬の死、あるいは儀礼に際して、それらを一体のものとして埋葬する文化を保持していたのは、馬や馬具を実用に供した人びと、すなわち馬飼集団であったと考えられる。馬や馬とともに馬具を埋葬した古墳（墳丘墓）群は、こうした馬飼集団の集落に近い墓域であったということができよう(10)。

前述したように、五世紀の日本列島における馬の文化の受容が、それらを保持した朝鮮半島からの人びとの移住によってはじまったと考えられることからすれば、下伊那地域の馬飼集団も渡来人あるいは渡来系の人びとであった可能性は高い。物見塚古墳と高岡4号古墳の鑣轡や、新井原2号古墳の木芯鉄板張輪鐙は五世紀前半にさかのぼるとする見解があり(11)、五世紀前半には下伊那地域に馬が存在していたと考えられるが(12)、遅くとも五世紀中ごろまでには馬飼集団が集落を形成して馬の生産をはじめたとみられ、蔀屋北遺跡の一～二期に重なる。飯田市恒川遺跡群の新屋敷遺跡から出土した両耳付壺の蓋を、蔀屋北遺跡三期でふれた朝鮮半島全羅南道栄山江流域産の五世紀中ごろの土器とす

る見解もある。(13)

　このような状況は、下伊那地域とともに、早い時期から馬の生産がはじめられた長野盆地においても同様であったと考えられる。長野盆地周辺で出土した主な馬具として、まず長野市飯綱社古墳で一八七五年に発見されたといわれる鉄製の輪鐙・鞍金具と蛇行状鉄器があげられる。蛇行状鉄器は鞍に取り付ける旗竿あるいは天蓋（傘）の柄とみられるが、輪鐙は五世紀前半のものとされる。(14)中野市林畔1号古墳と長野市上池ノ平5号古墳は、ともに屋根の形に石を組みあわせた合掌形石室をもつ円墳であるが、いずれからも五世紀後半代とされる鑣轡が出土しており、これは東北アジア系の実用的な馬具とされる。(15)長野市榎田遺跡では木製の鞍と壺鐙が出土している。鞍は後輪の部分で粗い加工の痕がみられることから未完成のものと考えられる。壺鐙には黒漆が塗られており、いずれも五世後半のものとされる。(16)

　長野市には榎田遺跡から南西約五キロに、五〇〇基を越える群集墳である大室古墳群があり、五世紀第3四半期の築造と考えられる168号古墳からは馬形土製品が出土している。(17)大室古墳群には積石塚や、林畔1号古墳、上池ノ平5号古墳にもみられる合掌型石室をもつ古墳が含まれ、積石塚や合掌型石室は朝鮮半島の墓制の系譜につながるものとされる。また『延喜式』にみえる信濃国の一六の御牧の一つである「大室牧」（序章の表3）との関係で、大室古墳群を渡来系の馬飼集団の墓域とする見解がある。(18)

　長野市塩崎遺跡群では、五世紀後半の円墳の周溝内から一頭分の馬骨が出土しており、古墳被葬者の葬送儀礼に伴い周溝内に遺棄された可能性が考えられている。(19)以上から、長野盆地でも五世紀中ごろには、渡来人あるいは渡来系の人びとによって馬の文化がもたらされた可能性が高いと考えられる。

　前節でみたように、河内の牧の場合、蔀屋北遺跡などから出土した準構造船や韓式系土器などによって、渡来人の馬飼集団との関係は明確である。また、手工業品の原材料や塩など牧の経営に必要な物資の流通などもある程度想定することができる。しかし、信濃の場合は、牧やそれにかかわる集落の比定などを含め、牧の形成やその実態について具体的に明らかにされているわけではない。そこで次節では、牧をめぐる信濃の地域と朝鮮半島、あるいは日本列島の他地域とのつながりについてみていきたい。

三　信濃からみた地域間の交流

第Ⅰ部第二章で述べたように、『日本書紀』の継体天皇から欽明天皇にかけての記事に、「斯那奴阿比多」「科野次酒」「科野新羅」など科野（斯那奴＝シナヌ）を名のる人物があらわれる。彼らは明らかに信濃にゆかりがある人物であると考えられるが、「次酒」と「新羅」は、百済の官位をもっており百済の高官として用いられた、倭系百済官人ともいうべき人物で、ほかに『日本書紀』にみえる「河内部阿斯比多」「竹斯物部莫奇委沙奇」などと同じく出身地によってその名がよばれていたと考えられている。継体天皇から欽明天皇にかけての時期は六世紀はじめから中ごろにあたるが、この時期以前より、朝鮮半島では、北方の強国である高句麗が南方の百済・新羅、とくに百済に対する圧力を強めていた。一方、朝鮮半島南方において百済、新羅両国は、勢力拡張のために激しくせりあっていた。このような朝鮮半島情勢の緊迫化をうけて、ヤマト王権は百済に兵、馬、弓矢、船などの軍事援助を行い、かわりに百済から先進文物を導入していた。彼らはそうした百済とヤマト王権との間の軍事、外交の最前線に従事していたのである。

倭系百済官人として登場するのは科野（斯那奴）のほかに物部、紀、穂積、巨（許）勢、葦北の五氏のみである。このうち多くの人物がみえるのは物部氏や穂積氏の物部系の氏で、科野（斯那奴）氏はそれについで多くの記事に登場する。[20]信濃が日本列島の内陸に位置する地域であるにもかかわらず、それにゆかりのある人物が倭系百済官人として登場してくるのは、当時のヤマト王権において、彼らが物部氏と同様に軍事面で大きな役割を担っていたためであり、その背景には、彼らの故地である信濃が、軍事行動の要である騎馬兵力を支える馬の生産地であったことがあると思われる。前節で述べたように五世紀代に信濃に馬の文化をもたらしたのは渡来人あるいは渡来系の馬飼集団であったと考えられ、この馬飼集団の人びとと朝鮮半島の地域との関係は、蔀屋北遺跡の様相でみられたように、移住という一方向のみではなく、当時の国際関係のなかで両地域を往来する双方向の関係として存在していたのではないかと思われる。そして、馬の生産を中心としてヤマト王権の軍事面に深くかかわる信濃と、朝鮮半島のとくに百済・伽耶との間のそのような五世紀以来の関係性のなかから、六世紀代に入ると百済において科野（斯那奴）を名のる倭系百済官人のような人物が登場してきたのではないかと考える。[21]

同様に、六世紀には信濃とヤマト王権との間にも新しい形の結びつきが生まれたと考えられる。七世紀後半以降の史資料によって、令制下の信濃国では一〇郡のうち、安曇・佐久・高井を除く七郡に、金刺舎人または他田舎人を名のる豪族が郡司層として存在していたことが確認できる。彼らの氏族名に付されている「金刺」や「他田」は、ヤマト王権の中枢ともいうべき大王の宮号に由来する名称で、「金刺」は六世紀中ごろの大王である欽明天皇の磯城嶋金刺宮に因む。「他田」は六世紀後半ごろの大王である敏達天皇の訳語田幸玉宮に因む。つまり、彼らの氏族名は、彼らの祖先が欽明天皇や敏達天皇の宮に仕えた由緒正しい一族であるということを示すものなのである。このように信濃の豪族たちは、六世紀中ごろ以降、ヤマト王権の職制に組みこまれる形で編成され、大王の宮に出仕し、人的・物的な負担をするようになったと考えられる。こうした豪族たちとは、数十メートルの古墳を築造する小地域の中小首長たちであり、その古墳に馬具が副葬されているように、彼らこそが、信濃のそれぞれの地域において、馬の生産を掌握

していた主体的存在であり、それを基盤とする騎馬兵力を構成しうる存在であった。(22)

信濃では下伊那地域と長野盆地を中心に分布した馬具が、六世紀末から七世紀にかけて信濃全域に拡がりをみせる。つまりこの時期以降は信濃各地で馬の生産が行われるようになったと考えることができる。その背景の一つには、信濃の各地域の豪族がこのように金刺舎人や他田舎人などとしてヤマト王権に組織的に組みこまれたということが背景にあったと考えられる。ただし、馬生産の地域的な拡がりを、その地域の特色としてとらえようとする場合に、これまで述べてきた騎馬兵力などの武力的な要素に加えて、他の面にも留意する必要があると考える。

いうまでもなく、信濃は内陸の山岳地帯にあって隣の地域と行き来するためには、多くの場合山地の峠を越えていかなければならない。千曲川や天竜川などの大河もあるが、河川の流路の大部分は勾配のきつい急流で、水運が可能なのは諏訪湖などの湖沼のほかに、長野盆地や下伊那地域などの河川の一部区間に過ぎない。このような地理的特性をもった地域では物資の運搬における馬の役割は大きい。事実、信濃国、長野県では、近世の中馬の発達にみるように、内燃機関をもつ鉄道機関車や自動車などが登場するまで、馬が運搬の主役であった。すでに述べたように、牧の経営は自給自足の閉鎖的な生産体制では成り立たず、馬具などの手工業品の原材料、塩など牧が必要とする物資を他地域から搬入しなければならない。そしてその運搬には当然馬が用いられたであろう。馬の生産がはじまり、馬の往来が行われるようになると、駄馬の有益性についての認識とその利用は、運搬路に沿った地域から地域へと信濃全域に急速に広まったものと考えられる。下伊那地域と長野盆地を中心にはじまった馬の生産は信濃全域に拡がり、その伝統が、令制下の牧、『延喜式』にみられる御牧、さらには中世へと継承され、信濃の大きな歴史的特徴の一つとなる。その背景には、もちろん気候や地形、植生など生産に適した要因もあったと思われるが、このように流通面において馬が果たす役割が、他地域に比べてかなり大きかったということもあるのではないかと思われる。

またこうした流通や運搬を通じた地域間の関係は、信濃内で完結するわけではなく、山に隔てられたより遠方の地域におよぶものである。例えば、馬の生産飼育に欠かせない塩は、海に面していない信濃で生産することはできず、かなりの必要量を海洋沿岸の生産地から調達しなければならない。江戸時代に例をとると、信濃国に塩がもたらされる主な経路には次のようなものがあった。

①矢作川を船でさかのぼり、足助（愛知県豊田市）から伊那街道を経由
②富士川を船でさかのぼり、鰍沢（山梨県富士川町）から甲州街道を経由
③利根川を船でさかのぼり、倉賀野（群馬県高崎市）から北国街道を経由
④糸魚川（新潟県糸魚川市）から千国街道を経由
⑤高田（新潟県上越市）から北国街道を経由

古墳時代と江戸時代とでは、塩の生産地やその生産量は大きく異なると思われるが、沿岸部から信濃へ塩が入ってくる経路は、地形的にみてそう大きな差異はないと考えてよいと思われる。信濃の各地の牧と、これら三河、駿河、甲斐、上野、越後などの地域との間の荷の往来にも馬が用いられたとすれば、五世紀中ごろ以降には信濃の牧がこれらの地域を通じて塩などの必要物資を調達し、例えばその代価のような形で、これらの地域に馬や馬具などの牧の生産成果品が供給されるというような地域間関係が存在していた可能性は高いと考えられる。

古代の日本列島にあって、信濃は馬の生産ではおそらく質・量ともに他の地域を凌駕していたと思われる。その馬の生産の契機となった五・六世紀には、馬の文化の受容が、信濃の在地社会に大きな変動をもたらすとともに、信濃の各地域、信濃と周辺地域、さらには信濃と畿内、朝鮮半島との間に新たな関係を生み出し、以後、馬の生産だけではなく地域間の人、思想、文化、技術の移動が活発に行われるようになっていったことが想定できるであろう。

注

（1）佐伯有清「馬の伝承と馬飼の成立」（『馬の文化叢書』二　古代―馬と日本史一、㈶馬事文化財団、一九九五年、初出は一九七四年）。野島稔「河内の馬飼」（『万葉集の考古学』筑摩書房、一九八四年）。同「王権を支えた馬」（『牧の考古学』高志書店、二〇〇八年）。図16は野島二〇〇八年論文の第1図による。

（2）大阪府教育委員会『蔀屋北遺跡Ⅰ』（二〇一〇年）。同『蔀屋北遺跡Ⅱ』（二〇一二年）。

（3）橋本壽夫「動物飼育と塩の役割」（『たばこ塩産業新聞　塩事業』一九五六年、㈶たばこ産業弘済会新聞編集部、二〇〇一年）。

（4）塩の比重は二・一六であるが、（公財）塩事業センターの「塩百科」（http://www.shiojigyo.com/siohyakka/index.html）によれば、結晶と結晶の間にすき間がある時の比重が、結晶自体の比重より小さくなることを「見かけ比重」とよび、さらにこの「見かけ比重」は、塩の詰まりぐあいによって変わり、容器に固く詰めた時を「かため比重」、容器に軽く詰めた時を「ゆるみ比重」とよぶ。ここでは古代の製塩で得られる塩をしっとりとした塩と考え「ゆるみ比重」一・〇二とした。なお、現代の食塩のサラサラした塩の場合は、「ゆるみ比重」は約一・二九である。

（5）日本中央競馬会競走馬総合研究所『新　馬の医学書』（緑書房、二〇一二年）。

（6）藤田道子「蔀屋北遺跡の渡来人と牧」（『ヒストリア』二二九、二〇一一年）。

（7）松尾昌彦「中部山岳地帯の古墳」（『新版　古代の日本』七中部、角川書店、一九九三年）。

（8）（一財）長野県文化振興事業団長野県埋蔵文化財センター『鬼釜遺跡　風張遺跡　神之峯城跡』二〇一六年。

（9）下伊那地域の古墳時代の馬に関する様相については、飯田市教育委員会『飯田における古墳の出現と展開』二〇〇七年による。なお、文中の古墳については、本書第Ⅰ部第一章を参照されたい。

（10）飯田市教育委員会前掲注（9）書。

(11)　諫早直人「初期轡の製作年代」(『東北アジアにおける騎馬文化の考古学的研究』雄山閣、二〇一二年)。
(12)　西山克己「シナノの初期『牧』を考える」(『長野県考古学会誌』一五一、二〇一五年)。
(13)　酒井清治「長野県飯田市新屋敷遺跡出土の百済系土器」(『駒沢考古』二八、二〇〇二年)。
(14)　諫早直人「飯綱社型鉄製輪鐙の設定」(前掲注(11)書)。
(15)　松尾前掲注(7)論文。
(16)　長野県埋蔵文化財センター『榎田遺跡』一九九九年。
(17)　佐々木憲一「総括」(『信濃大室積石塚古墳群の研究』Ⅲ、六一書房、二〇〇八年)。
(18)　桃崎祐輔「牧の考古学―古墳時代牧と牛馬飼育集団の集落・墓―」(『日韓集落の研究―弥生・古墳時代および無文土器〜三国時代―(最終報告)』日韓集落研究会、二〇一二年)。
(19)　(一財)長野県文化振興事業団長野県埋蔵文化財センター(『長野県埋蔵文化財センター年報』三〇、二〇一四年)。
(20)　本書第Ⅰ部第二章の表7。
(21)　本書第Ⅰ部第二章。
(22)　本書第Ⅰ部第二章。

第十章　日本古代の大黄の貢進について

一　日本古代の史資料にみえる大黄

本章では、古代において諸国から宮都に貢進された薬物の一つである大黄《だいおう》についてとりあげるが、その前提となる医薬の知識は、古代の日本列島にもたらされた大陸文化の一つである。正倉院に伝えられた大黄を含む古代薬物は、大陸からもたらされたものであり、調査によってすでに多くの情報が提供されている。しかしながら、それらはすべて舶載品であって、当時の日本列島で産出した大黄についての知見を得ることはできない。また、地域社会における大陸文化の実相について多くの成果を残してきた考古学上の知見も、薬物についてはきわめて限定的である。したがって本章では、従来の研究の成果をふまえた上で、文献史料を中心に据えつつ、大黄についてさまざまな側面から考察を進めていきたい。(1)

1　藤原宮跡の薬物木簡

一九六六年から一九六八年にかけて行われた奈良県教育委員会の藤原宮跡発掘調査により、藤原宮内裏東外郭を北

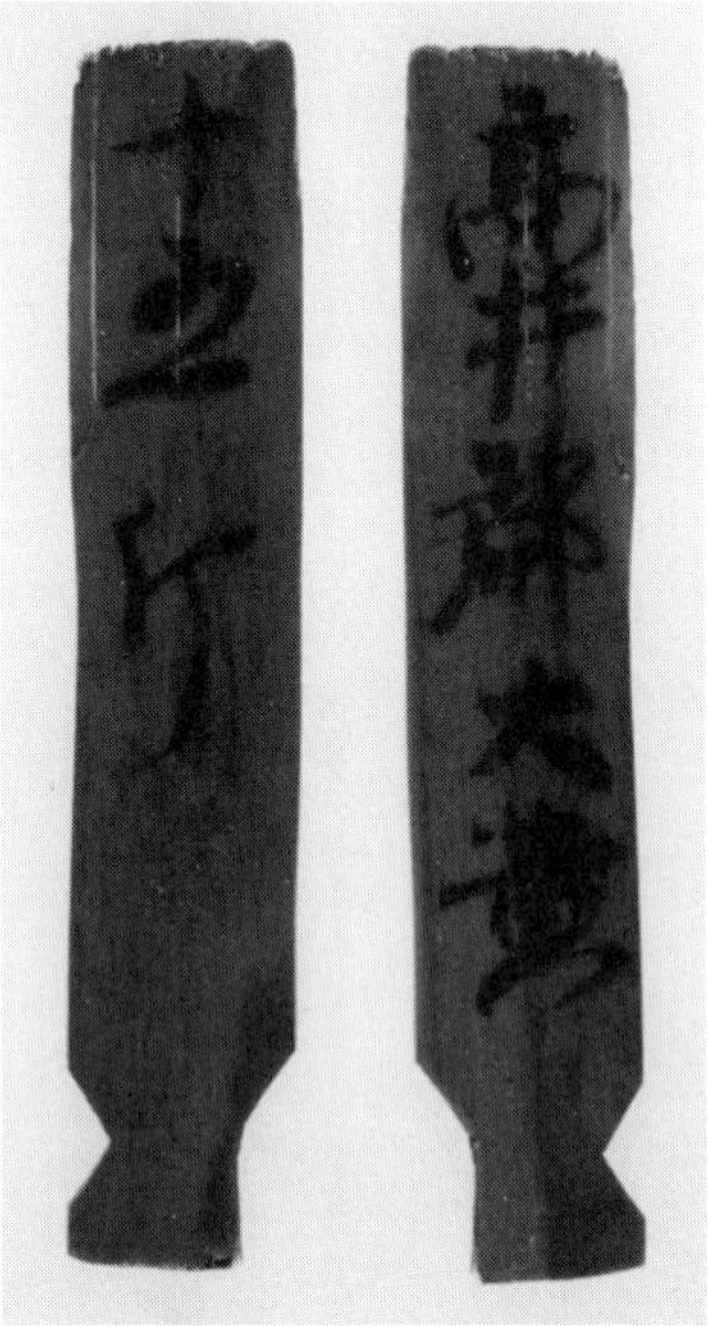

図17　藤原宮出土の「大黄」荷札
（奈良県立橿原考古学研究所提供）

流する溝ＳＤ一〇五（内裏東側の南北幹線水路）と、それが注ぎ込む宮の北面外濠ＳＤ一四五から薬物名などを記した木簡がまとまって出土した。これらの薬物木簡は七世紀末から八世紀はじめごろのもので、出土地点から数十メートル北側に「テンヤク」、「天役」の小字名が存在することから、薬物に携わる官司、典薬寮にかかわるものであったと考えられる(2)。しかし、藤原宮跡では、一九八八年に奈良国立文化財研究所が行った調査で、西面南門付近の西面内濠ＳＤ一四〇〇からも、ＳＤ一〇五出土の木簡よりも古い時期の約一〇〇点の薬物木簡と、鉱物性の薬物そのものが出土している(3)。このためこれらの薬物木簡が出土した二地点について、典薬寮が宮の西南から東北へ移転したとする解釈や、西南に典薬寮があり、東北には例えば薬園のような典薬寮の付属施設が存在したとする解釈などがある。いずれにせよ、ＳＤ一〇五・ＳＤ一四五とＳＤ一四〇〇の両地点から出土した木簡の内容は、基本的には同質で、いずれも典薬寮関係のものであると考えられる(4)。

これらの薬物木簡のうち、ＳＤ一〇五から出土した一点に次のようなものがある。

・「高井郡大黄〈」
・「十五斤　　〈」

一四二×二七×三　〇三二
藤原宮北辺地区　奈良県『藤原宮』一(六八)

SD一〇五・SD一四五出土の木簡は、記されている年紀から大宝三年（七〇三）ごろに、一括して投棄されたものと考えられている。この六八号木簡には「高井郡」とあり、七〇一年の大宝律令制定以降の郡表記がみられることから、七〇一年から七〇三年の間の時期に、信濃国高井郡から藤原宮に貢進された大黄の荷に付けられ、七〇三年ごろに典薬寮関係施設から投棄されたと考えることができる。

また、この木簡と同様の形状の信濃国関係の付札として次の木簡が存在する。

「播信郡五十斤
　　　　　　合百廿斤＜
讃信郡七十斤
　　　　　　　　　　　」

一五九×二六×四　〇三二

平城京左京三条二坊八坪長屋王邸　平城京一―七六

両者の形状の特徴は、付札として下方のみ両側面に切り込みを入れる点にあり、日本ではきわめて類例の少ないものである。(5) この平城京木簡は平城京左京三条二坊八坪中央南よりの区画塀東の井戸SE四七七〇から出土した二二六点のうちの一点で、いわゆる長屋王家木簡である。SE四七七〇からは年紀のある木簡が三点出土しているが、いずれも霊亀三年または養老元年という同一年（七一七）であり、七六号木簡も同じころに投棄されたと考えられる。木簡に記された「播信」と「讃信」は、音表記の検討から、それぞれ信濃国の「ハニシナ」（＝埴科）と「サラシナ」（＝更科〈級〉）両郡名を表したものと解することができる。(6) 物品名は記されていないが、「播信郡五十斤」と「讃信郡七十斤」をあわせた「百廿斤」は、小斤としてメートル法に換算すれば二六・七六キロ、大斤はその三倍になるので八〇・二八キロとなる。(7) この木簡が信濃国から貢進された荷の付札であるとすれば、大斤の重量では一荷として過重であると思われるので、この「百廿斤」は小斤であった可能性が高い。また、付札の荷を前掲の藤原宮跡出土木簡の荷と同じ大黄とする見解もある。(8) この「百廿斤」の荷が大黄であったかどうかは現段階では確定的に述べることはできないが、ここでは、少なくとも藤原宮跡出土木簡により、大宝令施行まもない早い時期から、信濃国で産出する物品の一つとして大黄が実際に貢進されていたことを確認しておきたい。

2　正倉院薬物

正倉院には、聖武天皇崩御四九日忌にあたって天平勝宝八歳（七五六）六月二十一日に光明皇太后、孝謙天皇により先帝の遺愛品約六五〇点の宝物とともに東大寺盧舎那仏に献納された薬物が伝わっている。これらは、「盧舎那仏に捧げる種々薬」[9]（以下、種々薬帳と略記する）に品名、数量が記載されている献納時六〇種（現存品は三八種）の「帳内品」と、種々薬帳に記載されない十数種の「帳外品」とに大別されるが、「帳内品」のうちの一種として大黄が現存する。

正倉院薬物については、一九四八年から翌年にかけての第一次調査と、一九九四年から翌年にかけての第二次調査が行われ、そのすべてが舶載品であることが判明している。[10]おそらく鑑真の来日の際や、遣唐使などによって唐からもたらされたものと考えられ、産出地は、中国をはじめ、西域や天竺（インド）などからシルクロードを経て渡来したもの、また、インドネシアやそれより南方からもたらされたものと広範にわたっている。正倉院薬物の多くは唐時代の薬物帳である『新修本草』（後述）にその名が記載されており、おそらくその当時の中国で実際に入手できたものと考えられる。[11]

正倉院薬物の大黄は、第一次調査で華北の甘粛省方面の産であるタデ科の多年草の *Rheum palmatum* L.または *Rh. palmatum* L. var. *tanguticum* Maxim. の根茎と同定され、現在の大黄中の最優良品の錦紋大黄に一致するとされた。さらに第二次調査でも化学分析が行われたが、原植物の種が *Rh.palmatum* であるのか *Rh.tanguticum* であるのかを確定するまでには至らなかった。これら薬用植物としてのダイオウについては後に詳しく述べることとする。

　このように一二〇〇年以上も前の薬物の実物が保存されていることによって、さまざまな知見を得ることができるのであるが、このほかに、天平勝宝八歳の献納時の薬物量と、その後の増減が判明することも重要な点である。種々薬帳には、献納される薬物の品名とそれぞれの数量が記されるとともに、願文に「若有㆘縁㆓病苦㆒可㆑用者㆖、並知㆓僧綱㆒後聴㆓充用㆒」とあるように、献納された薬物の使用が認められている。また、奈良時代末から平安時代はじめにかけての「曝涼使解」などに、薬物の点検と曝涼が行われた時点での数量が記録されており、天平勝宝八歳から斉衡三年（八五六）までの一〇〇年間にわたる実際の増減を知ることができる。(12)

表22　主な正倉院薬物の増減

薬物	天平勝宝 8.6.21（756）			斉衡 3.6.25（856）			消費量
	斤	両	kg	斤	両	kg	kg
大黄	991	8	221.105	87	13.5	19.590	201.515
甘草	960	0	214.080	45	2	10.063	204.017
人参	544	7	121.410	60	6	13.464	107.946
桂心	560	0	124.880	51	9	11.499	113.381

　表22は増減が比較的大きい主な正倉院薬物について、その斤量およびメートル法換算量をまとめたものである。種々薬帳には献納された六〇種中、数量を斤量表記したものが五六種あるが、大黄の九九一斤八両（二二一・一〇五キロ）は、その五六種のなかで最も多い量である。斉衡三年時には、それが八七斤一三両二分（一九・五九キロ）に減少しているが、この一〇〇年間での減少量（消費量）二〇一・五一五キロは、甘草の減少量（消費量）二〇四・〇一七キロにわずかにおよばないが、それに次ぐ量の多さであり、献納量の九〇％強が消費されたということになる。(13)このように正倉院薬物のなかで、献納量と減少量（消費量）がきわだって多い大黄は、甘草とならんで古代において需要が非常に大きい薬物であったことがうかがわれる。

正倉院の大黄は東大寺に献納された海外産の優良品であり、需要が高いとはいえ安易に消費できるものではなかったと考えられるので、当時一般的に薬物として用いられる大黄の消費量としては、表22の消費量の数字はかなり控えめな数字と考えるべきであろう。典薬寮をはじめとして当時の政府にとっては、現実的な問題として、正倉院に保管されているよりもはるかに多量の大黄を確保する必要があったと考えられる。毎年必要な相当量の大黄を正倉院薬物のような輸入の形でまかなうことは不可能であり、早い時期から国内で産出される大黄の貢進が行われていたと考えられる。前節の高井郡の大黄の貢進はその具体的な実例として位置づけることができよう。こうした諸国からの薬物の貢進が整備され、次項で述べる『延喜式』にみられるような制度が成立したものと考えられる(14)。

3 『延喜式』の年料雑薬

『延喜式』巻三十七典薬寮の「諸国進年料雑薬」(以下、年料雑薬と略記する)では、信濃国について次の一七種を規定する。

黄連十斤、細辛卅五斤、白朮廿六斤九両、藍漆五斤、大黄卅斤、女青六斤、薗茹卅七斤、干地黄一斗四升、附子三斗、蜀椒一斗六升、蕪夷一斗、石硫黄三斗八升、熊膽九具、鹿茸十具、枸杞廿斤、杏仁六斗、大棗大一斛。

表23はこれら一七種の薬物それぞれについて年料雑薬で貢進することが規定されている国数をまとめたものであるが、女青(カバネグサ)、蕪夷(ヒキサクラ)、大棗(オオナツメ)のように信濃国のみが貢進するものもあれば、蜀椒(ハジカミ)、白朮(オケラ)のように全国の半数以上の諸国から貢進されるものもある。

各国の貢進品目や量の多少については、国の大小や、年料雑薬のみではなくそれぞれの国々に賦課されている負担の総体も考慮されなければならないが、植物に由来する薬物の採取は、当然のことながらその分布に大きく左右され

表23　『延喜式』巻37典薬寮にみる信濃国の年料雑薬と貢進国数

薬物名	貢進国数
黄連	12
細辛	23
白朮	33
藍漆	28
大黄	7
女青	1
藺茹	2
干地黄	10
附子	13
蜀椒(子)	40
蕪夷	1
石硫黄	3
熊膽	3
鹿茸	4
枸杞	17
杏仁	4
大棗	1

るものである。(15)そうした観点から年料雑薬中の大黄について詳しくみていくと、貢進国は信濃国を含めた七カ国で、信濃国三〇斤のほか、陸奥国一四〇斤、美濃国一〇斤、武蔵国二斤、尾張国・越中国各五斤、越前国二六斤とあり、これらの貢進量の総計は二一八斤（小斤換算で四八・六一四キロ）となる。前節でみた正倉院薬物の大黄の献納量や減少量と比べると、やはり毎年相当量の大黄が必要とされていたといえるであろう。

このように大黄の需要が高く、相当量が必要な薬物であるにもかかわらず、年料雑薬では七カ国からのみの貢進とされているのは、ほかにも産出する地域があるがそれらは年料雑薬貢進の対象とされなかったというよりは、『延喜式』の段階では良質な大黄の産出がほぼこれら七カ国に限定されていたためと解釈する方が自然である。七カ国はいずれも中部地方以北の諸国で、尾張を除けば高地（寒冷地）が存在する地域であり、また国別の貢進量では陸奥国が圧倒的で、信濃国がそれに次ぐ量である。これらのことから、『延喜式』に規定される大黄が、どうやら寒冷な気候の土地で採取されたものであるらしいことがうかがえる。そこで次に、こうした薬物としての大黄の特性について確認していきたい。

二　薬物としての大黄

薬物としての大黄は、すでに中国戦国時代の『山海経』にその記載があるが、前漢から紀元前後にかけての編纂とされる最古の本草書『神農本草経』では、治病を主とし、有毒であるため長期にわたって服用してはならない「下品薬」とされ、この位置づけは以降の本草書に継承されていく。本草医方は、薬物一種の効能のみを追求するのではなく、数種の薬物を処方した方剤を疾病等の治療に応用するが、古代日本での大黄の処方例をみていくと、次のようなものがあげられる。

「漏盧湯方漏盧二両升麻二両黄芩二両大黄二両枳實二両」
白歛二両白微二両夕薬二両甘草二両

「麻黄二両漏盧 新家親王　湯方兎糸子□　本草」
三〇二×三四×五　〇一一
藤原宮北辺地区　奈良県『藤原宮』―(六九)

右の木簡は、第一節で述べた藤原宮跡SD一〇五から出土した薬物木簡の一点で、漏盧湯の処方を記したものであるが、方剤に大黄を用いる八世紀初頭前後の実例をみることができる。また『延喜式』の規定などにも方剤の合薬の薬種として大黄があげられている[16]。大黄一種の処方としては、『朝野群載』巻二十一凶事が載せる天平九年（七三七）六月日の典薬寮勘文に、今の天然痘にあたる豌豆病の治療法の一つとして「初発覚欲レ作、則煮二大黄五両一服レ之」とある例が知られる。

大黄の和訓は「オホシ」であるが、「将軍」など別名で称されることもある。現代の漢方医学においても、最も重要な生薬の一つとされ、三年以上の根茎を乾燥したものを薬用とする。消炎性健胃緩下剤で、停滞している病毒を排出することにより、胸腹の膨満感、腹痛、便秘、黄疸・悪血等を治す。その薬効を現代医学的に解釈すると、鎮痛作用、抗菌作用、血中尿素窒素（BUN）低下作用、抗炎症作用、免疫賦活作用（抗補体活性、インターフェロン誘起活性）、アフトラキシンやトリプ—P—2などの変異原性の抑制作用などである。[17] 大黄の薬効成分のうち、瀉下成分であるセンノシド（センノサイド）Aなどのジアンスロン誘導体は、経口投与により胃、小腸では吸収されずに大腸まで移行し、そこで腸内細菌（ビフィズス菌やペプトストレプトコッカス菌など）による代謝をうけてレインアンスロン(rheinanthrone)が生成され、大腸壁を刺激してその蠕動運動を活発にし瀉下効果をもたらすとされている。

薬用植物としてのダイオウは、タデ科カラダイオウ属のレウム・オッフィキナレ（*Rheum officinale* Baill.）、レウム・パルマトゥム（*Rheum palmatum* L.）、レウム・タングティクム（*Rheum tanguticum* Maxim.）、チョウセンダイオウ（*Rheum coreanum* Nakai.）またはそれらの種間雑種とされている。同属のショクヨウダイオウ（*Rheum rhaponticum* L.）やカラダイオウ（*Rheum undulatum* L.）などは品質が落ち、現在の漢方では薬用に適さないとされている。このうち、中国の薬局方では、レウム・オッフィキナレ、レウム・パルマトゥム、レウム・タングティクムの三種の根茎を「正品大黄」として規定している。これらはいずれも標高二五〇〇～三〇〇〇メートル以上の高冷地に自生し、その原産地は内陸アジアの中国・ヒマラヤ高山帯と考えられている。なお、ダイオウは古くからシルクロードなどを経てヨーロッパにももたらされ、有用な瀉下薬として使用されており、原産地近傍の中国やアジアに限らず汎世界的に用いられている。[18] 近代の中国では、甘粛を中心とする地方に産出するダイオウを、西寧府で集貨して剥皮乾燥し、陝西省西安、漢口を経て中国各地に運ばれ、あるいは上海から輸出した。[19]

前節でみたように、正倉院薬物の大黄はレウム・パルマトゥム、レウム・タングティクムあるいはその中間形であり、根茎の断面が赤色と黄色の模様を織りなすことから「錦紋大黄」とよばれる大陸産の上級品である。しかし、日本列島にはこれらの「正品大黄」やチョウセンダイオウ、すなわち薬用植物としてのダイオウは自生しない。ダイオウは高山性で、生育には年間平均気温が摂氏一〇度前後の寒冷地が適している。このため、栽培も江戸時代から昭和初期に至るまで試みられたらしいが、夏季に高温多湿となる日本の気候が適さず、また雑種を生じやすく安定した品質を維持することが難しいなどの理由で失敗に終わったようである。現在日本で栽培されているダイオウは、レウム・パルマトゥムと朝鮮半島北部原産とされるチョウセンダイオウを交配させ、さらにもう一度チョウセンダイオウを掛けあわせて人為的に造り出された種間雑種で、長野県野辺山の八ヶ岳山麓で生まれたので「信州大黄」とよばれている。[20]この「信州大黄」は「錦紋大黄」と同等あるいはそれ以上の品質とされるが、現在その栽培は寒冷地である北海道のほか、長野県の一部高冷地で行われている。

三　日本古代の大黄

前節でみたように、ダイオウが日本列島に自生しないとすれば、藤原宮木簡の「高井郡大黄」や、『延喜式』の年料雑薬などにみえる大黄とは、いったいどのような植物なのであろうか。今まで述べてきたことから、日本古代に貢進されていた大黄については、少なくとも次にあげるような条件が設定できるように思われる。

①薬物として「大黄」という名称が用いられているので、外見および薬効などはダイオウに近いものであったと考えられる。

②ダイオウは高地、寒冷地に自生するが、すでに述べたように『延喜式』の年料雑薬にあげられている貢進国から
　類推すると、日本古代の大黄も寒冷な気候の土地で多く採取されたものであるらしい。

これをもとに、ダイオウに近い植物で、日本列島に自生していた可能性があるものを調べると、ノダイオウが候補としてあげられる。[21]ノダイオウ（*Rumex longifolius* DC.）はタデ科ギシギシ属でダイオウとは属が異なるが、外見が似ており根茎もあることがその名称の由来となっているという。ダイオウと同様の薬効があるかどうかは不明である。現時点では絶滅危険度は小さいが、生息条件の変化によっては「絶滅危惧」に移行する可能性があるとされる環境省の準絶滅危惧種にあげられている。近年の生育分布は滋賀、愛知、岐阜、長野、福井、富山、新潟、群馬の各県と福島以北の東北各県および北海道で、[22]長野県では、八世紀初頭に大黄を貢進した高井郡を含むほぼ全域に分布がみられ、山地帯の湿地や草地などに自生する。[23]

先にあげた条件にノダイオウを照らしあわせた場合、ノダイオウは、①の外見や②の分布地域の点でかなり条件にあう。とくに、近年の生育分布は『延喜式』の年料雑薬にあげられている貢進国のそれにかなり重なっている。しかし、薬用植物として最も重要な薬効の点で疑問が生じる。したがって、薬物としての品質を重視すれば、日本列島に自生する植物で日本古代の大黄に該当するものはないということになるが、そうなると他の可能性も考慮されなければならない。それは、大陸からもたらされたダイオウが適所において人為的に栽培され、それが貢進されていたのではないかという可能性である。そこでまず、この点について考える上で、古代日本での薬用植物の栽培について確認しておきたい。

日本の医疾令薬園条には次の規定がある。[24]

　凡薬園、令㆓師検校㆒。仍取㆓園生㆒、教㆓読本草㆒、弁㆓識諸薬幷採種之法㆒。随近山沢、有㆓薬草㆒之処、採掘種之。所㆑須

人功、並役二薬戸一、

この条文は典薬寮が管理する薬園について規定するもので、藤原宮にも薬園の存在が想定されていることについては、すでに第一節で述べたとおりである。[25]これによれば、薬園では山野で採取した薬草を栽培し、薬園師や薬園生は薬用植物の「採種之法」を身に付けた、あるいは身に付けるべき者であった。このような薬園は、『延喜式』巻二十三民部下の条文に、「凡大宰府充二仕丁一者、（中略）薬園駈使廿人、主船一百九十七人。厨戸三百九十六烟、」とあるので、[26]大宰府にも存在していたことがわかる。

また、『延喜式』には巻三十七典薬寮に十二月晦日に供進される殖薬様二五種があげられている。殖薬様は年末年始に行われる宮中の儀式の一つとして生薬を供進するもので、各四両と定められている二五種は薬園に殖えられた薬草と考えられる。[27]そうすると、薬園では少なくともこれら二五種の薬用植物が栽培されていたということになる。さらに、その一つとして丹参がみえるが、丹参は、シソ科アキノタムラソウ属のタンジン（*Salvia miltiorrhiza* Bunge.）の根を薬用とするもので、中国の河北、河南、山東、四川、安徽省などに分布し、日本列島には自生しないとされる。しかし、『延喜式』の年料雑薬には、美濃国一四斤、相摸国四斤、武蔵国二五斤が貢進されることになっている。延喜十八年（九一八）ごろに深根輔仁が撰した『本草和名』には、丹参について「唐又殖美濃国」とあるので、もともと唐にあったものが日本にもたらされ、典薬寮の薬園や美濃国など特定地域で栽培されるようになった薬用植物であったことがわかる。

薬園とのかかわりは不明であるが、唐からもたらされた植物を栽培した例は、次の『続日本紀』神亀二年十一月乙丑条にもみることができる。

中務少丞従六位上佐味朝臣虫麻呂、典鋳正六位上播磨直弟兄並授二従五位下一。弟兄、初齎二甘子一、従二唐国一来。虫麻呂先殖㆓其種㆒結㆑子。故有㆓此授㆒焉。

ここでいう「甘子」（カムシ）は甘味のある柑橘類で、『延喜式』巻三十一宮内省の「諸国例貢御贄」には遠江、駿河、相摸、因幡、阿波の諸国にみえ、菓子として食されたものと思われる。しかし菓子の多くは薬物でもあり、『本草和名』にも菓四五種のなかに柑子（和名は加牟之）としてあげられているので、薬用植物の一種と考えることができる。

さて、問題の大黄もまた『延喜式』の殖薬様二五種としてあげられているものの一つである。したがって典薬寮の薬園では大黄が栽培されていたということになる。『本草和名』の大黄の項には、丹参の項にみられる「唐又殖美濃国」のような記述はない。しかし、甘（柑）子は、先にあげた『続日本紀』の記事によって明らかに唐からもたらされたことが判明するが、『本草和名』にはその類の記述はない。したがって、『本草和名』の大黄の項に「唐」などの記述がないからといって、古代日本で栽培された大黄が医疾令薬園条にあるような「随近山沢」で採取された薬草であるということはできない。

医疾令薬品収採条や諸国輸薬条にはそれぞれ、

薬品族、典薬年別支料、依㆓薬所㆑出、申㆓太政官㆒散下、令㆓随㆑時収採㆒、

国輸㆑薬之処、置㆓採薬師㆒、令㆓以㆑時採取㆒、其人功、取㆓当処随近丁㆒支配、

とあるので、薬物は山野から採取することが主ではあったと考えられる。また、『出雲国風土記』には郡ごとに記載される「凡諸山野所在草木」として薬用植物があげられている。しかし、薬用植物の場合、広範に自生し比較的容易に採取できるものはともかくとして、品質の高い薬物を安定的に確保しようとすれば、適所を占定して栽培することが当然行われたものと思われる。そもそも医疾令薬園条に規定される薬園には、そうした目的があったと考えるべきであろう。また、丹参にみるように、そうした栽培は典薬寮や大宰府の薬園のみで行われるのはなく、その植物の栽培

に適した地域で主に行われたと考えられる。したがって諸国にも薬園に相当するものが存在していた可能性は高い。[28]医疾令諸国輸薬条には「採薬師」がみえるが、『貞観交替式』に次のようにあるので、その管理責任者は国医師であったと考えられる。

　応レ拘二留医師公解一事

右年料雑薬、毎レ国立レ数、須二任土之貢、依レ期進納一。而諸国狎怠、未進猶多。非二啻廃レ職、輙闕二供御一。被二右大臣宣一偁、弁レ薬無、雖三未進之怠尤在二国司一、而採二備薬種一、医師応二主当一。宜下薬不レ論二未進多少一、拘二留医師公解一、待二抄返到一而後充行上。自レ今以後、国司寄二言医師一、不レ事二催勘一、令レ致二未進一、量レ状科責。

　承和五年六月八日

以上のことからすると、薬物のなかでも需要が高く、相当量が必要であった大黄については、大陸からもたらされたダイオウを、比較的適所である陸奥国や信濃国などの高冷地で栽培していた可能性が想定できるのではないかと思われる。因みに藤原宮に大黄を貢進した高井郡には、東側に標高二〇〇〇メートルを超える山系があり、夏季でも冷涼な志賀高原や菅平高原などが存在する。長野県菅平薬草栽培試験地では現在でも信州大黄が栽培されている。[29]ただし、日本でのダイオウの栽培には、前節で述べたような難しい面があるというところがこの想定の難点ではある。

実は、日本には栽培種としてダイオウの近種であるカラダイオウが存在する。カラダイオウについても前節で少しふれたが、タデ科カラダイオウ属で、シベリアを原産地とする。[30]「錦紋大黄」に比べて品質が劣り、中国では土大黄とよんで薬用としないといわれるが、日本では和大黄とも称されダイオウの代わりに用いられていた。宮崎灌園（常正）の『本草図譜』などは、江戸時代の享保年間に日本に伝来したとするが、かなり古い時代に伝えられたとする見解もある。[31]したがって、ダイオウの栽培が困難であったとしても、カラダイオウのような、品質は劣るが薬効があり栽培可能なダイオウの近種がもたらされたと想定することもできる。さらにいえば、古代日本では在来、渡来にかかわらず、中国の本草書にみられる大黄に類似するさまざまなものを、薬効の優劣にかかわらず大黄としていたのかもしれない。

しかし、前節で述べたように、本草医方では、数種の薬物を処方した方剤を用いることを主とし、合薬の薬物の量が定められている。そのため用いる薬物には一定の薬効、品質が必要で、ばらつきがあってはならない。中国の本草書にはそれぞれの薬物の産出地が記されているが、これはその地域で産出されたものを処方に用いるということを意味している。同じ薬物でも産出地によって薬効が異なるからである。北宋の天聖医疾令にみる不行唐令の条文には次のようにある[32]。

諸薬品族、太常年別支料、依二本草所一レ出、申二尚書省一散下、令二随レ時収采一。若所レ出雖レ非二本草旧時収採地一、而習用為レ良者、亦令レ采之。（下略）

天聖令は唐の開元二十五年令の姿をうつすとされるが、これによれば、日本の医疾令薬品収採条に「依二薬所一レ出」とある部分は、唐令の条文では「依二本草所一レ出」とある。ここにいう「本草」とは、顕慶四年（六五九）に蘇敬らが撰進した勅撰の本草書『新修本草』である[33]。唐令では、原則として『新修本草』に記載された産出地にもとづいて薬物が貢進されたのであり、『新修本草』に記載のない地の薬物は、「習用」して「良」と判断されれば採取することとなっていた。「而習用為レ良者」とは、おそらく具体的には、『新修本草』に記載された産出地のものと同じ薬効、同じ品質であることが確認されるということであろう。それほど薬物の産出地が重くみられたのは、やはり一定の薬効、品質が求められたからである。

『延喜式』や、『延喜式』の施行とほぼ同じ時期に丹波康頼によって撰進された『医心方』に記載される方剤の処方は、いずれも中国唐以前の医書を典拠としており、日本でも薬物の処方は中国と同様に行われたことがわかる。(34)したがって、それに用いられる大黄は、厳密にいえば中国の大黄と同じ薬効でなければならなかったということになる。このように史料上の検討からは、日本古代に貢進されていた大黄は、薬効が異なるノダイオウやカラダイオウではなく、正倉院薬物の大黄に近いダイオウで、日本で栽培されたものであったと考えるのが合理的である。しかし、現時点では、それを裏付ける実際の資料が存在しないので、ここではあくまでその可能性を指摘するにとどめておきたい。

四　日本における大黄貢進のはじまり

前節では、日本古代に貢進されていた大黄についていくつかの可能性について検討したが、もともと日本列島に自生していたノダイオウのような類似の植物を本草書にある大黄に同定したものであったのか、あるいは大陸からもたらされたダイオウまたはダイオウの近種を栽培したものであったのか、いずれの場合も、それが貢進されるためには、その前提として薬用植物に関するかなり高度な知識、技術が必要であったことは間違いない。藤原宮木簡によって、大黄の貢進が八世紀初頭には行われていたことが知られるので、大黄についての知識、技術は七世紀以前に伝えられていたということになる。

すでに指摘があるように(35)、七世紀以前に日本にもたらされた医療や本草の知識、技術は、朝鮮半島、とくに百済のそれが主であった。八世紀以降は唐の影響が大きくなるが、医疾令の医生等取薬部及世習条には、

凡医生・按摩生・呪禁生・薬園生、先取㆓薬部及世習㆒、次取㆓庶人年十三以上、十六以下、聡令者㆒為之、

とあり、ここにみえる医生以下の典薬寮所属の学生に採用される「薬部」とは、奈良薬師、蜂田薬師などの薬師の姓

をもつ氏族であった。(36)『続日本紀』天平宝字二年四月己巳条には、

内薬司佑兼出雲国員外掾正六位上難波薬師奈良等一十一人言、奈良等遠祖徳来、本高麗人、帰二百済国一。昔泊瀬朝倉朝廷詔二百済国一、訪二求才人一。爰以、徳来貢二進聖朝一。徳来五世孫恵日、小治田朝廷御世、被レ遣二大唐一、学二得医術一。因号二薬師一、遂以為レ姓。今愚闇子孫、不レ論二男女一、共蒙二薬師之姓一。窃恐二名実錯乱一。伏願、改二薬師字一、蒙二難波連一。許レ之。

とあって、薬師の一氏である難波薬師が百済から渡来した氏族であったことがわかる。このように、薬師の姓をもつ氏族の多くは朝鮮半島からの渡来系氏族であったと考えられる。彼らのなかには、推古天皇の時に唐に渡った恵日のように、唐の医術を学んだ者がいた。また、その子孫である難波薬師奈良が内薬司佑であることからわかるように、八世紀以降にあっても、典薬寮や内薬司を中心とする医療や薬学は、主に七世紀以前に日本に渡来した人びとの後裔によって担われていたのである。

さて、百済からもたらされた薬物の関係では、『日本書紀』欽明天皇十四年六月条に次のようにみえる。

遣二内臣、闕レ名。使二於百済一。仍賜二良馬二匹・同船二隻・弓五十張・箭五十具一。勅云、所レ請軍者、随二王所須一。別勅、医博士・易博士・暦博士等、宜依レ番上下。今上件色人、正当二相代年月一。宜下付二還使一相代上。又卜書・暦本・種々薬物、可付送。

また、同十五年二月条には次のようにみえる。

百済遣二下部杆率将軍三貴・上部奈率物部烏等一、乞救兵。仍貢二徳率東城子莫古、代二前番奈率東城子言一。五経博士王柳貴、代二固徳馬丁安一。僧曇慧等九人、代二僧道深等七人一。別奉レ勅、貢二易博士施徳王道良・暦博士固徳王保孫・医博士奈率王有㥄陀・採薬師施徳潘量豊・固徳丁有陀・楽人施徳三斤・季徳己麻次・季徳進奴・対徳進陀一。皆依

レ請代之。

これらの記事により、欽明天皇十四年の遣使に伴い、ヤマト王権から百済に対して医博士以下の交代と種々薬物の送付が要請され、翌十五年に百済から医博士奈率王有㥄陀や採薬師施徳潘量豊らが送られたことがわかる。

この時期、すなわち六世紀中ごろから後半にかけての朝鮮半島では、百済、新羅、高句麗三国間の情勢が緊迫化し、百済は対高句麗、対新羅の関係で苦しい立場にあった。このため、百済とヤマト王権は、ヤマト王権が百済に兵、馬、弓矢、船などの軍事援助を行い、かわりに百済からヤマト王権が先進文物を導入するといった互恵関係を結んでいた(37)。『日本書紀』の両記事はその一端を示すもので、ある程度の信憑性を認めてよいと思われる。したがって、この時期から百済出身の医博士や採薬師を通じて、本格的に医療や本草の知識、技術がヤマト王権に導入されるようになったと考えられる(38)。

また、欽明天皇十四年条に、「種々薬物」の送付が百済に要請されたとあるのに対して、翌十五年条は「種々薬物」が送られたとは記さない。あるいは、百済は「種々薬物」のかわりとして採薬師を送ったとも考えられるが、当時においても、大黄は、この「種々薬物」のなかに含まれるべきものであったのではないだろうか。

朝鮮半島の大黄についていえば、朝鮮半島にはダイオウの一種であるチョウセンダイオウが自生する。また、一九七五年から二年間にわたって発掘された慶尚北道慶州市の雁鴨池で次のような木簡が出土している(39)。

・　大黄一両〔九カ〕□分　黄連一両　皀角一両　青袋一両　升麻一両

・　甘草一両　胡同律一両　朴消一両　□□□一両

・　□□□□　青木香一両　支子一両　藍淀三分

三〇八×三九×二六

雁鴨池　『韓国의古代木簡』一九八

雁鴨池は文武王十四年（六七四）に造成されたといわれ、出土した木簡は統一新羅時代の八世紀代のものが中心とみられている。ここにあげた木簡には、薬物名とその重量が列記されており、何らかの処方にかかわるものとみられるが、その一つに「大黄」がみえ、薬種として用いられていたことがわかる。先に述べたように、本草医方における薬種としての大黄の需要の高さを考えれば、文物の導入が活発に行われた六世紀後半ごろに、朝鮮半島を経由して日本列島へ大黄に関する知識、あるいは大黄そのものがもたらされたと想定しても、あながち無理ではないと思われる。

次に、このように百済から薬物に関する知見が導入されたとした場合に、それにもとづいて大黄を貢進した可能性のある地域について考えていきたい。『延喜式』の年料雑薬にみる大黄の貢進は陸奥国が中心であるが、七世紀以前での貢進という点で、まず陸奥国は対象から外すことにする。次は、信濃国であるが、先にあげた『日本書紀』欽明天皇の記事の前後には、第Ⅰ部第二章や第Ⅳ部第九章で述べたように、信濃に因む「斯那奴」「科野」を名のる倭系百済官人があらわれる。その背景には、当時の信濃が馬の生産を中心としてヤマト王権の軍事面に深くかかわる地域であったこととともに、朝鮮半島南部の事情によく通じた地域であったことがあると考えられる。また、信濃の各地域の郡司層の多くが名のる金刺舎人や他田舎人は、欽明天皇の磯城嶋金刺宮や敏達天皇の訳語田幸玉宮といった大王家の宮号に因む名称であり、六世紀の中ごろから後半にかけて信濃の各地域の首長たちもしくはその一族の多くがヤマト王権の職制に組みこまれる形で編成された可能性が高いと考えられる。

以上からすると、信濃の地域の気候や植生は、ヤマト王権をはじめ百済にもある程度知られていた可能性が高いといえよう。したがって、六世紀後半ごろに大黄に関する知見が百済を通してもたらされていたとすれば、その知識や技術をもとに、信濃に自生する植物を大黄と同定しそれを採取する、あるいは朝鮮半島からもたらされたダイオウを信濃の高冷地で栽培するなどの形で、薬物としての大黄が信濃から大王の宮などに貢進されていたと考えることができるのではないだろうか。もし、この想定が成り立つとすれば、第一節でとりあげた藤原宮木簡にみる信濃国からの大黄の貢進は、早ければ六世紀後半までその淵源をさかのぼらせることができるということになる。

本章では、主に大黄に限って論を進めてきたが、他の薬物についても同様の検討が必要であることはいうまでもない。それによって、薬物ばかりでなく古代の医療全般や、大陸文化の受容の実相がより一層明らかになるものと思われるが、この点については今後の課題としたい。

注

（1）本章では薬物として史料にみえるものを大黄と表記し、現在、生薬として用いられている薬用植物をダイオウと表記する。

（2）奈良県教育委員会『藤原宮跡出土木簡概報』（大和歴史館友史会、一九六八年）。奈良県『藤原宮』。

（3）飛九。飛一九。

（4）丸山裕美子「年料雑薬の貢進と官人の薬（諸国輸薬条・五位以上病患条）―藤原宮出土の薬物木簡―」（『日本古代の医療制度』名著刊行会、一九九八年）。

（5）下方のみ両側面に深い切り込みがある同形状の木簡としては次のものがある。

・「吉備里海マ赤麻呂米六斗〈」
・「霊亀三年六月　〈」　二一六×二二×三　〇三二
平城京左京一条三坊　木研一六―189―（一一）

なお、大韓民国の咸安城山山城（慶尚南道咸安郡伽耶邑広井里）から出土した六世紀中ごろの木簡のなかにこの形状の付札が存在し、平川南氏は「韓国・城山山城跡木簡」（『古代地方木簡の研究』吉川弘文館、二〇〇三年、初出は二〇〇〇年）および「屋代遺跡群木簡のひろがり―古代中国・朝鮮資料との関連」（同書、初出は一九九九年）で、これらの形状の木簡の源流が新疆省ニヤ（尼雅）遺跡出土の晋簡にあり、中国の古い要素が、朝鮮半島を経由して、古代日本にもたらされたことを示しているとする。

（6）工藤力男「木簡類による和名抄地名の考察―日本語学のたちばから―」（『日本語学の方法　工藤力男著述選』汲古書院、二〇〇五年、初出は一九九〇年）。寺崎保広「長屋王家木簡郡名考証二題」（『文化財論叢』Ⅱ、一九九五年）。屋代木簡編。平川南「古代木簡からみた地方豪族」（前掲注（5）書、初出は一九九九年）。

（7）松嶋順正「正倉院宝物より見た奈良時代の度量衡」（『正倉院よもやま話』学生社、一九八九年）のデータを参考とし、小一斤を二二三グラム、同一両を一四グラムとして換算する。

（8）平川前掲注（6）論文。

（9）大日古四―171。

（10）朝比奈泰彦編『正倉院薬物』（植物文献刊行会、一九五五年）。宮内庁正倉院事務所『図説　正倉院薬物』（中央公論新社、二〇〇〇年）。以下、正倉院薬物調査についての記述はこれらによる。

（11）渡辺武「正倉院寶庫の薬物」（『書陵部紀要』七、一九五六年）。柴田承二「正倉院薬物第二次調査報告」（『正倉院紀要』二〇、一九九八年）、同「正倉院薬物とその科学的調査」（前掲注（10）の『図説　正倉院薬物』）。

（12）三宅久雄「正倉院薬物の歴史」（前掲注（10）の『図説　正倉院薬物』）にその詳細がまとめられている。

（13）一九二七年の秤量では、薬形を保ったものが一四・六二五キロ、薬塵となったものが一六・六八七キロ残存していた。

（14）丸山裕美子「延喜典薬式『諸国年料雑薬制』の成立と『出雲国風土記』」（『延喜式研究』二五、二〇〇九年）は、七世紀末にすでに薬物貢進制度の整備がはじまっていたとする。

（15）富田徹男・大網功「延喜典薬式中諸国進年料雑薬に於る植物の地理的分布について」（『延喜式研究』一、一九七六年）、同「延喜式中に現れた進貢植物の地理的分布について」（『延喜式研究』二、一九八二年）、奥村栄美子「日本古代の医療に於ける薬物徴集について」（『古代文化』三二―一、一九八〇年）。

(16)『延喜式』巻五神祇五斎宮および巻三十七典薬寮。

(17)柴田承二「大黄」(前掲注(10)の『図説　正倉院薬物』)。また、ダイオウを含め以下にとりあげる薬用植物については、とくにことわらない限り、『中薬大辞典』(小学館、一九八五年)、『新訂原色　牧野和漢薬草大図鑑』(北隆館、二〇〇二年)による。

(18)御影雅幸「ダイオウ」(『週刊朝日百科　植物の世界』七九、朝日新聞社、一九九五年)。

(19)木村康一「正倉院御物中の漢薬」(『正倉院文化』大八洲出版、一九四八年)。

(20)三川潮「大黄の原植物」(『東京大学総合研究資料館ニュース』一六、一九八九年)。

(21)東京農業大学の御影雅幸氏の御教示による。

(22)環境庁自然保護局野生生物課編『改訂・日本の絶滅のおそれのある野生生物　レッドデータブック八　植物Ⅰ(維管束植物)』二〇〇〇年。

(23)長野県自然保護研究所編『長野県版レッドデータブック―長野県の絶滅のおそれのある野生生物―維管束植物編』二〇〇二年。

(24)以下、とくにことわらない限り、医疾令の条文の復原は、丸山裕美子「日唐令復原・比較研究の新地平」(『歴史科学』一九一、二〇〇八年)、同前掲注(14)論文による。

(25)前掲注(2)書によれば、藤原宮跡SD一〇五からは薬園に関係すると思われる「薗官」「薗司」が記された木簡が出土している。また、藤原宮の東面を限る二条の外濠SD一七〇から出土した木簡にも「薗司」が記されている(飛一二)。

(26)条文は、虎尾俊哉編『延喜式　中』(集英社、二〇〇七年)による。

(27)和田萃「薬猟と本草集注―日本古代における道教的信仰の実態―」(『日本古代の儀礼と祭祀・信仰』中、塙書房、一九九五年、初出は一九七八年)、丸山前掲注(14)論文。

(28)奥村前掲注(15)論文は、薬物の貢進には、渡来薬物の進貢、唐産の薬物を移植栽培したものの進貢、国産品のなかで類似のものの進貢の三種が想定されるとする。

(29) 菅平高原のほぼ中央に位置する筑波大学菅平高原実験センターの観測によれば、一九七一年から二〇〇〇年までの同地の年平均気温は摂氏六・五度である。
(30) 木村前掲注（19）論文。
(31) 伊沢一男『薬草カラー大図鑑』（主婦の友社、一九九二年）。
(32) 天一閣博物館・中国社会科学院歴史研究所天聖令整理課題組『天一閣蔵明鈔本天聖令校證　附唐令復原研究』（中華書局、二〇〇六年）。
(33) 石野智大「唐令中にみえる薬剤の採取・納入過程について」（『法史学研究会会報』一二、二〇〇八年）、岩本篤志「唐『新修本草』編纂と「土貢」―中国国家図書館蔵断片考―」（『東洋学報』九〇―二、二〇〇八年）。また、丸山前掲注（14）論文では、唐令と日本令の薬品収採条を含む薬物徴収に関連する条文についての詳細な検討が行われている。
(34) 丸山前掲注（14）論文。
(35) 和田前掲注（27）論文、丸山前掲注（4）および注（14）論文。
(36) 『政事要略』巻九十五至要雑事（学校）に引用される令義解に「謂、薬部者、姓称二薬師一者。即蜂田薬師、奈良薬師類也。世習者、三世習二医業一、相承為二名家一者也。」とある。
(37) 金鉉球『大和政権の対外関係研究』（吉川弘文館、一九八五年）。本書第Ⅰ部第二章。
(38) 『新撰姓氏録』左京諸蕃下には、和薬使主について「出レ自二呉国主照淵孫智聡一也。天国排開広庭天皇諡欽明。御世、随二使大伴佐弖比古一、持二内外典、薬書、明堂図等百六十四巻、仏像一軀、伎楽調度一具等一入朝。（後略）」とある。和薬使主の出自は呉であるとするが、ここにみえる「薬書」等は、おそらく南朝と交流があった百済からもたらされたものと考えられる。
(39) 国立昌原文化財研究所『韓国의古代木簡』二〇〇四年。釈文は三上喜孝「慶州・雁鴨池出土の薬物名木簡について」（朝鮮文化研究所編『韓国出土木簡の世界』雄山閣、二〇〇七年）による。

第十一章　「麻續」の名称とその変遷について

一　本章のねらい

地域社会の歴史研究を進めていく上で、地域にかかわる人びとの名や、地域の名称である地名は、地域の歴史像を構築するための重要な歴史的情報であることはいうまでもない。そして、個人や集団が負う呼称が地名の由来となる場合もあれば、逆に地名が氏族などの名称として定着していく場合もあるように、歴史的情報としての両者はきわめて密接な関係にあるといえよう。かつて一志茂樹は戦後地方史の再出発にあたって、個々の地名の位置的関係や、その内容を正確に解釈し、時代的な断続を考慮しつつ、同時にほかの種々の歴史的情報や文献史料と結びつけて考察すれば、ある程度までその地方の歴史は分明すると述べ、このような地名の歴史科学的操作にもとづく研究が、地方史研究の上で最も重要な位置を占めるべきであることを指摘した(1)。

本章ではその端緒として、地名のほか、古代のウジ名や部名、中世以降の氏族名などの名称としてみることができる「麻續」(2)について考察する。その理由は、地域史でよくとりあげられる氏族と地名にかかわる問題を含んでいること、「麻續」が税や流通品として重要であった麻織物の生産にかかわる語であること、さらには「麻續」が古代から現在に至るまで連綿と続く歴史的な名称であるにもかかわらず、表記の問題、とくに史資料による異同とその変遷について詳細に検討されてこなかったことによる。そして、それらの考察の過程を通して、歴史的な固有表記の重要性とその課題についても言及したいと考える。

二　古代の「麻續」とその性格

「麻續」の歴史的な淵源を考えるために、古代の史資料にあらわれる「麻續」に関する名称についてみていくことにする。まず古代のウジ名や部名などにかかわるものとして、「麻續（連・部・戸）」のほか、「神麻續（連・部）」、「大麻續（部）」、「中麻續（公）」、「若麻續（部）」が見出される。このように「麻續」だけではなく、「神」、「大」、「中」、「若」など頭に一字が加わる名称の例が多いのは、ウジ名や部名などの表記としての「麻續」の特色の一つである。(3)

その性格を明らかにする上で注目されるのは、『延喜式』巻四伊勢大神宮の諸条文に散見される「麻續」である。(4)同式では麻續氏は神麻續とも表記される。不載条によれば伊勢神宮には神服織（＝神服部）と神麻續が各五〇人おり、税の調は負担するが庸は免除され、大神宮神嘗祭条や度会宮神嘗祭条に、神麻續・神服織は、九月神嘗祭の際にともに大神宮と度会宮の神酒・小税・大税を負担するとある。また禰宜考文条によれば、神宮の職事官である禰宜や、番上官である大内人以下については、宮司がその考文を作成し、それが神祇官から太政官、式部省へと提出されて考課が定められたが、神麻續、神服織もそれに準じる存在であったことがわかる。この神宮の麻續氏の職掌をうかがわせるのが、神衣祭条の次の規定である。

四月九月神衣祭

大神宮、和妙衣廿四疋、八疋広一尺五寸、八疋広一尺二寸、八疋広一尺、並長四丈、（中略）荒妙衣八十疋、卅疋広一尺六寸、卅疋広一尺、並長四丈、

（中略）

荒祭宮、和妙衣十二疋、（中略）荒妙衣卅疋、（中略）

右、和妙衣者服部氏、荒妙衣者麻續氏、各自潔齋、始㆑従㆓祭月一日㆒織造、至㆓十四日㆒供㆑祭、其儀、大神宮司、禰宜、内人等率㆓服織女八人㆒、並著㆓明衣㆒、各執㆓玉串㆒、陳㆓列御衣之後㆒入、大神宮司宣㆓祝詞㆒訖、共再拝両段、短拍手両段、膝退再拝両段、短拍手両段、一拝訖退出、即詣㆓荒祭宮㆒、供㆓御衣㆒如㆓大神宮儀㆒、但再拝両段、短拍手両段退出、（下略）

伊勢神宮では四月と九月に神衣祭が行われ、その際に天照大神に奉献される神衣の「和妙衣」を服部氏が織り造り、「荒妙衣」を麻續氏が織り造る。これに関して機殿祭条には、「服部等造㆓一時神衣㆒機殿祭幷雑用料」として「絲一百絇、倭文二丈一尺、是一種請㆓官庫㆒。木綿、麻各十三斤四両二分、已上祭料、（下略）」があげられ、「麻續等機殿祭幷雑用料」として「麻卅鬘、囲二尺為㆑鬘、絹四丈、倭文三丈、木綿十三斤四兩二分、已上祭料、（下略）」があげられている。これらは「織㆓造神衣㆒所㆑須雑物」とあるので、前者が「和妙衣」の祭料で、後者が「荒妙衣」の祭料であると考えることができる。(5) 両者の祭料を比べた場合の大きな相違は「絲一百絇」に対する「麻卅鬘」であり、それが「和妙衣」と「荒妙衣」という二種の神衣の相違であると考えれば、「和妙衣」は生糸を主な素材とする絹織物であり、「荒妙衣」が麻糸を主な素材とする麻織物であることがわかる。このことは『令義解』神祇令孟夏条が神衣祭について「謂、伊勢神宮祭也、此神服部等、斎戒潔清、以㆓参河赤引神調糸㆒、織㆓作神衣㆒、又麻續連等、續㆑麻以織㆓敷和衣㆒、以供㆓神明㆒、故曰㆓神衣㆒」とし、『延喜式』と同じく神服部が糸により、麻續連が麻により神衣を織ると説明することからも明らかであろう。したがってウジの名称としての「麻續」は、麻織物を織り造るという職掌に由来するものであると考えられる。麻續（連）氏

の祖については、『先代旧事本紀』天神本紀は「八坂彦命」を「伊勢神麻績連等祖」とする。『古語拾遺』は「長白羽神」を「伊勢国麻績祖」とし、また『新撰姓氏録』は右京神別上の神麻績連を「天物知命之後也」とするなど一致しない。しかし『古語拾遺』が「長白羽神」に関して「今俗、衣服謂二之白羽一、此縁也」と説明するのは、そのウジとしての性格を物語っているといえよう。

『延喜式』では巻五斎宮に麻績社、巻九神名上に麻績神社が伊勢国多気郡にみえ、『和名類聚抄』などによれば同郡には麻績郷が存在した。また『皇太神宮儀式帳』の「一初二神郡度会多気飯野三箇郡一本記行事」は、多気郡の建郡に際して「麻績連広背」が督領であったとし、『日本三代実録』元慶七年（八八三）十月二十五日戊午条には多気郡擬大領の「麻績連公豊世」がみえるので、麻績連は多気郡の郡領層にあたる氏族であったと考えられる。さらに古代末から中世の麻績機殿の所在地などからも、伊勢神宮の麻績氏の本拠地は多気郡およびその隣接地域であったということができる。(6)

古代においてはこの伊勢以外にも「麻績」にかかわりの深いと考えられる地域を見出すことができる。『和名類聚抄』の国郡部（郷里部）には上述した伊勢国多気郡のほかに、下総・信濃・下野・陸奥の各国に麻績郷があわせて六郷みえる。さらに下野国には河内郡に「大績」郷、芳賀郡に「若績」郷があるが、同国には大麻績（部）、若麻績（部）が分布していたことが知られることから、(7)これらは本来は「大麻績」郷と「若麻績」郷であり、それが地名として「麻」を略した二字で表記されるようになったものである可能性が高い。(8)したがってこの二郷も「麻績」にかかわる地名として加えておきたい。また、信濃国には更級郡麻績郷に関連して麻績駅がある。(9)これら「麻績」に関する地名は伊勢国を含めてすべて東海道・東山道の諸国に存在する。この傾向は古代の史資料から所在地の明らかな人名を抽出した場合も同様で、その分布は畿内の人名の例を除けばすべて東国にあり、西国には一切みられない。(10)古代において、東国を中心に分布するウジや部民の例があることはすでに指摘があり、[11]「麻續」もその一例であるといえるが、「麻續」の場合はやはりその性格と密接な関係があると考えられる。

正倉院宝物には各地から京へもたらされた調庸布・商布・交易布などの布が現存しているが、その銘文や捺された国印の印影から貢納国が判明するものが七五例数えられる。[12]それらの貢納国は常陸・下野・上野・下総・上総・安房・武蔵・相模・越後・佐渡・信濃・伊豆・駿河の計一三カ国で、東海道・東山道の諸国に加え北陸道の越後、佐渡も含まれるがいずれも東国であるといってよい。また『延喜式』巻二十四主計上に規定される諸国の調・庸の品目のなかに布や麻の類が含まれるのも、東海道・東山道の諸国が中心で、それ以外は北陸道の越後・佐渡、山陰道の隠岐、西海道諸国だけである。さらに同式巻二十三民部下に規定される諸国の交易雑物の品目でも、東海道・東山道諸国と北陸道の越後・越中にのみ布・商布・苧・熟麻などがあげられている。[13]この事実は古代において少なくとも貢納品となるような麻布の生産は東国を主として行われていたことを示している。「麻續」を含む名称をもつ人びとや地名の分布が東国地域に限定された特徴を示すのも、こうした古代の布生産の地域性が反映されていると考えられるのである。以上から古代の「麻續」の名称が麻織物の生産と密接な結びつきを有するものであったことを確認しておきたい。

三　「麻續」の語意

古代の史料などから確認される「麻續」の訓は「ヲウミ」、「ヲミ」であり、[14]「ヲミ」は「ヲウミ」が変化した語である。「ヲウミ」は「ヲ―ウミ」からなる語で、「ヲ」にはA植物である麻や苧、Bその繊維、あるいはそれから作られた糸という意味があり、「ウミ」は動詞「ウム」の名詞形で、麻の茎の繊維を細く裂き、それをつなぎあわせ撚りをかけて糸にすることである。[15]

　まず「ヲ」についてであるが、Ａの意味で歴史的に「ヲ」とよばれてきた主要な植物としては、アサ科一年草であるアサ（大麻）とイラクサ科多年草であるカラムシ（苧、紵）があげられる。両者とも遺跡から出土する種子や、縄・布などの遺物から、その繊維が縄文時代のころより利用されていたことが明らかになっている。前節でふれた正倉院宝物の布にもアサの繊維によるものとカラムシの繊維によるものとがみられ、両者の布が用途などで区別されていた様子を明確に見出だすことはできないとされる。[16]もちろん神衣祭のような祭儀に用いられる「ヲ」はどんな植物でもよいというのではなく、特定の植物であると考えられる。しかし一方で、アサであっても、カラムシであっても、あるいはそれ以外のある程度長い繊維が採れる植物であっても、栽培法は異なるにしろ、[17]それらの繊維から織物を作り出す工程はほぼ同じである。Ｂの「ヲ」はその工程のなかでの繊維あるいは糸を指す語であり、その意味では長繊維が採れる原料としてのさまざまな植物にかかわる語である。[18]この点から「ウム」対象である「ヲ」が意味する範囲としては、ひとまずは幅広く考えておきたい。

　そこで実際に繊維を採り織物ができるまでの工程を長野県開田村（現在は木曽町）の記録によってまとめてみよう。[19]

①麻扱《おこ》ぎ：麻の刈り取り
②麻剥《おは》ぎ：麻の表皮を剥ぐ
③麻掻《おか》き：表皮の内側から不純物をそぎ落として繊維を採る
④麻績《おう》み：繊維を糸の太さまで裂いて細くし、それを糸につむぐ
⑤麻《お》を撚《よ》る：績んだ糸全体に糸車でよりをかける
⑥機《はた》を綜《へ》る：一機（二反）分のタテ糸をまとめる

⑦機《はた》をはる：⑥の糸にのりをつけ、毛羽立たないようにし、すべりをよくする
⑧機《はたご》に掛ける：機《はたご》にタテ糸を掛ける
⑨機《はた》を織る：ヒ（杼）にノキ（緯糸）を通し、麻布を織る
⑩麻布の仕上げ：のりを抜いて雪の上などにさらす

この工程は多少の相違はあるとしても、基本的には古代より大きな変化はないと考えるが、そうすると「ヲウミ」とは狭義には右の工程の④を意味する語である。『万葉集』に「少女等が麻笥に垂れたる續麻なす」（巻十三、三二四三）、「麻苧らを麻笥に多に續まずとも」（巻十四、三四八四）などとあるのはこの④の情景を詠みこんだものである。しかし、前節に掲げた『延喜式』巻四伊勢大神宮の神衣条によれば伊勢神宮の麻續氏が「織造」すなわち⑨の工程を行うことは明らかである。そうすると「ヲウミ」あるいは「ヲミ」という名称でよばれた古代のウジ名や部民の職掌は、少なくとも④から⑨までの工程を行うものであったと考えられる。さらに同式機殿祭条に、「麻卅㲲」などの神衣の祭料は「麻續戸廿二烟」の調庸および租によって調えられると規定されていることからすれば、①以前の麻の栽培からはじまり⑩の工程までを含むものであった可能性も考えられる。

それではなぜそのように数多くの工程を経て麻織物を生産する人びとの名称として、狭義には④を意味する「ヲウミ」があてられたのであろうか。職掌の最終的な目的が織物を仕上げるということであれば、前述した『延喜式』の諸条などにおいて「服部」が「服織」とも表記されるように、⑨にかかわる語があてられたとしても不自然ではない。しかしそうではなく「ヲウミ」と呼称されたのは、④が麻織物の工程において決定的に重要であったからであると思われる。ここで④の作業をより詳細に述べると、まず一筋の麻に左手の薬指の爪を差し込んで、半分に裂いて二本とする。これらをさらに裂いて半分とし、糸の太さまで繰り返していく。裂いたものはその都度口にくわえていく。糸

の太さまで裂いたものの一方をさらに途中まで二つに裂き、口にくわえているほかの一本を右手でとってそれにはさみ、両手の親指と人差し指でひねると両方はつながる。この時、一方の端は口にくわえた時のつばでぬれているため繋ぎ目がよくしまるのである。[20]一般に麻織物は糸が細ければ細いほど密度が高くなり柔らかさも増して細布・上布などとよばれるような上質の布となる。しかし太さが均一な細い糸を績むには熟練の業が必要であり、また織る場合も、同じ幅の布を織るためにより多くのタテ糸を掛ける必要がある。また糸も切れやすくなるので手間がかかり神経も使わなければならない。つまり「ヲウミ」が麻織物の品質を大きく左右するのである。このためこの重要な「ヲウミ」が麻織物の工程全体を象徴する語として、これにかかわるウジ名や部名に用いられたのだと推定しておきたい。

四　「ヲウミ」の漢字表記

「ヲウミ」は前節で述べたように「ヲ－ウミ」という構成の語であるので、漢字表記の「麻績」は「ヲ」を「麻」で、「ウミ」を「績」で表したものであると理解される。

まず「麻」についてであるが、「ヲ」を表記する漢字としては「麻」のほかに「苧」「紵」がある。植物を示す狭義の「麻」はアサのことであり、「苧」と「紵」はカラムシのことである。「苧」と「紵」は通じて用いられるが、「麻」と「苧（紵）」が混用されることは本来はない。『延喜式』の諸条文でも両者は区別されており、例えば前でふれた巻二十四主計上では、中男一人が輸すべき作物のなかに「苧」一斤、「麻」五斤が別のものとしてみえる。また、「麻子」一斗五升もあげられているが、これは食用のほか薬用、油の原料などとしてもみえることから、[21]アサの実である可能性が高い。すなわち『延喜式』では「麻」はおおよそ植物のアサを示していると考えられる。そうすると上述した同式巻四伊勢大神宮の機殿祭条で、神衣の「荒妙衣」の祭料としてあげられている「麻卅鬘」もカラムシではなくアサであると考えられるので、「荒妙衣」を織り造ることを職掌とする伊勢神宮の「ヲウミ」のウジの表記に「麻」が用いられるのはその意味で整合的である。

しかし、「ヲ」という語が植物のアサを意味するだけではなく、より広義に用いられる語であることは前節で述べたとおりである。「苧（紵）」の漢字としての第一義がカラムシであり、[22]日本での用例としても、カラムシあるいはその繊維に限定して用いられる傾向が強い[23]のに対して、「麻」は、アサを示すほか「あさ皮。あさいと。あさぬの」といった幅広い語義を含んでおり、「麻」にかかわる固有名詞や用例も比較にならないほど豊富で多様である。[24]その点で、日本語の「ヲ」を表記するには「麻」がふさわしいといえる。前述した正倉院宝物の布のおよそ八割がカラムシを原料とし、また衣料原料としてはアサの繊維よりもカラムシの繊維の方が優れているとされるが、[25]それにもかかわらず、「ヲウミ」、「ヲウム」に「苧（紵）」ではなく「麻」が用いられたのは、そうした「麻」という漢字の汎用性ともいうべき性格によるところが大であったものと考えたい。

次に「ウミ」の漢字表記であるが、植物の長繊維から糸を成す「ウム」にかかわる漢字としては「績」「緝」「紡」「絘」などがある。このうち「緝」は『新撰字鏡』天治本巻十二に「緝麻平宇牟」と説明されるが、「絘」とともに日本の文献での用例はきわめて少ない。現在では紡績のように「紡」「績」を用いることが多いが、「紡」は「ツムグ」に用い、「ウム」には「績」を用いるのが一般的である。これらの漢字に対して、これまで本章では古代の史資料での用例が多いことから「ヲウミ」、「ヲミ」を「麻續」と表記し、「續」の字を用いてきた。しかし実は「續」には、「絲」の意味や、「績」に通じて用いられることはあっても、本来「ウム」という字義はない。[26]「ウム」の意味をもつ漢字としてはやはり「績」が本来の字である。このためか「ヲウミ」、「ヲミ」、「ウム」が「麻續」「續」と表記されているのは、「麻績」「績」の誤りであると考えられることが多い。例えば、尾張藩士であった稲葉通邦は、寛政八年（一七九六）に著した『神祇令和解』において、上述した神祇令孟夏条の神衣祭の義解にみえる「麻績」「績」について「績字二ツハ、上梓ノ後、誰人カ續字ヨシト云、サカシラ云出タリシニコソ、續字ニ彫アラメタル姿ニミユ、誤ナリ、凡麻績氏ヲ麻續ニ改作人アリ、非ナリ、古本ハ何ノ書ニモ、績トノミ記セリ、」と述べている。また現在の辞書類や、史料の注釈などでも「(麻)續は(麻)績が正しい」、あるいは「續は績に通じる」というように説明されることが少なくない。そこでこの「續」と「績」の関係を実際の用例で確認してみることにする。

表24は、正倉院文書、出土文字資料など、後に写されたものでないことが明確な史資料によって、「ヲウミ」、「ヲミ」、「ウム」にかかわる表記の用例をまとめたものである。(27)

表24　古代の史資料にみられる「ヲウミ」、「ヲミ」、「ウム」にかかわる表記の用例

番号	判別	用例	書写時期	出典	史料名
1	続	若麻續部	七世紀後半～七世紀末	木研二九―40―(二〇)	石神遺跡木簡
2	続	麻續部意止売	大宝二年（七〇二）	御野国本簀郡栗栖太里戸籍	正倉院文書
3	続	麻續部小知	大宝二年（七〇二）	御野国本簀郡栗栖太里戸籍	正倉院文書
4	続	麻續部益	大宝二年（七〇二）	御野国本簀郡栗栖太里戸籍	正倉院文書
5	続	麻續小虫売	大宝二年（七〇二）	御野国本簀郡栗栖太里戸籍	正倉院文書
6	続	神麻續部国麻呂	天平十二年（七四〇）	遠江国浜名郡輸租帳	正倉院文書
7	続	麻續部麻呂	天平十二年（七四〇）	遠江国浜名郡輸租帳	正倉院文書
8	続	麻續部飯相麻呂	天平十二年（七四〇）	遠江国浜名郡輸租帳	正倉院文書
9	続	麻續部酒麻呂	天平十二年（七四〇）	遠江国浜名郡輸租帳	正倉院文書
10	続	麻續部龍麻呂	天平十二年（七四〇）	遠江国浜名郡輸租帳	正倉院文書
11	続	大麻續子三成	仁寿三年（八五三）	大般若経巻五八四	安楽寿院所蔵仁寿三年大坂氏願経

12	続	麻續部宿奈万呂	八世紀後～九世紀	木研二二—192—（四）	船戸桜田木簡
13	続	若麻續□麻呂	八世紀第1四半期	城二五—25下	長屋王家木簡
14	続	□〔若カ〕麻續□	八世紀前半	城三〇—28下（八八七）	平城京二条大路木簡
15	続	若麻續	八世紀前半	城三〇—28下（八八六）	平城京二条大路木簡
16	続	若麻續部大万呂	八世紀前半	平城京三—五一〇八	平城京二条大路木簡
17	続	若麻續諸人	八世紀前半	城三〇—28下（八八三）	平城京二条大路木簡
18	続	若麻續□□〔少田カ〕	八世紀	平城宮三—三二六四	平城宮木簡
19	続	□麻續□〔人カ〕	八世紀	平城宮四—五四八六	平城宮木簡
20	続	若麻續大国刀一今年□	八世紀	木研一七—162—（三）	平城宮木簡
21	続	□□□〔麻續部カ〕虫□□〔万呂カ〕	八世紀	城三四—17上（一三一）	平城宮木簡
22	続	大麻□〔續カ〕大□〔麻カ〕	八世紀後半	平城宮七—一一四四七	平城宮木簡
23	績	若麻績□〔諸カ〕	八世紀前半	城三〇-28下（八八四）	平城京二条大路木簡
24	続	若麻續犬甘	八世紀第3四半期	城三九—9上（一五）	平城宮木簡
25	続	若麻續犬甘	八世紀第3四半期	城三九—12上（三九）・城四二—14上	平城宮木簡
26	続	若麻□〔續ヵ〕	八世紀第3四半期	城四三—52中（九六六）	平城宮木簡
27	続	□〔若ヵ〕麻□〔續ヵ〕□	八世紀第3四半期	城四三—52中（九六七）	平城宮木簡
28	続	□□〔麻續ヵ〕	八世紀第3四半期	城四三—52下（九七四）	平城宮木簡
29	続	麻續	八世紀第3四半期	城四三—53上（九八三）	平城宮木簡
30	続	麻續□	八世紀第3四半期	城四三—53上（九八四）	平城宮木簡
31	続	麻續□	八世紀第3四半期	城四三—53上（九八五）	平城宮木簡
32	続	麻續在子	天暦七年（九五三）	伊勢国近長谷寺堂舎資材帳	
33	続	麻續孝志子	天暦七年（九五三）	伊勢国近長谷寺堂舎資材帳	
34	続	麻續統令	天暦七年（九五三）	伊勢国近長谷寺堂舎資材帳	
35	続	麻續高主	天暦七年（九五三）	伊勢国近長谷寺堂舎資材帳	
36	続	麻續広宗治	天暦七年（九五三）	伊勢国近長谷寺堂舎資材帳	
37	続	麻續員世	天暦七年（九五三）	伊勢国近長谷寺堂舎資材帳	
38	続	神麻續神部	天暦七年（九五三）	伊勢国近長谷寺堂舎資材帳	
39	続	麻續連公	天暦七年（九五三）	伊勢国近長谷寺堂舎資材帳	
40	続	麻續連公	天暦七年（九五三）	伊勢国近長谷寺堂舎資材帳	

41	続	中麻續公	天暦七年(九五三)	伊勢国近長谷寺堂舎資材帳	
42	続	神麻續連浄万呂	大治五年(一一三〇)	東大寺諸庄文書幷絵図目録	東大寺文書（成巻文書第七巻）
43	保留	神□[麻ヵ]續□小□	七世紀末～八世紀初	藤原宮二―六三三	藤原宮木簡
44	保留	若麻□[績カ]三方	八世紀前半	城二九―23上(二一四)	平城京二条大路木簡
45	保留	若麻績三方	八世紀前半	城二九―23上(二一五)	平城京二条大路木簡
46	保留	若麻績□□□	八世紀前半	城三〇―28下(八八五)	平城京二条大路木簡
47	保留	神麻績	八世紀	城六―7上(七〇)	平城宮木簡
48	保留	若麻績部麻呂	八世紀	木研九―13―一(三〇)	平城宮木簡
49	保留	麻續真□[手カ]	八世紀	平城宮二―二一〇九	平城宮木簡
50	保留	神□□[麻續カ]足万呂	八世紀	平城宮四―四一九六	平城宮木簡
51	保留	若麻續□[太カ]	八世紀	城二〇―8上(一三)	平城京木簡
52	保留	□[神カ]麻□[績カ]	八世紀前半	城三三―18上(一九九)	平城京二条大路木簡
53	保留	□□□〔若麻績ヵ〕□□□〔万呂ヵ〕	八世紀前半	平城京三―四七八三	平城京二条大路木簡
54	保留	麻績門万呂	八世紀第3四半期	城三九―11上(三四)	平城宮木簡
55	保留	□□□〔若麻續ヵ〕	八世紀第3四半期	城四〇―15上(一七三)	平城宮木簡
56	保留	□□〔麻続ヵ〕	八世紀第3四半期	城四三―53上(九八六)	平城宮木簡
57	保留	麻績部	八世紀中～九世紀前	木研二二―146―(一)	山田遺跡木簡
58	保留	神麻績部真虫女	七世紀末	伊場木簡四―一一	
59	保留	大麻續若古	八世紀中	上神主・茂原遺跡出土瓦篦書一四六三四	
60	保留	漬若□	八世紀中	上神主・茂原遺跡出土瓦篦書五三三四	
61	保留	大麻漬若古	八世紀中	上神主・茂原遺跡出土瓦篦書一四二〇二	
62	保留	大麻漬若古	八世紀中	上神主・茂原遺跡出土瓦篦書一四一三七	

表24によれば、平城京左京二条二坊五坪二条大路濠状遺構から出土した木簡の削屑に「績」と判読される一例（表24―23）があるが、そのほかは「續」が用いられている。しかし、墨痕が不鮮明であったり、字画が判読できないなどの理由で「續」か「績」かの判断を保留したものも少なくない。そこで次におおよそ古代に成立した史料の主な写

本にみえる用例をまとめたのが表25である。(28)

表25　古代の史料の主な写本にみえる「續」または「績」の用例

番号	用例	出典	「續」の字を用いる写本	「績」の字を用いる写本
1	伊勢麻續君	日本書紀巻五崇神天皇七年八月七日己酉条	北野本	穂久邇文庫本、紅葉山文庫本、卜部兼右本
2	耕續	日本書紀巻十一仁徳天皇元年正月己卯条	穂久邇文庫本、北野本	尊経閣文庫本、紅葉山文庫本、卜部兼右本
3	續	日本書紀巻十七継体天皇元年三月九日戊辰条	尊経閣文庫本、北野本	穂久邇文庫本、紅葉山文庫本、卜部兼右本
4	農續	日本書紀巻十七継体天皇元年三月九日戊辰条	尊経閣文庫本、北野本、紅葉山文庫本、穂久邇文庫本	卜部兼右本
5	麻續娘子	日本書紀巻十七継体天皇元年三月十四日癸酉条	尊経閣文庫本、穂久邇文庫本、北野本	紅葉山文庫本、卜部兼右本
6	麻續郊	日本書紀巻二十六斉明天皇六年是歳条	北野本、紅葉山文庫本、穂久邇文庫本、卜部兼右本	
7	麻續王	日本書紀巻二十九天武天皇四年四月十八日辛卯条	北野本、紅葉山文庫本、穂久邇文庫本、卜部兼右本	
8	麻續連豊足・大贄	続日本紀巻一文武二年九月戊午朔条	高松宮本、東山御文庫本、蓬左文庫本	
9	神麻續連足麻呂・子老	続日本紀巻二十九神護景雲三年二月辛酉条	高松宮本、東山御文庫本	
10	神麻續連広目	続日本紀巻二十九神護景雲三年二月辛酉条	高松宮本、東山御文庫本	
11	神麻續宿禰足麻呂	続日本紀巻三十神護景雲三年十一月庚辰条	高松宮本、東山御文庫本、蓬左文庫本	
12	神麻續宿禰広目女	続日本紀巻三十神護景雲三年十一月庚辰条	高松宮本、東山御文庫本、蓬左文庫本	
13	神麻續連	続日本紀巻三十神護景雲三年十一月庚辰条	高松宮本、東山御文庫本、蓬左文庫本	
14	若麻續部牛養	続日本紀巻三十七延暦元年五月乙酉条	高松宮本、東山御文庫本、蓬左文庫本	

15	麻續連広河	続日本紀巻四十延暦十年正月丙戌条	高松宮本、東山御文庫本、蓬左文庫本	
16	大麻續部嗣吉	続日本後紀巻十五承和十二年九月二十八日壬申条	谷森善臣旧蔵本、東山御文庫本、紅葉山文庫本	
17	大麻續部総持	続日本後紀巻十五承和十二年九月二十八日壬申条	谷森善臣旧蔵本、東山御文庫本、紅葉山文庫本	
18	麻續連真屋子	文徳天皇実録巻八天安元年正月丁未条	高松宮本、谷森善臣旧蔵本、紅葉山文庫本	
19	麻續部清道	日本三代実録巻三貞観元年十二月二十七日戊申条	谷森善臣旧蔵本、紅葉山文庫本	
20	麻續部愚麻呂	日本三代実録巻七貞観五年八月十九日己卯条	谷森善臣旧蔵本、紅葉山文庫本	
21	麻續部広永	日本三代実録巻七貞観五年八月十九日己卯条	谷森善臣旧蔵本、紅葉山文庫本	
22	中麻續公	日本三代実録巻七貞観五年八月十九日己卯条	谷森善臣旧蔵本、紅葉山文庫本	
23	麻續連公豊世	日本三代実録巻四十四元慶七年十月二十五日戊午条	谷森善臣旧蔵本、紅葉山文庫本	
24	麻續連	令義解巻二神祇令孟夏条	藤波本	猪熊本
25	續麻	令義解巻二神祇令孟夏条	藤波本	猪熊本
26	麻續連	令集解巻七神祇令孟夏条　義解	紅葉山文庫本	田中本、清家本、鷹司家本、甘露寺本
27	續麻	令集解巻七神祇令孟夏条　義解	紅葉山文庫本	田中本、清家本、鷹司家本、甘露寺本
28	麻續連	令集解巻七神祇令孟夏条　令釈	田中本、清家本、鷹司家本、甘露寺本	
29	麻續	令集解巻七神祇令孟夏条　令釈	紅葉山文庫本、田中本、清家本、鷹司家本、甘露寺本	
30	麻續	令集解巻七神祇令孟夏条　令釈	紅葉山文庫本、田中本、清家本、鷹司家本、甘露寺本	
31	麻續氏	延喜式巻四神衣祭条	一条家本、九条家本、土御門本	
32	麻續等	延喜式巻四機殿祭条	一条家本、九条家本、土御門本	
33	麻續戸	延喜式巻四機殿祭条	一条家本、土御門本	
34	麻續	延喜式巻四大神宮神嘗祭条	一条家本、九条家本、土御門本	
35	神麻續	延喜式巻四大神宮神嘗祭条	一条家本、九条家本、土御門本	
36	神麻續	延喜式巻四度会宮神嘗祭条	一条家本、九条家本、土御門本	
37	神麻續	延喜式巻四禰宜考文条	一条家本、九条家本、土御門本	

38	神麻續	延喜式巻四不載条	一条家本、九条家本、土御門本	
39	麻續社	延喜式巻五祈年祭神条	一条家本、土御門本	
40	麻續	延喜式巻八神衣祭条	九条家本、土御門本	
41	麻續神社	延喜式巻九伊勢国条	吉田本、金剛寺本、土御門本	
42	麻續	延喜式巻二十八駅伝条	九条家本、土御門本	
43	神麻續	皇太神宮儀式帳　新宮造奉時行事幷用物事	神宮文庫（一）八一三五号	
44	麻續部春子米	皇太神宮儀式帳　禰宜内人物忌等職掌行事事	神宮文庫（一）八一三五号	
45	麻續部倭人	皇太神宮儀式帳　禰宜内人物忌等職掌行事事	神宮文庫（一）八一三五号	
46	神麻續神部	止由気宮儀式帳　三節祭等幷年中行事月記事	神宮文庫（一）七二四号	
47	神麻續神部等	止由気宮儀式帳　三節祭等幷年中行事月記事	神宮文庫（一）七二四号	
48	伊勢国麻續祖	古語拾遺	卜部兼直本（嘉禄本）、澂允本、亮順本、釋無貳本	
49	麻續	古語拾遺	卜部兼直本（嘉禄本）、澂允本、亮順本、釋無貳本、暦仁元年本	
50	麻續王	万葉集巻一—二三・二四	元暦校本、西本願寺本、類聚古集、紀州本、広瀬本	
51	續麻	万葉集巻六—九二八	元暦校本、西本願寺本、類聚古集、紀州本、広瀬本	神宮文庫本
52	續麻	万葉集巻六—一〇五六	元暦校本、西本願寺本、類聚古集、紀州本、広瀬本	神宮文庫本
53	續麻	万葉集巻十二—二九九〇	元暦校本、類聚古集、紀州本、広瀬本	西本願寺本
54	續	万葉集巻十二—二九九〇	元暦校本、西本願寺本、類聚古集、紀州本、広瀬本	
55	續麻	万葉集巻十三—三二四三	元暦校本、西本願寺本、類聚古集、広瀬本	紀州本
56	麻續兒	万葉集巻十六—三七九一	西本願寺本、類聚古集、紀州本、広瀬本	
57	若麻續部諸人	万葉集巻二十—四三五〇	元暦校本、西本願寺本、類聚古集、紀州本、広瀬本	

58	若麻續部羊	万葉集巻二十―四三五九	元暦校本、西本願寺本、類聚古集、紀州本、広瀬本	
59	神麻續部島麿	万葉集巻二十―四三八一	元暦校本、西本願寺本、類聚古集、紀州本、広瀬本	
60	神麻續連	新撰姓氏録巻十四右京神別上	中原師英本、御巫清直本、昌平坂学問所本	紅葉山文庫本
61	續苧	新撰姓氏録巻十七大和国神別大神朝臣	昌平坂学問所本	中原師英本、紅葉山文庫本
62	麻續祖	先代旧事本紀巻二神祇本紀	秘閣本、卜部兼永筆本	
63	広沸神麻續連等祖	先代旧事本紀巻三天神本紀　乳速日命	秘閣本、卜部兼永筆本	
64	伊勢神麻續連等祖	先代旧事本紀巻三天神本紀　八坂彦命	秘閣本、卜部兼永筆本	
65	麻續（伊勢国多気郡）	和名類聚抄　国郡部	高山寺本、大東急記念文庫本、元和古活字那波道円本	名古屋市立博物館本
66	麻續（下総国海上郡）	和名類聚抄　国郡部	高山寺本、大東急記念文庫本、名古屋市立博物館本、元和古活字那波道円本	
67	麻續（信濃国伊那郡）	和名類聚抄　国郡部	高山寺本、大東急記念文庫本、名古屋市立博物館本	元和古活字那波道円本
68	麻續（信濃国更級郡）	和名類聚抄　国郡部	高山寺本、大東急記念文庫本、名古屋市立博物館本	元和古活字那波道円本
69	麻續（下野国安蘇郡）	和名類聚抄　国郡部	高山寺本、大東急記念文庫本、名古屋市立博物館本、元和古活字那波道円本	
70	若續（下野国芳賀郡）	和名類聚抄　国郡部	高山寺本、大東急記念文庫本、名古屋市立博物館本、元和古活字那波道円本	
71	大續（下野国河内郡）	和名類聚抄　国郡部	高山寺本、大東急記念文庫本、名古屋市立博物館本、元和古活字那波道円本	
72	麻續（陸奥国伊具郡）	和名類聚抄　国郡部	高山寺本、大東急記念文庫本、名古屋市立博物館本、元和古活字那波道円本	
73	麻續（東山駅）	和名類聚抄　居処部	高山寺本	
74	麻續永世	小右記　寛仁三年七月二十七日条	前田本、東山御文庫本、秘閣本、昌平坂学問所本	

表25の記載例では、同一箇所について、諸本に「續」の表記であったり「績」の表記であったりと異なるものがみられ、また、一つの写本においても箇所によって「續」を用いたり「績」を用いたりするものがみられる。しかし概して、「續」表記をする写本が多く、とくに「續」表記の写本しかない箇所は相当数あるが、逆に「績」表記の写本しかない箇所はみあたらない。さらに、これらの写本のうち『万葉集』の元暦校本や類聚古集、『日本書紀』の北野本や尊敬閣文庫本、『和名類聚抄』の高山寺本、『延喜式』[29]の九条家本や一条家本などは、平安時代から鎌倉時代のはじめまでの時期に書写されたとされる古写本であるが、これらの古写本に限っていえば、『日本書紀』尊敬閣文庫本の巻十一、仁徳天皇元年正月己卯条（表25―2）に「績」表記が一例みられるのみで[30]、ほかはいずれも「續」表記である。

一方、『類聚名義抄』のいわゆる原撰本は十一世紀末に成立したといわれるが、その平安末期の写本であるといわれる図書寮本では、「績」に「宇牟」、「ヲウム」の注があるのに対して、「續」には「ツク」の注はあっても「ウム」、「ヲウム」などの注がみられない。このように、この時期には日本でも「ウム」の本来の漢字が「績」であることは認識されていたと考えられる。しかし、それにもかかわらず先にあげた同時期の写本のほとんどの用例において「績」表記はみられないのである。また「麻續」は籍帳など公文書に記載されるウジ名、部名、地名でもあり、奈良・平安期の文書主義から考えればその表記には原則があったはずで、「續」と「績」がたやすく混用されたとは考えにくい。これらの点をふまえれば、少なくとも日本の古代にあっては、「麻續」「續」の表記は「麻績」「績」の誤りであるとか、あるいは「續」と「績」は通じて用いられていたというのではなく、「麻續」「續」が「ヲウミ」、「ヲミ」、「ウム」の表記として用いられたと考えるべきであると思われる。

ここで注目されるのは『和名類聚抄』[31]調度部の「鍋　紡績附」の項にみえる「唐韻云、紡（芳両反、豆無久）、續也、蔣魴切韻云、績（則歴反、宇無）、續㆓麻苧㆒名也」という説明である。ここに引用される『唐韻』『蔣魴切韻』は、それぞれ孫愐、蔣魴の撰になる韻書で、今は伝わらないが、中国からもたらされた書として『日本国見在書目録』にもあげられている。ここでは、漢籍の引用によって、「紡績」あるいは「績」の字義について明らかにしているのであるが、その引用に際して両韻書が選択されたのは、両韻書が説明に「續」の字を用いていたためであると考える。「續」あるいは「續麻苧」によって「績」の意味が理解されるということは、当時の日本においては、「ウム」を表記するのにやはり「績」よりも「續」の字を用いるのが一般的であったということを示している。

それでは「ウム」の本来の漢字が「績」であるのにもかかわらず、なぜ日本では「續」の字が用いられたのであろうか。この点については推測の域を出ないが、やはり前節でふれた麻織物の工程での「ヲウミ」の作業そのものに理由があるものと考える。前節にまとめた「麻績《お》み」の作業は、単純化していえば、麻の繊維を一本の糸として延々とつなげていくという生産行為である。「績」という字には「ウム」のほか「ツグ」という字義もあるが、「ウム」という字義はなくとも、「續」の字には「ツヅケル」、「ツラネル」、「ツケタス」、「ツナグ」という「麻績《お》み」の作業に直截的にかかわる字義があり、その故に日本では「續」が「ウム」という生産行為により合致する字であると捉えられたのではないだろうか。もちろん先の『唐韻』『蔣魴切韻』にみるように、中国においても「績」と「續」が通じて用いられる場合があったということも、「ウム」の表記に「續」が選択される上では重要な点であったかもしれない。

平安時代以前の古典文字・非文字の世界において、「字」とそれを組みあわせた「字文」が獲得されていく過程では、「字」の形象・表意へのこだわりは、必ずしも中国での字義と合致するものではなく、中国の漢文体にみられるような「字」や「字文」を組みかえ造り直していく行為があったということが指摘されているが[32]、「麻續」「續」の場合もまさにそれに該当する例としてあげられるのではないだろうか。いずれにせよ、これまで述べてきたように、日本の古代では、「ヲウミ」、「ヲミ」、「ウム」の表記には原則として「麻續」、「續」が用いられた可能性が高いということを指摘した上で、次に論を進めていきたい。

五　中世の「麻續」表記と「麻績」表記

ここでは中世の「麻續」にかかわる表記についてみていくことにする。表26は原本とみなされる文書や日記などにみえる「麻續」または「麻績」の表記の用例をまとめたものである。(33)

表26のうち2と3以外の用例は、いずれも信濃国の麻續の地にかかわるものであるので、この点について若干説明をしておきたい。『和名類聚抄』によれば信濃国には伊那郡と更級郡に麻續郷が存在するが、表26にかかわるのは後者であり、現在の長野県東筑摩郡麻績村、筑北村周辺の地域に該当する。古代には東山道と北陸道をつなぐ支道の駅として麻續駅も置かれた。平安時代に成立した「麻續御厨」は、1によれば保元の乱によって散位平正弘領であったものが院領とされているが、『吾妻鏡』文治二年（一一八六）三月十二日条や『神鳳抄』などにより、鎌倉時代以降は伊勢神宮領であったことが確認される。4および8～13は福島県いわき市平の飯野八幡宮文書であり、陸奥国八幡宮領好島荘の預所であった伊賀氏の動向を伝えるものである。4によれば鎌倉時代の伊賀氏は信濃国の「麻續御庫」にも所領があり(34)、8～13にみえる南北朝期に伊賀盛光の代官として陸奥国で軍功をあげた「麻續兵衛太郎盛清」は、その地名に因んだ名のりの人物であると思われる。この麻續の地は古代では更級郡であったが、中世以降は筑摩郡に含まれるようになったと考えられている(35)。いずれにしても、長野盆地と松本盆地を結ぶ境の地であり、東西南北の地域につながる要地であったため、南北朝期や戦国時代の争乱の際にはこの地をめぐって激しい争奪戦が行われた。5～7の市河文書、18～22の島津文書、屋代文書、吉江文書はいずれもこの地をめぐる戦いの際に発給された文書である。

表26　中世の文書や日記などにみえる「麻續」または「麻績」の表記の用例

No.	判別	用例	年	出典	史料名
1	続	麻續御厨	保元二年（一一五七）	兵範記　保元二年三月二十九日条	
2	続	麻續益子	正治二年（一二〇〇）	猪隈関白記　正治二年十一月十三日条	
3	続	麻續高清	寛喜三年（一二三一）	民経記　寛喜三年八月二十六日条	
4	続	麻續御庫	永仁二（一二九四）	伊賀頼泰譲状案（永仁二年十一月十一日）	飯野八幡宮文書
5	続	麻續十日市場	建武三年（一三三六）	市河十郎経助軍忠状（建武三年二月二十三日）	市河文書
6	続	麻續十日市場	建武三年（一三三六）	市河左衛門十郎経助軍忠状（建武三年二月二十三日）	市河文書
7	続	麻續御厨	建武三年（一三三六）	市河左衛門十郎経助軍忠状（建武三年二月二十三日）	市河文書
8	続	麻續兵衛太郎盛清	建武三年（一三三六）	伊賀盛光軍忠状（建武三年十二月日）	飯野八幡宮文書
9	続	麻續兵衛太郎盛清	建武四（一三三七）	伊賀盛光代麻續盛清軍忠状（建武四年正月十六日）	飯野八幡宮文書
10	続	麻續□□太郎盛清	建武四（一三三七）	伊賀盛光代麻續盛清軍忠状（建武四年正月十六日）	飯野八幡宮文書
11	続	麻續兵衛太郎盛清	建武四（一三三七）	伊賀盛光代麻續盛清軍忠状（建武四年正月十六日）	飯野八幡宮文書
12	続	麻續兵衛太郎	建武四（一三三七）	伊賀盛光軍忠状（建武四年三月日）	飯野八幡宮文書
13	続	麻續兵衛太郎	建武四（一三三七）	伊賀盛光軍忠状（建武四年三月日）	飯野八幡宮文書
14	績	麻績勘解由左衛門清長	永禄十年（一五六七）	麻績清長起請文（永禄十年八月七日）	生島足島神社文書
15	保留	麻績市尉光貞	永禄十年（一五六七）	麻續光貞等連署起請文（永禄十年八月七日）	生島足島神社文書
16	績	麻績勘解由左衛門尉清長	永禄十年（一五六七）	麻績清長起請文（永禄十年八月八日）	生島足島神社文書
17	績	麻績	永禄十二年（一五六九）	青柳清長宛行状（永禄十二年四月）	青柳文書
18	績	麻績	天正十一年（一五八三）	直江兼続・狩野彦伯連署状（天正十一年四月二十日）	島津文書
19	績	麻績	天正十一年（一五八三）	上杉景勝書状（天正十一年四月二十一日）	島津文書
20	績	麻績	天正十一年（一五八三）	上杉景勝書状（天正十一年四月二十二日）	島津文書
21	績	麻績	天正十一年（一五八三）	上杉景勝書状（天正十一年四月二十二日）	屋代文書
22	績	麻績	天正十一年（一五八三）	直江兼続書状（天正十一年四月三十日）	吉江文書

また、14～16の生島足島神社文書や17にみえる麻績氏や青柳氏はこの地を勢力とした土豪である。

さて、表26をみた限りでは、1～13の少なくとも南北朝のはじまりごろまでは人名も地名も例外なく「麻續」表記が用いられている。このことは、写しであるため表26には掲げなかったが、鎌倉時代から室町時代のはじめにかけてのいわゆる善光寺縁起を伝える写本によっても確認できる。(36) ①称名寺所蔵（金沢文庫保管）の「弥陀観音現益事」は鎌倉時代後期の書写と考えられており、「信濃国田堵若麻續東人善光」、「若麻續善佐」がみえる。②高野山大学図書館所蔵の「善光寺如来講式」は、近世の書写らしいが、鎌倉時代中期に行われていた善光寺如来講のために執筆されたもので「信濃国田堵若麻續善光」がみえる。③大東急記念文庫所蔵の十巻本『伊呂波字類抄』は室町時代初期の書写とされ「信濃国人若麻續東人」、「麻續村」（伊那郡）がみえる。以上の①②③の用例は、いずれも「麻續」表記である。

これに対して14以降は、戦国時代の十六世紀後半の文書であるが、保留の15を除いて「麻績」表記が用いられている。このうち18～22は天正十一年（一五八三）から翌年にかけて上杉景勝と小笠原貞慶が麻績・青柳両城をめぐって争った際の文書であるが、この時の記録や文書は、江戸時代に上杉氏、小笠原氏がそれぞれ家中の文書を集めて写した『覚上公御代御書集』、『上杉家文書』、『笠系大成』などによっても確認でき、いずれも「麻績」表記が用いられている。つまり表26によって、十四世紀前半までの段階と十六世紀後半の段階を比べると、「麻續」から「麻績」への表記の変化を明瞭にみてとることができるのである。

ただし、誤解のないように確認しておくが、この変化は「麻續」表記が消えて「麻績」に切りかわったというのではない。表26では14以降がすべて筑摩郡の「麻績」（古代では更級郡）にかかわる用例であることもあってか「麻續」表記がみられないが、後述するように「麻續」表記は近世においても併用されているのであり、したがって正確には「麻續」表記に対して「麻績」表記がかなりの割合で用いられるようになったというべきである。

表27　古代から中世の写本にみられる「續」表記の用例

番号	写本名	用例	出典	書写時期	写本中の対象用例総数
1	尊経閣文庫本	耕續	日本書紀巻十一仁徳天皇元年正月己卯条	平安後期	4
2	猪熊本	麻續連 續麻	令義解　神祇令孟夏条	鎌倉時代	2
3	西本願寺本	漬麻	万葉集巻十二―二九九〇	鎌倉時代末	10
4	穂久邇文庫本	伊勢麻續君 續	日本書紀巻五崇神天皇七年八月己酉条 日本書紀巻十七継体天皇元年三月癸酉条	明応五年（一四九六） 応永三十年（一四二三）か	7
5	卜部兼右本	伊勢麻續君 耕續 續 農續 麻續娘子	日本書紀巻五崇神天皇七年八月己酉条 日本書紀巻十一仁徳天皇元年正月己卯条 日本書紀巻十七継体天皇元年三月戊辰条 日本書紀巻十七継体天皇元年三月戊辰条 日本書紀巻十七継体天皇元年三月癸酉条	天文九年（一五四〇）	7
6	紀州本	續麻	万葉集巻十三―三二四三	室町時代後期	10
7	神宮文庫本	續麻 續麻	万葉集巻六―九二八 万葉集巻六―一〇五六	天文十五年（一五四六）ごろ	10
8	名古屋市立博物館本	麻續（伊勢国多気郡）	和名類聚抄　国郡部	永禄九年（一五六六）	8

さて、ひと言で中世といっても、表26で対比される十四世紀前半と十六世紀後半の間には二〇〇年以上もの開きがある。そこで今度は写本の面から、中世の「ヲウミ」、「ヲミ」、「ウム」に関する表記についてみていくことにする。

表27は表25にあげた「續」の表記がみられる写本のうち、古代から中世に書写されたとみられる写本の用例を、古い時代の書写のものから並べたものである。「續」表記の最も古い例は前節で述べたように1の『日本書紀』尊敬閣文

庫本の巻十一、仁徳天皇元年正月己卯条で、平安時代後期の書写とされる。表25にみるように同本では「續」と「績」の判別の対象となる用例はほかに巻十七に三例あるが、これらはいずれも「續」表記である。また、3の鎌倉時代末の書写といわれる『万葉集』西本願寺本の巻十二には「嫐嬬等之漬麻之多思有打麻續時無三恋度鴨」（二九九〇）とあり、「漬麻」と「續」の用例がみえる。「漬」の部分はミセ消しで右に「續」の書き入れがあり、その直下の本文中には「續」と書かれているので「漬」は書写の際の誤りと考えてよいと思われる。同本で対象となる用例は、この二九九〇の二例を含め一〇例を数えるが、「漬麻」のほかはすべて「續」表記である。このように、『日本書紀』尊敬閣文庫本と『万葉集』西本願寺本には、「績」（「漬」）の用例をみることができるのであるが、鎌倉時代の終わりまでの段階で、それらの表記が「續」にかわって広く用いられていたという様相はうかがえない。

次に2の『令義解』猪熊本の神祇令第六孟夏条であるが、ここでは氏族名の「麻績連」と、動詞の「績」に、「續」表記をみることができる。前節で述べたように『令義解』の原本では「麻續連」、「續」の表記であったと推定される。(37)氏族名は固有の存在に対しての表記であるので、その意味で動詞など一般的な用例に比べて、表記上の保守性があると考えられ、本来の「續」表記を用いる継続度はより強いと考えられるのであるが、猪熊本では、その氏族名に「績」の表記を用いている点が注目される。猪熊本は奥書に正平十七年（一三六二）に「大判事坂上大宿祢」が息子の「左尉明保」に授けたとあり、これ以前に書写されたものであることが明らかであるが、従来は、その書風筆致から鎌倉時代の書写といわれてきた。(38)

鎌倉時代に孟夏条の義解に「績」表記が用いられた可能性は、『令集解』の写本からも推測することができる。表25でみると『令集解』の写本である清家本、田中本、鷹司家本の同条の義解では、猪熊本と同じように「麻績連」、「績」と表記されている。一方、令釈の部分では「麻續連」、「麻續」と表記されており、義解と令釈で異なる表記が用いられている。この「績」と「續」の表記のあり方は三写本とも全く一致しており、それはこれらがいずれも金沢文庫に伝えられた『令集解』の一本である建治二年（一二七六）奥書本の転写本であることによる。[39]祖本である建治二年奥書本は、万治四年（一六六一）に内裏の火災とともに失われたと考えられているが、その孟夏条の表記はこれら転写本と同様であったと考えることができる。したがってそれが書写された建治二年のころには、少なくとも孟夏条の義解において「麻績連」、「績」の表記を用いることがあったことが推測できるのである。

次に4・5の『日本書紀』の穂久邇文庫本と卜部兼右本について検討する。この両本はいわゆる卜部家本の系統に属する写本で、奥書などによって年月、筆者など書写の事情をうかがうことができるとともに、多数巻が現存しているため、『日本書紀』の「麻續」、「續」にかかわる七例すべての部分について確認することができる。

穂久邇文庫本は、道祥（荒木田匡興）らが応永三十年（一四二三）から翌年にかけて書写したものを、荒木田守晨が明応五年（一四九六）から永正七年（一五一〇）にかけて転写した伊勢本といわれる系統の写本である。ただし巻三と巻十七は守晨の書写ではなく、とくに、本章にかかわる巻十七は伊勢本系統の祖本である道祥自筆本そのもので、応永三十年ごろの書写であると考えられている。[40]穂久邇文庫本では巻五の崇神天皇紀と、巻十七の継体天皇紀の計二例に「績」表記が用いられ、ほかの五例には「續」表記が用いられている。

卜部兼右本は日本古典文学大系本の底本とされているものである。卜部家には鎌倉時代以降六国史などの家本が伝えられてきたが、兼右の先代兼満が大永五年（一五二五）に館に火を放って出奔した際にこれら家本の多くは失われた。しかし、それに先立つ永正十年（一五一三）から翌年にかけて三条西実隆が卜部家本の『日本書紀』を書写していたため、兼右はこれを転写し、さらに一条家本や禁裏本などによって校合し、天文九年（一五四〇）に書写を終えたのが卜部兼右本である。[41]同本では巻五の崇神天皇紀、巻十一の仁徳天皇紀の各一例と、巻十七の継体天皇紀の三例、計五例に「績」表記が用いられ、巻二十六の斉明天皇紀と巻二十九の天武天皇紀の各一例、計二例に「續」表記が用いられている。

穂久邇文庫本と卜部兼右本における「績」と「續」の用例数の比は、前者が二対五で、後者が五対二である。また、穂久邇文庫本に含まれている道祥自筆本巻十七と、卜部兼右本巻十七における用例を比較すると、前者では「績」「農續」「麻續娘子」とあり「績」表記は三例中一例のみであるが、後者では三例とも「績」表記である。穂久邇文庫本も、卜部兼右本も、両本がそれぞれ依拠した祖本や校合本での表記を確認することができず、また、両本とも卜部家本の系統に属するとはいっても転写の過程が異なり、書写、校合の状況や筆者の資質も一様ではないので、両本を単純に比較することは妥当ではないかもしれない。しかし、表26での状況に照らしあわせて考えた場合、とくに道祥自筆本と、卜部兼右本にみられる用例の相違には、「ヲウミ」、「ヲミ」、「ウム」を表記する際の用字認識の違いが反映されている可能性があるのではないかと考える。もしそうであるとすれば、道祥自筆本が書写された十五世紀前半までの段階と、その後の卜部兼右本が成立するまでの段階、すなわち十五世紀後半から十六世紀前半にかけての段階では、後者において「績」表記を用いることがより一般化しており、そのことが写本の用字にあらわれているといえるのではないだろうか。

表27の6・7は『万葉集』の紀州本と神宮文庫本であるが、いずれも十六世紀前半ごろまでの書写と考えられている。西本願寺本のところでふれたように、『万葉集』二十巻では一〇例が対象となるが、表25にみるように諸本では「續」表記の例が多い。紀州本も神宮文庫本も「績」表記は特定の巻に限定されているといってもよい状況であるが、室町時代後期の写本である両者に「績」表記がみられる点は注目すべきであろう。

表27の最後は永禄九年（一五六六）の書写である『和名類聚抄』名古屋市立博物館本である。表25にみるように『和

名類聚抄』の国郡部（郷里部）の「麻續」表記にかかわる郷名八例のうち、名古屋市立博物館本では、伊勢国多気郡の「麻績」郷のみが「績」表記であり、ほかはすべて「續」表記が用いられている。またほかの古写本では、前で述べた高山寺本、室町時代中期の書写といわれる大東急記念文庫本ではすべて「續」表記である。このように『和名類聚抄』の古写本の郷名表記でも、おおよそ「續」表記が守られている。したがって名古屋市立博物館本の「麻績」表記は書写の際の誤りと考えることもできるが、表26のところで述べたように、同本が書写された十六世紀後半ごろには地名では「麻績」表記が圧倒的に用いられるようになったと考えられるので、この一例もあるいはその影響によるものかもしれない。(42)

六　「麻續」表記の変遷とその背景

前節までの表24～27にまとめた史資料から析出される様相にもとづいて、古代から中世にかけての「ヲウミ」、「ヲミ」、「ウム」の表記の変遷に関してまとめてみたい。まず鎌倉時代の初期までは、一、二の例外はあるが原則として「麻續」のように「續」の字が用いられていたと考えられる。鎌倉時代の後期には、神祇令孟夏条の義解に関する諸本によって、「麻績氏」あるいは動詞の「績」の表記の例があらわれたことを知ることができるが、南北朝期のはじまりごろまでは、「續」表記が主として用いられていたと考えられる。

その後、室町時代には「績」表記が併用されることが増えていったとみられる。『字鏡集』応永本は、道祥が『日本書紀』を書写した時期に近い応永二十三年（一四一六）から翌年にかけて書写された字書写本であるが、「績」の字について「ヲウム」、「ツムク」の説明があり、「續」の字についても「ウム」、「ツムク」の説明がある。このことは応永年間ごろまでの段階で、「ウム」、「ツムク」の表記に関して「績」も「續」も同様に用いられていたことを示していると思われる。そして「績」表記の一般化は時の流れとともにさらに進み、『日本書紀』卜部兼右本などの用例から、十五世紀後半から十六世紀前半にかけての段階では、「續」表記よりも「績」表記の方が広く用いられるようになり、十六世紀後半に至っては、「績」表記がかなりの割合で用いられるようになったと推察する。

この戦国時代での表記の様相はさらに近世へと受け継がれていく。現在の麻績村が村誌編纂の際に集めた江戸時代の文書やその写し、写真などを調査したところ、近世の「麻績村」「麻績町村」「麻績組」「麻績宿」などの表記については、やはり圧倒的に「麻績」表記が多い。しかし数の上では少ないが検地帳の写しなどには「麻續」と表記するものも存在する。つまり近世の段階では、「麻績」が一般的ではあるが、「麻續」、「麻績」のどちらが正しいということはなく、両者が併用されていたということがわかる。

この様相が一変するのは明治以降である。長野県立歴史館には長野県設置以来の行政文書が保管されているが、そこに表記される行政地名は例外なく「麻績」である。すなわち明治新政府の公文書においては行政地名として「麻績」に表記が統一されたのである。これに伴い私文書からも「麻續」表記は消えてしまったようである。管見の限りでは、いわゆる「壬申戸籍」の前年にあたる明治四年（一八七一）三月に作成された「麻續組下井堀村」の「當未下知戸籍」（個人蔵、戸籍とあるが実態は宗門人別帳）が「麻續」表記の最も新しい例である。

以上のように「ヲウミ」、「ヲミ」、「ウム」の表記についてその歴史を概観すれば、「麻續」「續」から「麻績」「績」へと遷り変わっていったということになる。このような歴史的事象が生じた事由を考えると、その前提としてあげられるのは、すでに述べたように、「ウム」という字義が中国では本来「績」の字にあるものであったにもかかわらず、古代の日本において「續」の字をこれにあてたということである。この前提の上に立って、「續」から「績」への変遷について次のような背景を考えてみたい。

まず第一には、「續」の字をあてた古代の古典文字の世界が総体的に過去のものになっていったということがある。例えば下野国安蘇郡や下総国海上郡の麻續郷は、中世以降「小見郷」と表記されるようになったと考えられるが、これは「ヲミ」の本来の語意、由来が失われ、字義とは関係なくその音に漢字があてられるようになったことを示している。このような状況下では「字」や「字文」の書き手が慣習的に「續」表記をすることはあっても、それを是とする積極的な意識はもちえないのであるから、「續」表記に置き換わって本来の字義をもつ「績」表記が用いられることも起こりえるであろう。さらに、このことを逆説的に示しているのは、中世以降に成立した伊勢神宮関係の典籍、記録の写本である。[43]これらの史料では近世に至るまで「麻續」表記が用いられている。これは伊勢神宮では、神衣祭などの神事とそれを主宰する氏族を通して、「麻續」表記に関して古典文字の世界が維持されていったためであると考えられる。

第二には、中世以降の漢籍・仏典などの知識の広まりが考えられる。すでに述べたように、「ウム」の本来の漢字が「績」であることは平安時代末期には認識されていたが、こうした「漢字」「漢文」に関する教養を帯びた知識人がいてはじめて、「字文」の書写の際に「續」の字を「績」の字に置き換えるような揺り戻しともいえるような状況が生まれる。こうした現象が鎌倉時代後期よりあらわれ、南北朝期以降増加していったことをふまえれば、中国をはじめとする大陸との人的、物的な交渉によって、中世以降に大陸文化がより広範に広まっていったことの影響を考える必要があろう。

第三は、永原慶二が論じた木綿の登場である。[44]永原によれば、木綿製品の輸入は鎌倉時代からみられるが、十四世紀末から十五世紀にかけて朝鮮産、中国産の木綿製品への需要が高まり、十六世紀には国内各地で木綿の生産が広まった。そして江戸時代初期にかけて爆発的な発展を遂げ、日本の社会経済構造に変革をもたらしたと考えられている。この過程は大まかにいえば「績」表記があらわれる状況とかなり重なりあうように思われる。前述したように、『字鏡集』応永本では「續」にも「績」にも、ともに「ウム」、「ツムク」の訓が与えられているが、植物の繊維から糸を成すという点では同じであっても、麻の長繊維をつなげていく「ウム」と、木綿の短繊維を撚りあわせていく「ツムグ」とではその生産行為に大きな違いがある。とくに「續」は、日本では麻の繊維をつなげていく「ウム」という生産行為に密着した字であったと考えられる。

このため、中世から近世にかけて大陸からもたらされた木綿には、「紡」のほかに「績」は用いられても、「續」の字を用いることはほとんどなかったと考えられる。労働効率、織物としての機能、商品流通などの面で麻よりも優れていた木綿が、社会的・経済的な比重を高めていくにつれて、表記の上でも、「續」を用いることがみられなくなり、「績」あるいは「紡」の字が一般化していったという側面があるのではないだろうか。しかし、麻織物の存在は、永原も述べているように木綿の登場以降も軽視はできない。そのこともあって「續」の字は、麻織物に関する語として近世でも消えずに用いられていたと考えられるが、近代に至り、明治政府が殖産興業の主要な柱に「紡績」を位置づけたことは、「麻續」や「續」の表記が消滅する決定的な背景の一つになったものと思われる。

七　歴史的情報としての地名をめぐる歴史学の課題

本章では、史資料にみえる「麻續」をとりあげ、その語意、字義や、古代から近代に至る表記の変遷と背景について述べてきた。関心のはじまりは、地名や人名などの固有名称の一語、一字の問題であったが、考察の過程で、それが古代の地域社会において展開される再生産の営為から生まれた名称であり、それに因むウジ名や地名として地域社会に定着し、中世以降においても氏族名や地名として歴史的に連綿と続いてきた名称であって、時間的にも空間的にもあらゆる方向に広がる地域の歴史的情報の鍵ともいうべきものであることをあらためて認識できたと思う。

しかし、そうしたいわば歴史所産の賜物ともいうべき固有名称の一部である地名については、近年、大幅かつ急激な変化の画期が訪れている。それは、周知のとおり市町村合併特例法および合併新法にもとづいて総務省が推進した、いわゆる「平成の大合併」によってもたらされたものである。全国的に進められた市町村の合併に際しては、当該地域の多くで、住民投票などによる住民の意思の確認という手続きがとられた。しかし、そもそもこの「平成の大合併」は、国と地方公共団体の双方が抱えている巨額の財政赤字を背景とする財政上の理由を主として、地方自治の効率化という名のもとに進められたものである。したがって、合併についての当該地域での議論は、本来多面的な検討の上に立って行われるべきはずであるのに、実際には功利的な条件が中心に据えられ、地勢的、歴史的な部分については副次的なものに追いやられているのが現状である。その影響は地名においても甚大であり、「平成の大合併」によって消えていく地名がある一方で、大量の新しい地名が生まれている。そもそも地名は変化していくものではあるが、それが功利主義を旨として急激に進められていくという現状は、ある意味で歴史学に対して突きつけられている緊急的な課題の一つであって、このような今こそ、はじめに述べた一志茂樹氏の提言を今一度真摯に受け止め、地名のもつ歴史的情報をできる限り明らかにしていくことが求められているのではないかと考える。

本章はそうした課題に対する試みの一つとしてまとめたものである。結果として、古代から近代までを対象とし、論点も多岐にわたることとなった。とくに、第六節の「續」から「績」への変遷の背景について述べた諸点は、あくまで推測の域を出るものではなく、本章とは別に論証を必要とする大きな命題を含むが、課題の提起ということであえて記した次第である。

注

(1) 一志茂樹「再出発すべき郷土史研究」(『地方史の道―日本史考究の更新に関聯して―』信濃史学会、一九七六年、初出は一九四九年)。
(2) 地名や氏族名などの表記としては、後述するように「麻續」「麻績」「小見」などがあるが、本章では史資料に即した表記やとくに区別する必要がある場合を除いて、原則として「麻續」を用いることとする。
(3) 小林敏男「善光寺と若麻績氏」(『信濃』五一―八、一九九九年)。
(4) 本章では『延喜式』巻十までの条文および条文名は、虎尾俊哉編『延喜式　上』(集英社、二〇〇〇年)による。ただし「麻績」は「麻續」とあらためた。
(5) 熊田亮介「伊勢神宮神衣祭についての基礎的考察」(『新潟大学教育学部長岡分校研究紀要』二五、一九八〇年)。
(6) 菊地康明「農耕儀礼と生活」(『古代の地方史』五、朝倉書店、一九七七年)。熊田前掲注(5)論文。
(7) 後掲表24の59・61・62、表25の14・16・17。このほか栃木県上三川町の上神主・茂原遺跡から出土した瓦の刻書に「大麻」「大麻部」「若麻」「若麻部」と判読できる人名がみられるが、石村喜英「下野上神主廢寺とその人名瓦小考」(『史迹と美術』二九四・二九五、一九五九年)が指摘するように、これらは「大麻續(部)」「若麻續(部)」と同じであり、それらが略記された形のものであると考えられる。なお、『上神主・茂原官衙遺跡』(上三川町教育委員会・宇都宮市教育委員会、二〇〇三年)には同遺跡出土の瓦の刻書の写真、拓影、釈文などが掲載されている。
(8) 小林前掲注(3)論文。
(9) 後掲表25の42および73。
(10) 小林前掲注(3)論文。

(11) 本書第Ⅰ部第二章でとりあげた金刺舎人、他田舎人などが例としてあげられる。
(12) 正倉院宝物の銘文等については松島順正編『正倉院宝物銘文集成』(吉川弘文館、一九七八年)による。
(13) 『延喜式』にみえる調庸、交易雑物などの布、麻については、宮原武夫「調庸と農民」(『古代の地方史』五、朝倉書店、一九七七年)と、永原慶二「古代・中世における苧麻と布」(『永原慶二著作選集』八、吉川弘文館、二〇〇八年、初出は二〇〇四年)に詳細な分析がある。
(14) 現代仮名づかいでは「オウミ」「オミ」であるが、本章では古写本などに多い「ヲウミ」「ヲミ」の表記に統一して用いることとする。
(15) 『日本国語大辞典　第二版』二(小学館、二〇〇一年)の四四〇・七九六・一三七七頁。『時代別国語大辞典』上代編(三省堂、一九六七年)の一三二・八二九・八三〇・八三九頁。
(16) 布目順郎「正倉院の繊維類について」(『書陵部紀要』二六、一九七四年)。
(17) 一年草のアサは毎年種を蒔いて育てるが、多年草のカラムシは宿根からの芽を育てる。
(18) 現在でも、私たちが織物の原料として麻とよんでいるものには、植物分類上において異なるいくつかの種類の植物が含まれる。因みに現代社会において私たちの身の回りに最も多く存在しているのは、その繊維がリンネル(リネン)とよばれるアマ科一年草のアマ(亜麻)である。
(19) 開田村教育委員会『木曽の麻衣—開田村における麻織物の記録—』一九七三年。なお「麻績」「績」の表記は同本文中の表記をそのまま用いた。
(20) 開田村教育委員会前掲注(19)書。竹内淳子『草木布Ⅰ』(法政大学出版局、一九九五年)。
(21) 『延喜式』巻三十六主殿寮の「諸司所請年料」や「諸国進中男作物雑油」中に「麻子油」があげられている。また同式巻三十七典薬寮の「臘月御薬」や「諸国進年料雑薬」中に「麻子」があげられている。
(22) 諸橋轍次『大漢和辞典　修訂第二版』(大修館書店、一九九一年)の三〇七九八。
(23) 永原前掲注(13)論文。

(24)　諸橋前掲注(22)の四七八八七。

(25)　布目前掲注(16)論文によれば、正倉院宝物の布は、苧麻と大麻（大麻の可能性が少しでもあるものを含む）の比率が八対二程度であるという。

(26)　諸橋前掲注(22)の二八〇三七。

(27)　『近長谷寺堂舎資財帳』（原題は『実録近長谷寺堂舎幷資財田地等事』）は天暦七年（九五三）の原本を天徳二年（九五八）に写したものであるとされるが、書写が原本成立年に近接していることから同時代の史料と考え、表24に掲げることにする。また、藤原京、平城京の都城跡で出土した木簡の判読は奈良文化財研究所の写真によったが、表中の21～31および54～56については同所史料研究室長の渡辺晃宏氏の御教示による。なお、表24と後掲表26の「判別」の項では、一見してわかりやくするため「續」を「続」の字で表記し、保留とした「用例」の表記については、当該報告書の釈文にしたがった。

(28)　近世以前の古写本を中心に原本、複製、写真、影写、影印などにより確認可能なものを掲げたので、すべてを網羅していない。

(29)　『日本書紀』北野本は巻二十二～二十七が平安時代院政期の写本といわれており、表25では6が該当する。石上英一「書誌解説」（『宮内庁書陵部本影印集成四　日本書紀四』八木書店、二〇〇六年）参照。

(30)　尊敬閣文庫本の同条の表記は「耕績」であるが、これは「耕紡」「耕織」などと同様に生業を意味する用例であり、漢籍の定型的な表現の影響を強くうけている可能性も考えられる。

(31)　那波道円が元和三年（一六一七）に刊行した古活字本による。なお、文中の「紡續也」「績」「續二麻苧一名也」の部分について、『和名類聚抄』の諸本のうち、天文本などいくつかの写本では傍点部のすべてが「績」である。また、二十巻本の伊勢本、大東急記念文庫本では傍点部のすべてが「續」である。しかし当該部は「紡績」の説明としての引用文であるので、天文本の「唐韻云、紡續也」、あるいは伊勢本、大東急記念文庫本の「蔣鲂切韻云、續、續二麻苧一名也」では「紡績」についての説明の体裁として意味をなさない。また伊勢本、大東急記念文庫本の「蔣鲂切韻云、續」は「即歴反」の反切にあわないので明らかに「績」を誤ったものである。したがってここは京本や元和古活字本などにもとづいて校勘されるべきである。

（32）新川登亀男『漢字文化の成り立ちと展開』（山川出版社、二〇〇二年）。
（33）表26の1は原本ではなく、陽明文庫所蔵の『兵範記』（『人車記』）写本であるが、この日記を著した平信範自身による清書の部分も含まれているとみられるので、表26に含めた。上横手雅敬「解説」（『陽明叢書　記録文書編　第五輯　人車記四』思文閣出版、一九八七年）参照。
（34）伊賀氏と麻續御厨のかかわりは深い。北条義時の後妻は伊賀氏の女であったが、義時の死に際して謀反を企てたとされ、連坐した伊賀光宗が所領没収とともに麻續御厨に流され、後に赦免されている。
（35）『麻績村誌』上（麻績村誌編纂会、一九八九年）。
（36）これらの写本については、川瀬一馬「室町初期写伊呂波字類抄十巻本解説」（『伊呂波字類抄』古辞書叢刊刊行会、一九七七年）、牛山佳幸「高野山大学図書館架蔵『善光寺如来講式』について」（『市誌研究ながの』七、二〇〇〇年）、倉田邦雄・倉田治夫『善光寺縁起集成Ⅰ―寛文八年版本』（龍鳳書房、二〇〇一年）による。
（37）表25にみるように、江戸時代の書写ではあるが猪熊本とともに神祇令に関する貴重な写本である『令義解』藤波本や、金沢文庫に伝えられた『令集解』北条実時本を転写した紅葉山文庫本の義解は「麻續連」、「續」と表記する。
（38）『古簡集影』六（七條書房、一九三〇年）。
（39）金沢文庫に伝えられた『令集解』写本については以下の論考による。石上英一「『令集解』金沢文庫本の再検討」（『日本古代史料学』東京大学出版会、一九九七年、初出は一九七九年）。水本浩典「『令集解』諸本の系統的研究」（『律令注釈書の系統的研究』塙書房、一九九一年、初出は一九八〇年）。同「『令集解』写本に関する一考察―内閣文庫本と菊亭文庫本―」（『律令注釈書の系統的研究』塙書房、一九九一年、初出は一九七九年）。
（40）中村啓信「解題」（『神道大系　古典編二　日本書紀（上）』神道大系編纂会、一九八三年）。
（41）林勉「解題」（『天理図書館善本叢書和書之部　第五十六巻　日本書紀兼右本三』八木書店、一九八三年）。
（42）元和三年（一六一七）刊行の元和古活字那波道円本では、八例中、信濃国伊那郡と更級郡の郷名のみが「麻績」と表記され、他は「續」表記であるが、これも表26のところで述べたように、十六世紀の後半に信濃国の「麻績」、とくに更級郡（中世以降は筑摩郡）の「麻續」に関して、多量の「麻續」表記文書が発給された影響ではないかと考える。

（43）　神宮文庫所蔵の『神鳳抄』（十四世紀後半成立）荒木田氏経書写本および御巫清直書写本。同所蔵『倭姫命世紀』（十三世紀後半成立）御巫清直書写本。神宮司庁所蔵『神宮雑書』（十三世紀前半成立）荒木田守賀書写本。『輯古帖』（十九世紀前半成立）御巫清直蔵本など。

（44）　永原慶二「苧麻から木綿へ」（永原前掲注（13）書）。

終章　地域社会における歴史研究

本書は、古代の信濃を分析対象地域として、地域の景観や地域社会の諸関係を含む人間生活の諸相を明らかにするという課題を設定し、史資料、自然景観、歴史的環境などの分析を行うことにより、古代の信濃にかかわるさまざまな歴史的事象について論じた。ここではまず、第Ⅰ部から第Ⅳ部までの各論ごとの論点を整理しておきたい。

第Ⅰ部は、二〇〇〇年十月二十一日から同二十三日にかけて開催された第五一回地方史研究協議会大会「信濃―生活環境の歴史的変遷―」で行った報告をもとにした論考に、その後発表した論考をあわせて再構成したものである。第五一回地方史研究協議会大会の共通論題にある「生活環境」を、当時の論考では自然地形に規定されつつ、生産や流通などの面での緊密な関係によって生活圏あるいは文化圏が形成される「環境」と理解して論じた。本書においては、その理解の延長上として、序章で述べたような地縁、血縁、政治、経済、宗教、文化、習俗などの諸要素にもとづく関係性によって人びとがさまざまに結びつく地域社会のあり方が「生活環境」にあたるものと考えている。第Ⅰ部では、そうした地域社会が展開される大小さまざまな「歴史的地域」が、信濃において重層的に存在するという認識を出発点として、地理的、歴史的にもともと分散的あるいは分権的な傾向が強いと考えられる信濃の「歴史的地域」が、古代において信濃国という律令国家の一つの地方行政単位のまとまり、すなわち「制度的地域」として把握されるに至るまでの歴史的過程について考察した。

第一章では、信濃における古墳築造の中心地域ともいえる千曲川水系の長野盆地地域と天竜川水系の下伊那地域の古墳築造の様相から、山地と、大小河川によって形成された自然堤防、後背湿地、扇状地形、河岸段丘などの自然地形上の組みあわせによって他とは区画されるような一つの地域範囲が設定されることを確認した。これらの小地域のそれぞれには、古墳築造の主体である首長系譜が少なくとも一つ、場合によっては複数存在していたことが認められる。このような小地域を基盤として展開される小地域内の諸関係、あるいは小地域間相互の諸関係の様相は、五世紀中ごろに大きな変化をみせる。それは地域社会構造の変動を伴うものであり、その契機となったのは大陸系の新たな集団と、馬の生産などに象徴される彼らがもたらしたであろう新しい文化の受容であったと考えられる。また、そのような変化がみられる五世紀中ごろ以降の両地域では、各小地域の中小首長たちがそれぞれの共同体を支配するとともに、築造された古墳の様相からみて、首長相互の関係においては特別な階層性のようなものはみられないことを確認した。

第二章では、屋代木簡によって、新たな知見が得られた信濃のウジ名や部名から、信濃における名代・子代や各種の部の設定が六世紀以降である可能性が高いことを分析した。また、第一章での古墳築造の様相から、五世紀前半までの段階で、信濃に該当する全域にその勢力を拡大していくような政治的主体は存在しないと考えられることから、四世紀末から五世紀はじめのころに「科野国造」である科野直氏がヤマト王権に服属し、その勢力が、そのころすでに信濃全域におよんでいたとする説は認めがたいことを論じた。

五世紀中ごろ以降、分立的な様相をみせていた信濃各地の小地域の中小首長であったが、六世紀に入ると、信濃は馬の生産を基盤とする軍事力や、朝鮮半島とのつながりによって、朝鮮半島南部の政治情勢に深くかかわり、ヤマト王権の外交・軍事政策面において重要な役割を担う地域の一つになっていったと考えられる。六世紀中ごろ以降、ヤマト王権が政治機構としての組織、制度の整備を進めていくなかで、これらの中小首長層はヤマト王権の職制および貢納・奉仕制度に組みこまれる形で編成され、大王の宮号に因む金刺舎人、他田舎人などを名のるようになっていった。その背景には、五世紀中ごろに出現し、六世紀後半に急激に数を増す群集墳の築造の主体である世帯共同体の在地における成長があり、そのような状況に対応し、自らの基盤である小地域の支配権を強化するために、信濃の中小首長たちはヤマト王権との間に新たな関係を構築する必要があったと考えられる。また、ヤマト王権にとっては、中小首長層のこうした政治的志向をもとに、信濃の地域に対する王権の組織、制度を拡大していったと考えられる。ウジ名や部名の分析から得られた信濃における名代・子代や各種の部の設定の事情は、このような状況下において理解することができる。

そして、このような六世紀中ごろ以降の状況のなかで、「制度的地域」である令制下の国につながる、信濃の地域を一つの地域として捉えるような認識が成立してきたのではないかと考えた。ヤマト王権に対する服属と貢納という政治的関係の上で、地域の軍事・行政権を管掌するような国造が設置されたとすれば、その時期も信濃の中小首長たちが舎人に編成された六世紀中ごろ以降と考えるべきであり、七世紀後半以降の律令国家成立過程においても、そのような政治的関係を前提として、首長層を中心とする地域の共同体的諸関係の総括的把握が進められていったものと思われる。律令国家体制下においても、小地域における政治的・経済的支配関係は地域支配の基盤であり続けた。そうした信濃の首長たちの伝統的な姿は、兵衛として中央に出仕した後、「信濃国牧主当」であり「伊那郡大領」となった金刺舎人八麻呂にみることができる。

第Ⅱ部では、第Ⅰ部で明らかにした信濃の地域社会構造をもとに、とくに小地域に立脚した視点が重要であると考え、古代国家による地域編成についての歴史的分析を行った。

第三章は、一九九四年に屋代遺跡群から出土し、当地の地域社会研究の可能性を大きく広げることになった屋代木簡について、律令国家成立期である七世紀後半から八世紀初頭の木簡を中心にまとめたものである。これらの木簡の分析から判明するのは、七世紀から八世紀への政治制度の変化に木簡のあり方が即応している状況がみてとれることであり、それは新たな統治制度が普遍的な強制力をもちながら地域支配に導入されていったことを示している。その一方で、第Ⅰ部で述べた信濃の地域的特色もみてとることができる。屋代木簡にみえるウジ名や部名のあり方は、木簡が機能した場または地域において、金刺舎人や他田舎人などの有力首長層を中心とする伝統的な政治的・経済的支配関係が色濃く存在していたことを反映している。彼らは七世紀後半以降、木簡に象徴されるような文書行政すなわち令制的な支配体制の受容・進展に伴い、当地域においてそれらを担う地方の官人もしくはそれに近い立場の者として位置づけられていったと考えられる。本章でとりあげた屋代木簡は、当地域の伝統的な支配関係が律令体制に組み入れられ新たな地方支配が進展していく、その過程のなかで捉えることができるものである。

第四章は、屋代木簡が出土した屋代遺跡群を含む埴科郡を対象として、律令制下の「制度的地域」である郡の地域社会構造の分析を行った。その結果として、千曲川に沿った埴科郡は大きく三つの小地域に分けられ、この三つの小地域それぞれに首長層が存在したと推定できることを確認した。さらに、屋代木簡には、木簡が出土した屋代遺跡群を含む一小地域の五郷の名のみしかみえず、他の二つの小地域の郷名はみえないことから、令制下の八世紀前半の埴科郡において小地域ごとの支配関係を前提とする支配構造が存在していたのではないかと推定した。そして、こうした地域支配構造のあり方は、七世紀後半以降の律令国家成立過程における当地域での地域編成のあり方を示すものであると考えられる。国家による地域の共同体的諸関係の総括的把握が目指される段階において、当地域では、小地域間相互の諸関係をもとに、小地域ごとに存在する政治的・経済的支配関係が、評・郡へと編成されていったものと考える。

第五章では、屋代木簡をはじめ近年の出土文字資料によって大幅に増加した歴史的情報の一つである行政地名の表記に注目した。古代の信濃国の行政地名である国名、郡（評）名、郷（里）名に関する表記を整理し、その制定が律令国家による地方把握の一端を示すものであると考え、それらが律令国家体制の一環である地方行政制度のなかでどのように理解できるかという視点で考察した。信濃国の行政地名は、大宝四年（七〇四）に国名が「信濃」の表記に公定されたが、郡名や郷名のうち、改定が行われたものについては、神亀三年から天平期初期にかけての時期の改定と推定した。本章は、全国的に増加しつつある木簡などの出土文字資料の歴史的情報の一端をデータ化し定量的に分析しようとした試みである。より正確なデータの作成とその有効な活用方法という点については今後の課題ではあるが、出土文字資料に限らず、主に埋蔵文化財調査によってもたらされるさまざまな歴史的情報の増大という現状をふまえれば、その歴史的情報をデータ化し分析していくことは、今後の古代史研究、とくに古代の地域社会研究にとっては欠くことのできない研究手法の一つであるということができよう。

第六章は、第三章で行った埴科郡の地域支配構造の分析を念頭に置きながら、それを信濃国全域に敷衍した場合、地域支配がより合理的で円滑に機能するためのあり方が模索されたはずであると考え、そうした信濃の地政上の視点から主に官衙と官道の関係を中心に考察した。いまだ明らかではない信濃国府の問題や、養老五年（七二一）から天平三年（七三一）にかけて存在した諏方国、あるいは「須芳山嶺道」について試論を提示した。

第Ⅲ部では、信濃国を中心に古代の災害について論じた。序章でも述べたように、災害は地域社会の環境を短期間で、なおかつ大幅に変化、変容させる要因である。災害は時として地域社会の存続に致命的な打撃を与えるとともに、社会全体の方向性を大きく変える契機になったと考えられる。

第七章では、糸魚川―静岡構造線という大断層系、あるいは弘化四年（一八四七）の善光寺地震で長野盆地を中心に大きな被害をもたらした長野盆地西縁断層帯の活動により、八世紀後半から九世紀前半にかけて、少なくとも二度の大震度の地震が発生した可能性が高いとみられることを述べた。また近年の調査により、『続日本紀』霊亀元年（七一五）五月乙巳条にみえる「遠江国地震」で、飯田市南信濃の山地が崩落し、河川をせき止め天然ダムが形成される地変が発生したことが明らかになった。山国である特徴として、信濃ではこのような大規模な山体の崩壊とそれによる河道閉塞が発生し、地域社会にとって壊滅的な被害をもたらしてきたが、この遠山地変は、文献史料によって確認できる災害としては信濃最古のものであり、いまだ目に見える形で現代に伝わる貴重な痕跡であるということができよう。

第八章では、日本列島を襲った仁和三年（八八七）七・八月の災害と、それに起因して発生したとみられる古代信濃国最大の災害ともいえる仁和四年五月の大洪水について論じた。仁和三年の災害は、南海トラフ巨大地震とそれに続く台風とみられる暴雨風である。これらによって、信濃の八ヶ岳の山体崩壊がひき起こされ、岩屑なだれが千曲川河道を閉塞し、その天然ダムが翌年の五月に決壊して下流の六郡を襲ったとみられる。発掘調査によって明らかになった遺跡の様相からみてその被害は甚大であり、長野盆地南部の屋代遺跡群や篠ノ井遺跡群の自然堤防上では、その後一〇〇年以上にわたって集落が営まれた形跡を見出すことができない。一方で、さらに下流に位置し洪水砂に覆われた痕跡がみられない南宮遺跡は、洪水後の十世紀に大集落へと発展する。このように仁和の大洪水は信濃の地域に大変動をもたらしたと考えられる。その影響は信濃国の行政支配のあり方にもおよぶものであったのではないかと考え、そうした視点から、従来いわれてきた信濃国府の小県郡から筑摩郡への移転について、この仁和の大災害がその契機となったのではないかという試論を提起した。

第Ⅳ部は、古代信濃の産出品である馬、薬物、麻《お》織《み》物にかかわる論考によって構成した。これらの生産物は、古代信濃の生産と貢納・流通の面において重要な位置を占めるものであったと考えられる。とくにここでとりあげた馬と薬物である大黄の生産は、信濃に限らず日本古代社会における大陸文化の受容の問題と密接にかかわるものである。したがって、その実相を明らかにすることは、日本古代における信濃の地域的特性を解明することでもあると考える。

第九章では、五・六世紀における馬の文化の受容といった観点から、それが地域社会にもたらしたであろう変動と、それによって生まれる地域間の新たな関係について考察を試みた。蔀屋北遺跡に代表される近年の発掘調査の成果によって、馬の文化の受容過程はかなり明らかになったと思われる。また、古代の日本列島にあって、馬の生産ではおそらく質・量ともに他の地域を凌駕していたと思われる信濃での馬の文化の受容の様相は、在地社会の大きな変動と、朝鮮半島にまでおよぶ広域な地域間交流が生じたことを想定できるものであった。ここでは主に河内と信濃の地域を対象としたが、馬の文化の伝来の問題を考える上で欠くことのできない九州や朝鮮半島など他の地域の様相についてはとりあげることができなかった。その点は今後の課題としたい。

第十章では、藤原宮跡から出土した薬物木簡のなかに、大宝令施行まもない八世紀初頭に、信濃国高井郡から藤原宮に貢進された大黄の付札が存在することを手がかりとした。正倉院薬物の種々薬帳や曝涼使解などにより、大黄が需要の非常に大きい相当量が必要な薬物であったことがうかがえることから、早い時期から藤原宮木簡にみるような国内で産出される大黄の貢進が行われていたと考えた。『延喜式』が規定する年料雑薬は、こうした貢進が制度として整備されたものであるが、貢進量からみて、大黄を貢進する七カ国の中心は陸奥国、信濃国であり、大黄が寒冷な気候の土地で採取されたものであるらしいことがうかがえる。一方、大黄は現代の漢方医学においても、最も重要な薬種の一つであり、現在処方される大黄は薬用植物ダイオウの三年以上の根茎を乾燥したものを用いるが、そのダイオウは日本列島には自生しない。処方に用いられる薬物には一定の薬効、品質が必要で、古代の日本でも中国と同様の処方が行われたことから、大陸からもたらされたダイオウが、比較的適所である陸奥国や信濃国などの高冷地で栽培されていた可能性を想定した。百済を通じて本格的に医療や本草の知識、技術がヤマト王権に導入されるようになったのは六世紀の中ごろから後半にかけてであり、朝鮮半島ではダイオウの一種であるチョウセンダイオウが自生し、実際に大黄が処方されていたとみられる。第Ⅰ部で述べたように、信濃がヤマト王権や百済と深く結びついていた地域であったことなどから、藤原宮木簡にみる信濃国からの大黄の貢進の淵源は、六世紀後半にさかのぼる可能性があるのではないかと推定した。

第十一章では、古代信濃での生産あるいはその成果物として想定される麻織物を対象としたが、第九・十章とは異なり、生産や貢納・流通の問題というよりは、麻織物の生産行程やその職掌にかかわるウジ名・部名、あるいはそれに由来する地名である「ヲウミ」「ヲミ」という語の表記の問題に重点を置いて論じた。「ヲウミ」「ヲミ」とは本来、苧や麻の繊維を糸の太さまで裂いて細くし、それを糸につむぐ行為を意味する語であるが、麻織物の工程全体を象徴する語として、これにかかわるウジ名や部名となり、古代の日本においてはその漢字表記は「麻續」が用いられたと考えられる。しかし漢字の「續」には本来「ウム」という字義はなく、「ウム」の意味をもつ漢字は「績」であったため、鎌倉時代後期あたりから次第に「麻績」が用いられるようになり、十五世紀後半から十六世紀前半にかけての段階では、「續」表記よりも「績」表記の方が広く用いられるようになった。こうした変遷の過程を古代から中世までの史資料にみえる表記を可能な限り拾いながらたどってみた。しかし、近世においても「ヲウミ」「ヲミ」の表記に「續」を用いる表記は消えたわけではなく、「麻續」と「麻績」の表記は併用されていた。それが「麻績」の表記に統一されたのは明治新政府の段階である。ここでの論点は地名や人名などの固有名称の一語、一字の問題であったが、それが古代から近代まで、あるいは「字」や「字文」にみる大陸文化の受容の問題まで、考察の対象が時間的にも空間的にもあらゆる方向に広がる歴史的情報であることが認識できた。そのことがこの論考での最大の成果であったと考える。

以上、第ⅠからⅣ部にわたる計十一章について、各章の相互の関係も含めて論点の整理を行った。序章に掲げた課題に対する試みとして論点も多岐にわたることとなった。できる限り史資料に即して論じることを心がけたが、なかには推測の域を出るものではなく、さらなる論証を必要とする論点も残されている。本書ではそれらも課題の提起ということであえて記した次第である。

本書のまとめの最後として、現代の地域社会にとって、歴史研究がいかなる意義をもちうるのかという点についてふれておきたい。現代の日本の地域社会に大きな変動をもたらしたといえるものの一つとして、第Ⅳ部第十一章の最後でもふれた、いわゆる平成の大合併があげられる。長野県の場合、大合併以前には一二〇市町村あった地方公共団体は、現在七七市町村にその数を減らしている。このような近隣市町村との合併は、新たな「制度的地域」を生み出すとともに、従来あった「制度的地域」は、一部は行政区などの形で「制度的地域」として残存したものもあるが、その多くは「歴史的地域」となることになった。この大合併の動きは、対象となる地域社会で生活を送る人びとが「私たちの地域・地域社会とは何であるか」といういわば地域社会のアイデンティティともいうべき問題に向きあう契機であったといえる。このような地域社会のアイデンティティにかかわる問いに対して、歴史学、とりわけ地域社会を対象とする歴史研究がいかなる役割・機能を果たしたのかという点は、しかるべく検証される必要があるのではないかと考える。本書ではそうした検証を行う用意はないが、ここでは地域における歴史研究の役割・機能についての考えを述べることとしたい。

現代の地域社会に対して、歴史研究がその第一義としてなさなければならないのは、当該地域・地域社会のアイデンティティについての答えを用意することではなく、地域社会の人びとがその問題に主体的に取り組むことを可能とするための歴史的情報を提供していくことであると考える。二〇〇九年に成立した「公文書等の管理に関する法律」(1)の第一条は、公文書等について「歴史的事実の記録である公文書等が、健全な民主主義の根幹を支える国民共有の知的資源として、主権者である国民が主体的に利用し得るもの」と定めるが、公文書等に限らず、地域社会の歴史的情報もまた同様の知的資源であると考えられる。(2)

序章で古代の地域社会研究において史資料の制約の問題が大きな障害となることを述べたが、従来の研究スタイルである文献実証主義からすれば、多くの地域では確かに文献史料に限定した古代の歴史的情報は豊富であるとはいえない。しかし一方で、地域での開発行為に伴う埋蔵文化財調査は相当数にのぼっている。遺構・遺物やその記録を含めた地域社会にかかわる歴史的情報は大幅に増加しているのである。本書の論考において信濃の主要な対象地域の一つとしてとりあげた長野盆地およびその周辺地域では、一九九八年に開催された長野冬季オリンピック前後に北陸新幹線と長野・上信越両自動車道の建設に伴う大規模かつ広域の発掘調査が行われた。長野盆地南部の東西・南北方向に幅数十メートルの巨大なトレンチが入る形となり、これによって多数の遺構・遺物が確認され、そのなかには本書でとりあげた屋代遺跡群や屋代木簡も含まれる。こうした状況のもと、本来地域社会と切り離すことができないものである歴史的景観や記録保存の遺跡など数多くの文化財が失われることのいわば代償として、地域の歴史的情報が大幅に増加、蓄積されることとなった。

このような地域の歴史的情報は膨大であるが故にただ存在するだけでは、地域社会に生きる人びとが主体的に利用しうる知的財産とはなりえない。膨大な情報が提供され、複雑化すると、情報間の結びつきが見えにくくなるような、いわば情報の孤立化ともいうべき状況もまた進んでいくからである。地域社会に関する歴史的情報を個別の形として提供するだけではなく、さまざまな視点でそれらの歴史的情報をすくい上げ、関連する情報同士を結びつけた形で提供していくことが必要であり、それこそが地域社会において歴史研究に求められる役割・機能であるといえよう。

こうした役割・機能については図書館学などで論じられる情報サービス論によって考えれば理解しやすい(3)。情報サービスは大きくテクニカルサービス（間接的サービス）とパブリックサービス（直接的サービス）に分けられる。このうち前者は資料の収集、組織化、保存など利用者にとって間接的なみえにくいサービスであり、後者は資料提供サービス、情報要求に対応する情報サービス、教育・文化・広報活動など利用者に対して直接的に行われるみえるサービスである。地域における歴史研究は現実の人びとの再生産の営みの場である地域社会をフィールドとして歴史的情報の収集等のテクニカルサービスを行い、それを基盤として研究を進めるのであるから、必然的に地域社会の人びとにとって必要なパブリックサービスを行うことが求められるのである。そしてそれは地域社会の歴史性と現状、すなわちアイデンティティを地域社会の人びとに対して問いかけていく作業でもある。

上述したように、本書第Ⅱ部第六章の論考は長野県考古学会の研究会で行った報告をもとにしているが、この研究会はこうした地域の古代史研究の役割・機能を意識した試みであった。この研究会は同会古代部会が「奈良・平安時代の地方官衙と在地社会」をテーマに、それまでの埋蔵文化財調査の成果によって蓄積されてきた考古学的データを中心とする歴史的情報をもとに、信濃の六つの郡についてその地域支配構造に迫ろうとしたものである。地域や分野が異なる者たちが集まり検討を重ね、一般に公開する形で研究会を実施した。もちろんそれは序章で述べたような自然科学の諸分野などを含む地域社会研究の協業のあり方からすれば不十分なものであったといわざるをえない。しかし、第Ⅲ部第八章の最後で述べた災害にかかわる総合的な研究にみられるように、そうした取り組みは地域の歴史研究において決して不可能ではないと思われるし、そうした方向性が追求されなければならないと考える。地域の歴史研究が時代を問わず地域に密着したものである以上、増加・蓄積されていく歴史的情報と、それによって描かれる地域の歴史像を、対象となる地域内外に常に還元していく場を構築することが地域の歴史研究にとっての大きな課題であると考える。本書の各論考はその課題に取り組んできた途上における所産である。このささやかな取り組みを今後さらに継続し、地域社会に対して新たな地域像を提示できれば幸いであることを述べて本書の終わりとしたい。

注

（1）平成二十一年七月一日法律第六六号、最終改正平成二十八年十一月二十八日法律第八九号。以下、公文書管理法と略記する。

（2）公文書管理法をとりあげたのは、同法第二条第六項が「『歴史公文書等』とは、歴史資料として重要な公文書その他の文書をいう。」と規定するからである。この条文がいう「歴史資料」とは、文化財保護法（昭和二十五年五月三十日法律第二一四号、最終改正平成二十六年六月十三日法律第六九号）第二条第一項第一号が規定する有形文化財のなかの「その他の学術上価値の高い歴史資料」に合致するものであり、また「公文書その他の文書」とはすなわち所有や現用・非現用の区別を問わない「すべての文書」ということである。公文書管理法がいう「公文書等」のなかに文化財である「歴史公文書等」になりうるものがあるとすれば、逆に、文化財（歴史的情報を保持するすべての史資料を含む）についても、文化財保護法第一条がいう「国民の文化的向上に資するとともに、世界文化の進歩に貢献する」だけではなく、公文書管理法第一条がいう「健全な民主主義の根幹を支える国民共有の知的資源として、主権者である国民が主体的に利用し得るもの」という捉え方がなされるべきであると考える。なお、公文書管理法や文化財保護法と歴史的情報の関係については、拙稿「歴史資料の利用・公開の実践と課題―長野県立歴史館所蔵文書の展示を中心に」（『長野県立歴史館研究紀要』一八、二〇一二年）を参照されたい。

（3）情報サービス論については以下による。渋谷嘉彦編『改訂　情報サービス概説』（樹村房、二〇〇四年）。高山正也編『改訂　図書館サービス論』（樹村房、二〇〇五年）。

初出一覧

序　章　地域における古代史研究の視点と課題
（新稿）

第Ⅰ部　信濃の首長

第一章　古墳築造期の信濃の諸相
（二〇〇〇年十月二十二日に行った第五一回地方史研究協議会大会「信濃―生活環境の歴史的変遷―」での報告をもとにした原題「五・六世紀のシナノをめぐる諸問題について」、『生活環境の歴史的変遷』雄山閣、二〇〇一年の一部、および原題「信濃の首長―金刺舎人と他田舎人を主として―」、加藤謙吉編『日本古代の王権と地方』大和書房、二〇一五年、の一部を改稿）

第二章　信濃の地域編成とヤマト王権
（第一章に同じ）

第Ⅱ部　古代国家による地域編成の分析的研究

第三章　七世紀の屋代木簡
（一九九八年六月六日に行った木簡学会長野特別研究集会での報告をもとにした同題、『木簡研究』二〇、一九九八年、を改稿）

第四章　埴科郡の地域社会構造

（一九九七年五月二十五日に行った歴史学研究会古代史部会での大会報告をもとにした原題「地域における古代史研究をめぐって」、『歴史学研究』七〇三、一九九七年、の一部を改稿）

第五章　信濃国における行政地名の制定について
（『信濃』五一—三、一九九九年、を改稿）

第六章　信濃国の地域と官衙
（二〇一〇年十一月二十七・二十八日に開催された長野県考古学会研究会での報告をもとにした原題「古代信濃国の地域と官衙」、『長野県考古学会誌』一三四、二〇一〇年、を改稿）

第Ⅲ部　信濃国の災害と地域変動

第七章　八世紀から九世紀前半の災害
（新稿）

第八章　仁和の大災害
（二〇一三年十月五日に行った早稲田大学史学会大会での報告をもとにした新稿）

第Ⅳ部　地域社会の生産と貢納

第九章　牧と馬—馬の生産をめぐる諸文化の伝来と交流—
（原題「牧と馬—馬の文化の受容と地域間交流—」、鈴木靖民・吉村武彦・加藤友康編『古代山国の交通と社会』八木書店、二〇一三年、を改稿）

第十章　日本古代の大黄の貢進について
（『東アジアの中の韓日関係史—半島と列島の交流—』上巻、J&C〈大韓民国〉、二〇一〇年）

第十一章　「麻績」の名称とその変遷について

（井原今朝男・牛山佳幸編『論集　東国信濃の古代中世史』岩田書院、二〇〇八年、を改稿）

終　章　地域社会における歴史研究
（新稿）

あとがき

　大学に進学して以来、久しく生活を送ってきた東京を離れて郷里の長野に戻ったのは一九九三年の三月であった。長野県教育委員会に高等学校教員として採用されたのであるが、配属先が長野県教育委員会事務局文化課の（仮称）県立歴史館準備室であるとの知らせをうけたのはその月末であった。翌四月から長野市の長野県南俣庁舎に置かれていた準備室で、県立歴史館（以下、歴史館と略称する）という新しい文化施設の建設に携わることになった。開館予定を一年半後に控えたこの時には、すでに歴史館は博物館的機能、公文書館的機能、埋蔵文化財センター的機能を併せもつという骨格が決定しており、私はそのなかの博物館的機能を担当する部署の一員となった。展示設計、展示品の調査・製作、映像製作など複数の事業を同時に進行させるという職務はそれなりに多忙であったが、それまで経験したことのないさまざまな分野に関わりながら学ぶことの多い日々であった。

　歴史館の開設準備はその職務そのものが、地域社会研究と切り離すことができないものであったが、当時の準備室には古川貞雄、尾崎行也、小平千文、井原今朝男、青木歳幸、宮下健司の各氏をはじめ、長野県史編纂や長野県の文化財行政に携わってこられた諸先輩が在籍しておられた。日々の業務、時代別研究会、月に一度開催される学芸研究会などでの諸先輩の報告、さらには折にふれて交わされる会話に至るまで、歴史学研究の原始、古代、中世、近世、近現代といった時代区分の枠、さらには考古学、歴史学、民俗学などの諸学の領域を超えて地域社会研究の方法論やその実践について学ぶ、今思えばぜいたくで、またとない機会に恵まれた毎日であった。そのころ準備室では私が勤務する以前から、勤務時間が終わった後、古川先生を中心に有志で毎週一回近世古文書の学習会が行われていた。私は日本史学専攻に進んだばかりの学生時代に戻ったような心持ちで参加していたが、慣れ親しんできた地域について記述された古文書を読み進めていくことを通して、自分が住む地域の歴史が、自分の地域についてより深く理解したいという知的欲求に本質的に結びついたものであることをあらためて実感させられることが毎回新鮮であった。古文書解読の実力はともかくとして、この学習会での経験は、その後の業務や、自分自身の調査・研究においてとくに資するところが大であったと思う。

また、歴史館には、戦前からの長野県行政文書、県立長野図書館から移管される旧郷土室資料、長野県史の編纂過程で収集された写真・史料カード・書籍、さらには高速道や新幹線などの建設に伴う発掘調査の出土遺物および調査で作成された写真・図面などが収蔵される予定であった。それらの保管・公開を行うことも開館後の主要な業務とされており、準備室では施設建設と同時並行の形でこれらの史資料の整理作業も進められていた。これらの歴史的情報をどのように消化し、有機的に結びつけて提供していくかということが、歴史館のなかでも博物館的機能を担当する部署の課題でもあった。

このように、当時の私は否が応でも地域の歴史に向きあわざるを得ないような状況にあったわけであるが、私自身はただその膨大な情報量に圧倒されるばかりであり、目の前の業務をこなしていくのに精一杯であった。自分が担当する古代の分野の調査研究においても、地域社会研究に取り組むことは、それまで古代史の狭い領域のなかで呻吟することの経験しかない私にとって身に余る難題であった。準備室でそんな慌ただしくも悩ましい日々を送って一年が過ぎたころ、歴史館の建設地から数キロしか離れていない屋代遺跡群の発掘調査地から木簡が出土したのであった。たまたま職務で長野県埋蔵文化財センターに出張する機会があった私は、事務所でとりあげられたばかりの木簡を実見することができた。木簡（最初にとりあげられたそれは、のちに一一四号と名付けられることになった）の鮮やかな木肌と墨痕をはじめて眼にした時に覚えた尋常でない衝撃と興奮は今も鮮明に思い起こすことができる。

長野県埋蔵文化財センターでは、木簡の釈文・解説などの作成にあたって国立歴史民俗博物館の平川南先生を中心に、東京大学の山口英男・鐘江宏之両氏を招いて屋代遺跡群木簡検討委員会を立ち上げることになり、幸いにして私もその一員に加えていただくことになった。限られた時間のなかで検討委員会で効率よく検討を行うため、あらかじめ下準備として、まず、発掘調査でとりあげられた膨大な木製品のなかから、木簡の可能性のあるものを選別する作業を行った。歴史館の職務もあったので、木簡判別に費やす時間の確保には苦労したが、明かりを落とした埋蔵文化財センターの調査室で、同センターの調査研究員とともに赤外線カメラのモニターをのぞき込みながら行うその作業は、自らの歴史研究の未熟さに正面から向かいあう貴重な時間であったと思う。そうした私にとって、一九九四年から翌九五年にかけて行われた検討委員会の活動は、出土資料である屋代木簡の報告書作成を目的とする実務ではあったが、古代史だけではなく考古学などさまざまな関連諸学についての学びの機会であった。それらの知識に加えて、活動を通して、古代史研究、地域社会研究に取り組む姿勢や方向性に関しても多くのことを学ばせていただいた。

歴史館は、その間の一九九四年の十一月三日に「長野県立歴史館」として開館を迎え、私は準備室からそのまま歴史館の職員となった。歴史館の学芸部には、総合情報課・考古資料課・文献史料課の三課があり、考古資料・文献史料の両課は主に資料の収集・組織化・保存などのテクニカルサービスを担当し、総合情報課は資料提供サービス、情報要求に対応する情報サービス、教育・文化・広報活動などのパブリックサービスを担当する部署であった。私は総合情報課に配属となり、その職務に従事することとなった。歴史館の博物館的機能としてのパブリックサービスの中心は展示であり、長野県の歴史を紹介する常設展示と、年に数回テーマを設定して開催する企画展示を実施することになっていた。これらの展示は総合情報課だけではなく考古資料・文献史料の両課を含む学芸部全体で実施する体制がとられていたが、考古資料・文献史料の両課の場合、歴史館が所蔵するいわゆる館蔵資料が、展示品の中心であった。これに対して、総合情報課は館蔵資料に加えて館外に存在するさまざまな資料を対象として展示を構成することが求められたので、その職務を通じて、館内外、長野県内外に所在する多岐の時代にわたる資料そのものがもつ、あるいはそれをとりまく多様な情報に、文字通り直接ふれることのできる貴重な機会を数多く経験することができた。

展示において最も豊かな情報を提供するものは、いうまでもなく展示品である資料、作品そのものである。係員の解説や、展示品について説明するパネルやキャプションは、資料が内蔵する豊かな情報のほんの一部を展示の目的に沿って抽出したものに過ぎない。歴史学研究では文献実証主義が重視されてきたというその伝統的経緯からしてテキスト情報が主とされる。しかし、展示品の場合と同様に、それらは、資料が有する歴史的情報の総体において、重要ではあるが、あくまである部分に該当するものでしかない。例えばある文書があり、その文書が研究の対象となる時空間において、どのような機能や意義を有していたのかを的確に把握するためには、その文書に記された文字や文などのテキスト情報だけではなく、素材、調整・加工などの痕跡、出土・保管状況、来歴など「モノ」としての情報も分析し、可能な限り多くの情報を得ることによって、その文書の作成から保管（廃棄）に至るまでのライフサイクルを明らかにすることが必要不可欠である。資料が有するこのような多面的な歴史的情報の意味とその重要性について理解するためには、実際に資料に接するなかで、多種多様な知見を見出し、確認していく作業を積み重ねていくことが必要である。また、その作業の過程では、多くの場合、歴史学にとどまらず、さまざまな学問領域の理論や方法にもとづく分析もまた必要とされる。

歴史館での所蔵者（機関）との交渉や、資料の調査・貸借などの実務を通して、職務上はもちろんであるが、歴史学研究にとっても基礎ともいうべき資料の取り扱いや調査方法に関する実務的な知見や技能を習得できたことは私にとって大きな財産となった。さらに、こうした経験を積むことで、資料が有する情報の多面的な価値とその広がりについての認識を深めていくことができたことは、私にとって地域社会研究に取り組む上でも大きな意味をもつこととなった。日々資料に関わっていくなかで、私が意識するようになったのは、対象である「資料」を「地域社会」というものに置き換えて考えた場合においても、それは全く同様であるという事実である。もちろん、地域社会は多くの資料とは異なり明確な形状をもつような「モノ」ではないので、手に取るような分析を行う対象ではない。しかし、そもそも資料とは地域社会とは無縁ではなく、むしろそのなかから現出するものであるのだから、地域社会に対する分析の作業過程・方法と、それによって得られる歴史的情報についての認識が、資料に対するそれと同様であるのは当然である。したがって、展示に関する職務とそこで得られる見聞は、前述した屋代木簡の検討委員会の活動とともに、必然的に地域社会研究についての意義や方法論について考えることに直結することになった。また、地域社会の歴史的情報が、資料のそれと同様に無限に近い広がりをもつものであることからすれば、それを追求することは私にとっての研究課題としてこれからも存在し続けるものであるといえる。

本書の内容は、長野で仕事をはじめてからこれまでに至る以上のような経験を基盤としたものである。この間、さまざまな機会を通じて多くの方々のご厚誼、ご高配を賜った。とりわけ、屋代遺跡群木簡検討委員会にとどまらず、その後も折にふれてご指導、ご教示を賜った平川先生をはじめ同委員会、長野県埋蔵文化財センターの諸氏、展示などの職務でお世話になった資料の所蔵者・協力者・諸関係機関の皆様、また、ともに職務を支えあった歴史館職員の諸氏、本書の論考のもととなった発表の機会と貴重な助言を賜った信州大学の牛山佳幸先生や国立歴史民俗博物館に移られた井原先生をはじめとする古代・中世史研究会の諸氏には深甚の感謝を申し上げたい。また、これまで曲がりなりにも私が古代史研究を継続してこれたのは、早稲田大学第一文学部および同大学院文学研究科の日本史学専攻における水野祐先生、福井俊彦先生、新川登亀男先生をはじめとする諸先生と諸先輩のご指導、ゼミ・研究会などでの仲間との切磋琢磨であり、それらを通じて研究の基礎部分を鍛えていただいた賜物であると実感する。学窓を離れてからはや四半世紀が過ぎようとしており、遅きに失する感も否めないが、これまでの学恩に感謝申し上げるとともに、本書の刊行がその学恩にいささかでも応えうるものであればと心より願う次第である。

本書刊行にあたり古代史選書編者の舘野和己先生、佐藤信先生、小口雅史先生、企画校正等の労にあたっていただいた同成社の佐藤涼子・山田隆両氏には厚くお礼を申し上げる。

最後に私の生活における支えであった父母、妻、息子に感謝し擱筆としたい。

二〇一七年三月

傳田伊史

古《こ》代《だい》信《しな》濃《の》の地《ち》域《いき》社《しゃ》会《かい》構《こう》造《ぞう》

■著者略歴■

傳田　伊史（でんだ・いふみ）

1960年　長野県生まれ

1991年　早稲田大学大学院文学研究科日本史学専攻博士後期課程単位取得退学

現　在　長野市立長野高等学校教諭

主要論文

「弘仁格式における官人任用制について」（『延喜式研究』4、1990年）、「地域における古代史研究をめぐって」（『歴史学研究』703、1997年）、「七世紀の屋代木簡」（『木簡研究』20、1998年）、「五・六世紀のシナノをめぐる諸問題について」（『生活環境の歴史的変遷』雄山閣、2001年）、「『麻續』の名称とその変遷について」（井原今朝男・牛山佳幸編『論集 東国信濃の古代中世史』岩田書院、2008年）、「日本古代の大黄の貢進について」（『東アジアの中の韓日関係史—半島と列島の交流—』上、J&C〈大韓民国〉、2010年）、「牧と馬—馬の文化の受容と地域間交流—」（鈴木靖民・吉村武彦・加藤友康編『古代山国の交通と社会』八木書店、2013年）、「信濃の首長」（加藤謙吉編『日本古代の王権と地方』大和書房、2015年）。

2017年 5 月20日発行

著　者　傳田伊史

発行者　山脇由紀子

印　刷　三報社印刷㈱

製　本　協栄製本㈱

発行所　東京都千代田区飯田橋4-4-8
（〒102-0072）東京中央ビル　㈱同成社
TEL 03-3239-1467　振替 00140-0-20618

ⒸDenda Ifumi 2017. Printed in Japan

ISBN978-4-88621-763-9 C3321

同成社古代史選書

①古代瀬戸内の地域社会
松原弘宣 著
三五四頁・八〇〇〇円

②天智天皇と大化改新
森田 悌 著
二九四頁・六〇〇〇円

③古代都城のかたち
舘野和己 編
二三八頁・四八〇〇円

④平安貴族社会
阿部 猛 著
三三〇頁・七五〇〇円

⑤地方木簡と郡家の機構
森 公章 著
三四六頁・八〇〇〇円

⑥隼人と古代日本
永山修一 著
二五八頁・五〇〇〇円

⑦天武・持統天皇と律令国家
森田 悌 著
二四二頁・五〇〇〇円

⑧日本古代の外交儀礼と渤海
浜田久美子 著
二七四頁・六〇〇〇円

⑨古代官道の歴史地理
木本雅康 著
三〇六頁・七〇〇〇円

⑩日本古代の賤民
磯村幸男 著
二三六頁・五〇〇〇円

⑪飛鳥・藤原と古代王権
西本昌弘 著
二三六頁・五〇〇〇円

⑫古代王権と出雲
森田喜久男 著
二二六頁・五〇〇〇円

⑬古代武蔵国府の成立と展開
江口 桂 著
三二二頁・八〇〇〇円

⑭律令国司制の成立
渡部育子 著
二五〇頁・五五〇〇円

⑮正倉院文書と下級官人の実像
市川理恵 著
二七四頁・六〇〇〇円

⑯古代官僚制と遣唐使の時代
井上 亘 著
三七〇頁・七八〇〇円

⑰日本古代の大土地経営と社会
北村安裕 著
二六二頁・六〇〇〇円

⑱古代天皇制と辺境
伊藤 循 著
三五四頁・八〇〇〇円

⑲平安宮廷の儀式と天皇
神谷正昌 著
二八二頁・六〇〇〇円

⑳律令国家の軍事構造
吉永匡史 著
二七四頁・六〇〇〇円

㉑古代王権の宗教的世界観と出雲
菊地照夫 著
三四四頁・八〇〇〇円

㉒古代貴族社会の結集原理
野口 剛 著
二六四頁・六〇〇〇円

㉓律令財政と荷札木簡
俣野好治 著
二九〇頁・六〇〇〇円

（全て本体価格）